AI 사고를 위한
인공지능 랩

한선관 · 홍수빈 · 김영준 · 김병철 · 정기민 · 안성민 지음

BM (주)도서출판 성안당

인공지능 기술이 적용된 분야보다 그렇지 않은 분야를 찾는 것이 더 어려운 세상이 되었습니다. 세상을 변화시키는 화두인 4차 산업혁명과 융합기술의 중심에 인공지능이 있습니다. 인공지능이 바꿔갈 미래 세상을 그려보는데 그 상상의 한계가 없는 이유는 인공지능이 가진 매력과 강력함 덕분입니다. 한편으로 인공지능을 제대로 이해하거나 통찰하는 데 어려움을 겪는 것은 인공지능의 기술적 난이도와 마술과도 같은 블랙박스 형태의 알고리즘 때문일 것입니다. 이를 해결하기 위해 새로운 역량과 사고력이 필요한 때입니다.

AI, 배우고 싶지만 이해하는 데 어려움과 두려움이 생기나요?

먼저 인공지능 사고력(AI Thinking)을 신장시켜 보세요.

인공지능 사고력은 AI에 관한 지식과 기능, 그리고 태도를 통하여 형성됩니다. 인공지능에 대해 다양한 알고리즘을 이해하고, 프로그램으로 개발하며, 인공지능의 가치를 긍정적으로 받아들여 적극적으로 자신의 문제해결에 적용하는 태도를 갖기 위해서는 AI의 체험과 실습, 개발과 활용, 그리고 AI 용어에 익숙해지면서 AI 알고리즘을 이해하는 사고의 과정이 필요합니다.

스티브 잡스는 "모든 사람들이 코딩을 배워야 한다."라고 주장했습니다. 코딩은 생각하는 방법을 알려주기 때문에 사고력의 도구로 코딩을 이야기한 것입니다. 이 책의 대표 저자이자 인공지능교육학회장인 한선관 교수는 "인공지능은 생각을 생각하게 한다."라고 합니다. 인공지능이 인간의 지능을 이해하는 데 가장 훌륭한 사고력의 도구라고 보고 있습니다. 이처럼 인공지능 사고를 통하여 지식, 기능, 그리고 태도를 경험하게 되면 인공지능을 제대로 이해하고 문제해결에 활용하는 데 큰 도움이 될 것입니다.

이 책은 학생, 교사, 일반인 모두에게 인공지능의 이해와 기능, 그리고 활용 방법을 안내하기 위해 작성한 AI 입문서입니다. 재미있는 인공지능 도구와 사이트, 그리고 코딩 개발 연습을 통해 연구소에서 실험하고 실습하듯이 자연스럽게 인공지능을 알아가도록 구성하였습니다. 이 책은 크게 2개의 파트로 구분하여 제시하고 있습니다.

1부 모듈 편은 여러 가지 인공지능 모듈의 이론 탐색과 체험을 통해 인공지능의 개념과 특징을 이해하고 실습 과정을 통해 AI의 작동 원리를 탐색하게 됩니다. 인공지능의 개요를 살펴본 뒤 기계에게 직접 학습시켜보고 데이터와 시뮬레이터를 이용하여 결정과 판단을 하는 기계를 구성해 인공지능을 탐구합니다. 그리고 그림 그리기와 대화를 통해 사람처럼 인식하는 기계를 만들며 알고리즘을 탐험합니다.

2부 프로젝트 편에서는 IBM에서 공개한 인공지능 플랫폼인 ML4Kids(Machine Learning for kids)를 활용하여 다양한 인공지능 프로그램을 개발하며 AI 머신을 실험합니다. 인공지능에 사용될 자료를 수집, 가공하고 인공지능 학습 모델을 구성합니다. 학습모델로부터 출력된 값을 활용하여 실제 문제를 해결하는 프로그래밍의 과정을 거치면서 창의적이고 실제적인 AI 서비스를 구현하게 됩니다.

AI 이론과 실습을 통해 인공지능 지식을 탄탄하게 구성하고 AI 프로젝트를 통해 인공지능을 개발하고 활용하는 기능이 향상됩니다. 모듈 실습과 프로젝트 개발 과정에서 다른 전문가들과 협력하고, 의사소통을 하며, 인공지능의 가능성에 대한 관점을 갖고, 인공지능이 인간을 위해 바르게 개발, 활용해야 하는 가치와 태도를 형성하게 됩니다. 이러한 체계적 구성을 가진 책을 공부해가며 여러분들은 자연스럽게 인공지능의 지식과 기능, 그리고 태도를 포함한 역량을 갖추기 위한 인공지능 사고력이 신장됩니다.

이 책을 출간하기 위해 인공지능 교육자들이 똘똘 뭉쳐 아이디어를 내고 프로젝트를 개발하였습니다. 책의 완성도를 높이기 위해 인공지능교육학회 교수님들과 인공지능교육연구소의 멤버들이 지원과 응원을 아끼지 않았고 AI 전문가들이 참여하여 자문과 검토를 도와주었습니다. 저자들의 아이디어가 훌륭한 책으로 나올 수 있도록 물심양면으로 도와주신 ㈜성안당의 조혜란 부장님과 최옥현 상무이사님, 그리고 이종춘 회장님께 깊은 감사의 마음을 전합니다.

모쪼록 이 책이 AI 기술에 관심을 갖고 인공지능으로 미래를 바꾸고자 하는 많은 사람들에게 강력한 인공지능의 비전을 제공하며, 인공지능의 역량을 키우는 데 효과적으로 학습하는 인공지능의 나침반이 되길 기대합니다.

2020년 8월 저자 일동

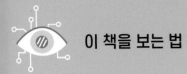
스토리와 계획이 다 있는 인공지능

이 책은 누구나 인공지능을 쉽게 이해하고 기능과 활용법을 익히고 실습해 볼 수 있도록 모듈과 프로젝트, 이 두 파트가 데칼코마니처럼 마주 보는 구성입니다. 전체 내용은 프로그래밍 블록처럼 꼭지명의 프로세스에 따라 설명합니다.

Part 1 모듈 편에서는 〈Intro〉에서 개요를, 〈Using AI〉에서 인공지능을 사용할 수 있는 모듈을 소개하고 〈About AI〉에서는 인공지능의 이론과 개념을 설명합니다. 〈Applying AI〉에서는 생활 속의 적용 사례를 소개합니다. 배운 내용은 〈생각 갈무리〉로 다시 확인합니다.

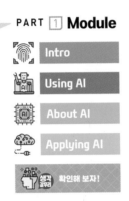

Part 2 프로젝트 편에서는 〈Intro〉에서 개요를, 〈인공지능 모델 만들기〉에서는 데이터 마이닝, 데이터 세트 만들기, 학습과 평가 순으로 프로그래밍 모델을 구성합니다. 〈인공지능 프로그래밍〉에서는 스크래치 3로 만들고자 하는 프로그래밍을 계획을 세워 구성해 봅니다. 〈아이디어 확장하기〉에서는 난이도를 높여 생각할 과제를 드립니다. 〈생각 갈무리〉로 학습 내용을 재확인합니다.

다양하고 새로운 인공지능의 사례들! AI에 호감 갖고 생각하는 법을 배우다

이 책에서는 우리 주변에 광범위하게 연구되고 있는 인공지능 플랫폼이나 앱, GAN 알고리즘 같은 사례들을 살펴보고 IBM의 머신러닝포키즈 같은 인공지능 도구로 실제로 따라해 볼 수 있습니다. 또, 시각 장애인에게 도움되는 MS의 Seeing AI 솔루션이나 청각 장애인을 위한 수화를 인식하는 구글의 미디어파이프 솔루션 등 인공지능이 얼마나 사람을 도울 수 있는지 연구되고 있는 놀라운 스토리가 가득합니다. 누구나 인공지능에 호감을 느끼고 실습을 하면서 자연스레 인공지능에 입문할 수 있습니다.

▲ 인공지능으로 가득찬 세상 (1부 모듈 1)

▲ 인공지능과 대화하기 – 챗봇 만들기(1부 모듈 6)

▲ 인공지능과 그림 그리기 - 이미지 인식 (1부, 모듈 5)

▲ Seeing AI 솔루션 (1부, 모듈 5)

▲ 인공지능 상담사 (1부 모듈 6)

▲ 말동무가 되어주는 인공지능 (1부, 모듈 6)

▲ 자율비행 드론 (1부 모듈 5)

▲ 자율주행 자동차 (1부 모듈 5)

▲ 생성적 적대 신경망, GAN (1부 모듈 7)

▲ 인공지능 반려견 (2부 프로젝트 8)

차례

PART

2

Project

인공지능
만들기

차례

인공지능 알아보기

Module 1

인공지능의 세계로!
— AI의 역사와 발전

인공지능으로 가득 찬 세상

현재 살아가고 있는 세상은 우리가 생각하는 것보다 훨씬 빠르게 변화하고 있다. 그 중심에 인공지능(AI; Artificial Intelligence)이 있다. 4차 산업혁명이라고 일컫는 현 시대의 흐름에서 인공지능이라는 용어를 빼놓고 현재와 미래를 이야기하기는 어렵다. 인공지능의 등장은 약 70년 전부터 회자되어 왔지만, 최근 딥러닝(Deep Learning)이 급속하게 발전하면서 어느새 생활의 중심에 우뚝 서게 되었다.

우리의 일상에 스며들어 있는 인공지능을 살펴보자. 주변에서 가장 가까이 살펴볼 수 있는 스마트폰만 보아도 영상 애플리케이션의 추천 시스템뿐만 아니라 음악을 들려주면서 검색할 수 있는 음악 검색, 음성 인식 서비스, 안면 인식 시스템을 이용한 얼굴 인식 잠금 또는 결제 기능 등 이미 우리가 아무렇지 않게 사용하고 있다.

 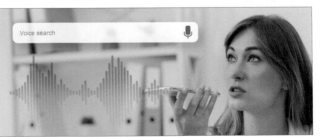

▲ 인공지능이 적용된 스마트폰(출처: 게티이미지뱅크)

산업 분야에서 활용될 수 있는 인공지능 기술도 스마트 팩토리, 신에너지 생산, 국방 로봇 및 방어체계, 우주항공 등 그 영역을 계속 확장시키며 주목받고 있다. 인공지능과 결합한 자율 주행차(Self-driving Car)는 이미 많은 연구와 실험이 진행되고 있으며, 자동차 산업의 패러다 임을 컴퓨팅 산업으로 빠르게 전환시키고 있다. 또한 사람에 대한 이미지 인식과 최적의 경로 탐색, 안정적인 운행, 위험 상황에서 어떻게 대처할 것인지에 대한 도덕적 판단, 시스템과 운 전자 간의 상호작용 등 복합적이고 복잡한 요소들을 자율주행 자동차에 담고 있다.

물리적으로 인간의 노동을 대체해 주는 것으로 인식하는 자동화 로봇에도 인공지능 기술이 투 입되면서 직업의 소멸과 인간 노동의 탈피 등 심리적, 제도적인 부분까지도 영향을 주고 있다.

인공지능 기술을 활용한 플랫폼을 누구나 쉽게 사용하고 너나 할 것 없이 누구나 인공지능 시 스템을 구축하여 모든 문제 해결에 활용할 수 있는 접근성이 쉬워지다 보니 인간의 전문성과 직 업적인 부문에서 위협을 받고 있다는 인식도 적지 않다. 언젠가는 인공지능이 인간의 직업을 대 부분 빼앗아 갈 것이라는 공포심(Phobia)이 형성되기도 하지만 반면, 인공지능의 활용으로 늘어 나는 인간의 여가 시간을 어떻게 활용할 것인지에 대한 논의도 활발하게 진행되고 있다.

▶ 인공지능으로 달라지는 세상
(출처: 게티이미지뱅크)

Intro

인공지능의 발전

● 인공지능의 역사

인공지능의 역사는 앨런 튜링(A.Turing)으로 거슬러 올라간다. 1950년 앨런 튜링은 '계산 기계와 지능(Computing Machinery and Intelligence)'이라는 논문에서 기계에 생각을 구현하기 위한 가상의 사고 기계를 제안하였다. 기계가 논리적으로 생각할 수 있도록 읽기, 쓰기 장치를 가상으로 구현한 아이디어를 제시한 것이다. 앨런 튜링의 획기적인 생각은 6년 뒤에 열린 다트머스 회의에서 10명의 선구자가 기계적인 지능에 대한 논의한 결과, 인공지능을 탄생시키는 시발점이 되었다. 존 매카시, 마빈 민스키, 트렌차드 모어, 올리버 셀프리지를 포함하여 저명한 10명의 컴퓨터 과학자, 인지 과학자 또는 수학자들이 모여 어떻게 하면 기계가 인간과 비슷한 방식으로 추론하고 문제를 해결할 수 있을지에 대한 열띤 토론을 펼쳤다.

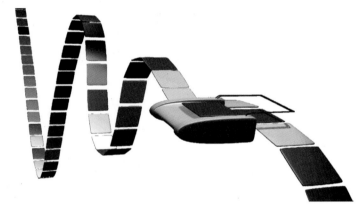

▲ 튜링 기계의 작동 방식을 묘사하는 그림(출처: 위키백과)

■ 인공지능의 태동

1과 0으로 제어 가능한 기계에 지능을 구현하는 과정은 다양한 논리식과 알고리즘으로 발전하였다. 계산과 더불어 정보를 저장할 수 있는 기술까지 확보하면서 어려운 수학 문제들을 해결하기도 할 수 있게 되었다. 또한, 지식을 축적하여 연역적, 귀납적인 추론을 할 수 있는 시스템을 개발하기에 이르렀는데, 이를 '전문가 시스템'이라고 하며 특정 분야에 속하는 지식을 모아서 이것을 통합하고 논리적 규칙을 사용해 문제를 해결하거나 사용자의 문제를 추론해 답을 제시해 주기도 한다. 전문가 시스템은 전문가의 지식으로부터 얻은 정보와 규칙을 사용하여 추론을 통해 문제를 해결한다. 시스템의 발전은 타당한 추론 능력을 인정받아 '지식 공학'을 확립하기도 하였다. 하지만 전문가 시스템을 개발하는 데 비용이 너무 많이 들고 당시 충분한 컴퓨터의 성능이 뒷받침되지 않아 상용화되기에는 어려움이 있었다. 또한 수많은 규칙과 논리로 문제를 해결하기에는 인간의 경험적인 추론을 활용하여 금방 해결되는 문제들도 있어 전문가 시스템에 대한 비효율성과 회의감이 제기되면서 인공지능의 첫 번째 겨울이 찾아왔다.

■ <u>퍼셉트론의 등장</u>

1958년 프랭크 로젠블라트가 제시하였던 인공신경망과 관련된 인공지능 연구가 다시 시작되었다. 뇌세포의 작용을 0과 1로 이루어진 2진 논리 모델로 설명하고 여기에 가중치(Weight)라는 개념을 추가하여 기계에 인공신경망을 실현한 것이 '퍼셉트론(Perceptron)'이다. 퍼셉트론은 전문가 시스템을 대표하는 기호주의 인공지능 과학자인 마빈 민스키로부터 강한 비판을 받고 한때 잠잠해졌으나, 한계를 극복할 수 있는 컴퓨팅 성능의 발달과 새로운 알고리즘 연구들의 뒷받침으로 인해 신경망에 대한 연구가 다시 활기를 띠었다.

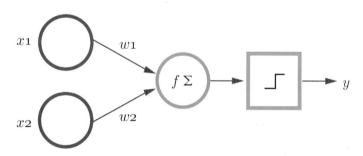

▲ 인공신경망 모델(단일 신경망, 퍼셉트론)(출처: 위키백과)

신경망의 연구는 다층 신경망과 홉필드 네트워크 신경망으로 발전하였고 이후 신경망에 확률적인 작동의 규칙을 넣어 일반화한 볼츠만 머신으로 발전하여 딥러닝을 설계하는 기반이 되었다. 초기의 딥러닝 연구는 얀 르쿤에 의해 소개되었는데 손으로 쓴 우편번호를 인식하는 연구가 유명하다. 0~9의 손글씨를 인식하기 위해 그 시절 신경망은 최소 72시간이라는 긴 시간이 걸렸다. 학습 속도가 느렸던 이유는 다층 신경망의 은닉층에 원인이 있었다. 가중치 값을 훈련시키려는 모든 데이터에 너무 가깝게 맞추어서 학습되는 과적합(Overfitting) 문제 등 여러 가지 원인으로 신경망의 활용에 문제가 많았다. 그러나 인공신경망 모델의 문제들을 해결할 수 있는 사전훈련이나 역전파 알고리즘이 등장하면서 이를 적용한 딥러닝이 제프리 힌튼에 의해서 등장하며 본격적으로 신경망의 시대가 부활하였다.

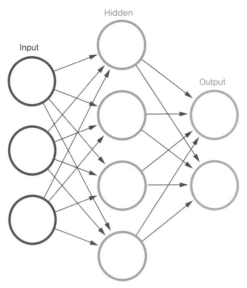

▲ 인공신경망 모델(다층 신경망)(출처: 위키백과)

■ 딥러닝의 등장

딥러닝이 주목받게 될 수 있었던 주요한 이유 중의 하나는 빅데이터이다. 클라우드와 IoT에 의해 데이터를 수집한 후 분석, 생성, 가공, 종합할 수 있는 여건이 조성되었고, GPU 성능의 향상으로 복잡한 계산의 시간을 단축시키면서 딥러닝을 실용적으로 활용할 수 있게 되었다.

이미지 인식의 오류율이 2015년도에 이미 인간의 인식 능력을 뛰어넘고 지금은 거의 완벽에 가까운 정확도에 도달하면서 여러 분야에 활용되고 있다. 이미지를 분류하는 것으로 시작하여 상용화된 것으로는 안면 인식, 이미지 태깅, 영상편집, 자율주행 시스템 등이 있다.

인공지능을 성공적으로 구현하기 위해서 다양한 알고리즘도 중요하지만 GPU와 같이 병렬, 분산 처리에 특화된 강력한 컴퓨팅 파워와 기술이 뒷받침되어야 한다. 컴퓨팅 파워를 향상시키기 위한 연구 중 하나가 양자 컴퓨팅이다. 0과 1 사이에는 이분법적인 개념을 기반으로 한 디지털 컴퓨터의 성능은 기억 소자를 작게 해서 집적하는 방식으로 개선되어 왔다. 하지만 0과 1을 배타적으로 구현하여 정보를 표현하는 과정에서 나타나는 상태의 모호함과

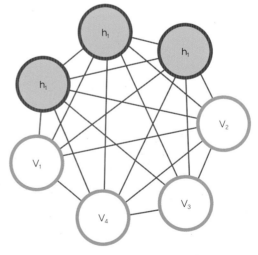

▲ 순환신경망 모델(볼츠만 머신)(출처: 위키백과)

그로 인해 발생하는 고비용을 대체하기 위한 방안으로 양자 컴퓨팅이라는 개념이 제시되었다. 양자 컴퓨팅과 인공지능이 결합하는 거대한 새 흐름은 점점 더 복잡한 프로그램을 실행하고 프로그램의 최적화를 구현해 낼 수 있는 융합이다.

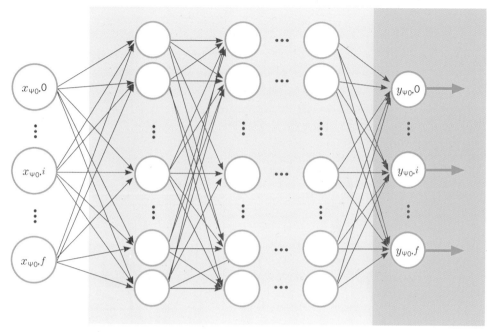

▲ 다층신경망 모델(딥러닝 구조)(출처: 위키백과)

최근 구글은 AI 기술에 양자 기계학습의 기반을 다지기 위해 오픈 소스 라이브러리인 텐서플로의 새로운 버전인 텐서플로 퀀텀(TensorFlow Quantum, TFQ)을 출시했다. 양자 컴퓨팅은 높은 보안 수준과 계산 능력을 동시에 제공하기 때문에 미래의 클라우드 환경에서 현재 컴퓨팅 시스템을 대체할 것으로 예상된다.

▲ 양자 컴퓨터(출처: 셔터스톡)

지능 있는 기계의 기준: 튜링 테스트와 중국인의 방

튜링 테스트(Turing Test)는 앨런 튜링이 기계가 지능이 있는지를 판단하기 위해 제시된 검사 방법이다.

일종의 자연어 테스트로, 두 개의 방에 들어간 사람이 온라인으로 자연어로 채팅을 하다가 한 명의 사람 대신 기계가 채팅을 하면서 상대편 사람이 기계가 바뀐 것을 눈치 채지 못한다면 그 기계가 지능이 있다고 보는 것이다.

이에 대해 중국인 방(The Chinese Room Thought Experiment)은 존 설(John Searl)이 1980년에 제시한 것으로, 지능이 있어서 질문에 답변할 수 있는 기계가 있어도 그것이 지능을 가졌는지를 튜링 테스트로 판단하기 어렵다는 주장이다. 방 안에 영어만 할 줄 아는 사람이 들어가고, 그 안에 대화를 할 수 있도록 미리 만들어 놓은 중국어 질문, 답변 목록을 준비해 둔다. 방 밖에서 중국인 심사관이 질문을 중국어로 적어 넣으면 방 안의 사람이 그것을 답변 목록에 따라 중국어로 써서 심사관에게 주는 것이다. 이는 문 안에 있는 사람이 중국어를 이해하는 것이 아니라 단지 흉내를 내는 것이지만, 문 밖에 있는 사람은 문 안에 있는 사람이 중국어를 이해한다고 생각할 수 있다. 그러므로 그의 이론에 따르면 이해하지 못하고 흉내내는 것은 지능적인 행동이라고 하기 어렵다. 따라서 튜링 테스트를 통과하였다고 해서 그 기계에 지능이 있다고 할 수 없다고 주장하였다.

▲ 튜링 테스트   ▲ 중국인의 방 실험

인공지능의 개념

● 인공지능의 정의: 인간지능과의 차이점

인공지능의 정의는 '인간의 지능을 무엇으로 정의하느냐'에서부터 시작한다. 인간의 지능에 대한 연구는 지식에 대한 학습이 어떠한 과정으로 이루어지는지에 대한 뇌과학적인 분석에서 비롯하였다. 이는 학습이 이루어지면서 뇌세포의 연결이 강화된다는 도널드 헵(Donald Hebb)의 학습 이론을 중심으로 인간의 지능에 대한 정의를 내리려고 했다. 존 매카시는 학습과 지능에 대한 특성을 기계와 결부하여 지능적인 기계를 만들어내려고 하였다. 그는 "학습의 특징과 지능적인 속성들을 기계에 정밀하게 투입할 수 있고 이를 시뮬레이션으로 구현할 수 있다."는 주장을 기반으로 인공지능에 대한 정의를 정립하려고 하였다. 그는 인공지능을 '지능적인 기계를 만드는 과학과 공학'이라고 기술하였다.

피터 노빅과 스튜어트 러셀은 인공지능에 대한 정의를 네 가지 관점에서 제시하였는데, 인간적인 면과 이성적인 면, 생각과 행동의 측면으로 인공지능을 나누었다. 즉 '인간적으로 생각하는', '인간처럼 행동하는', '이성적으로 생각하는', '그리고 이성적으로 행동하는' 측면에서 인공지능을 네 가지 형태로 정의하였다.

인간적인 특징	생각	기계가 인간처럼 생각하도록 구현하려는 연구
	행동	사람이 작업할 때 지능이 필요한 기능을 수행하는 기계를 만드는 연구
이성적인 특징	생각	학습, 추론, 인지 능력을 지닌 기계의 계산에 관한 연구
	행동	시능적인 에이전트를 디자인하기 위한 계산적 지능에 대한 연구

인공지능은 활용할 수 있는 능력과 범위를 기준으로 '약인공지능', '강인공지능', '인공일반지능'으로 나눈다. 인공일반지능은 인간이 할 수 있는 어떠한 지적인 업무도 성공해 낼 수 있는 기계의 지능을 말하는데, 그 예시로 구글 딥마인드의 '스타크래프트2'의 인공지능이 있다. 구글은 특정한 하나의 게임뿐 아니라 학습의 패러다임을 이해하여 어떤 게임에도 적용할 수 있는 인공지능을 개발하는 것을 목표로 한다. 이 인공지능은 '스타크래프트2'라는 특정한 게임에만 적용할 수 있는 것이 아니라 이 게임을 통해 학습의 패러다임을 이해하여 다른 게임에도 적용하는 것을 목표로 개발되고 있다. 강인공지능은 하나의 인간으로 보아도 무방한 수준의 지적 능력을 가지고 있는 의미로 이해되고 있으며, 인공지능을 한 인간으로 봐도 무방할 수준의 지적 능력을 가지고 있다는 의미로 해석되며 이를 구현하는 것에 대한 논의가 뜨겁다. 반면 약인공지능은 자율주행 자동차, 특정 지식에서 활용하는 전문가 시스템, 얼굴 인식과 같은 신경망 등 특정 영역에서 인간보다 뛰어난 능력을 발휘하는 인공지능을 일컫는다. 실생활의 문제 해결에 유용한 도구로 만들어진 인공지능이라고 할 수 있으며 우리 주변에 익숙하게 존재하는 것들이다.

 Tip **인공지능의 두 가지 패러다임**

지식 기반(기호주의) vs. 자료 기반(연결주의)

▶ **기호주의(지식 기반, 전문가 시스템)**

인공지능 발전의 초기 연구에서 기호 논리와 규칙 기반의 시스템을 기호주의 인공지능이라고 한다. 규칙이 있고 약속된 기호가 형식적으로 조작 및 작용하면서 논리적이고 연역적인 추론을 한다. 1960년대와 1970년대에 이 규칙 기반의 인공지능 시스템이 많이 등장하였고, 어느 정도 산업적인 성공을 거두었다. 최초의 전문가 시스템은 화학 분야에서 개발된 덴드럴로 분자 구조를 추론하는 시스템이다. 전문가의 지식을 지식베이스에 규칙의 형태로 저장하여 연역적인 추론을 함으로써 판단을 내리는 시스템이다. 추론 엔진은 입력된 규칙과 사실을 이용해 새로운 사실을 탐색하기도 하는 전문 프로그램으로, 역방향 추론과 정방향 추론을 한다. 또한 기호주의에서는 인간의 지식을 기호화하고 추상화하기 위해 지식과 논리를 명확히 표현할 수 있는 체계에 대한 고민을 많이 했다.

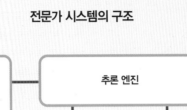

▲ 전문가 시스템의 구조

▲ 전문가 시스템의 사례(출처: 위키백과)

▶ 연결주의(신경망, 딥러닝)

연결주의는 인간의 신경계를 모방하여 이를 추상화한 인공 뉴런을 만들고 그것을 계층화하여 연결한 형태로 지능을 구현한다. 계층 사이에서 입력된 값에 대한 가중치를 부여하여 계산을 하기도 하고, 작동 방식에 따라 계산한 결과를 다시 앞뒤로 되먹임하여 다시 입력 값으로 쓰기도 한다. 신호나 자극의 세기에 따라 뉴런의 결합이 강해지듯이 다수의 의사 뉴런도 경험에 따라 결합하고, 그 결합한 정도의 가중치 값도 점차적으로 변한다.

1949년 맥클로이와 피츠는 뉴런에 2진 논리를 적용하여 계산을 할 수 있는 모델을 제안했고, 이후 1957년 프랭크 로젠블랏이 헵의 학습 이론에 가중치 개념을 더해 카메라로 인식한 간단한 도형의 모양을 구분하거나 인식할 수 있는 지능적인 기계인 퍼셉트론을 만들어냈다. 이후 마빈 민스키와 페퍼트에 의해 한계가 지적되고 정체기에 빠졌지만 1986년 럼멜하트 등에 의해 병렬 분산 처리 모델과 오류 역전파 알고리즘이 제시되면서 그 한계를 극복하고 다시 신경망 모델이 주목받게 되었다. 이후 딥러닝의 등장으로 인공지능과 기계학습의 새로운 시대를 열고 있다.

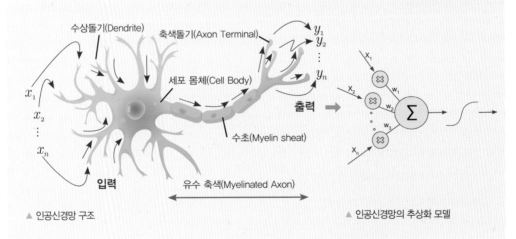

▲ 인공신경망 구조

▲ 인공신경망의 추상화 모델

Using AI

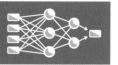

인공지능을 이해하기 위해 알아야 할 몇 가지 선행 개념과 인공지능의 주요 연구 분야를 살펴보자.

4차 산업혁명

● 빅데이터

데이터과학이란, 데이터를 통해 현상을 이해하고 분석하는 통계학, 데이터 분석, 기계학습과 연관된 방법론을 통합하는 개념으로 정의되며, 형태가 정해지거나 정해지지 않은 것을 포함하여 다양한 데이터로부터 지식과 통찰력을 얻는 데 필요한 과정이나 시스템, 알고리즘을 포괄한다. 빅데이터(Big Data)의 특징에는 3V가 있다. 데이터의 양(Volume), 생성 속도(Velocity), 그리고 다양성(Variety)을 의미한다. 빅데이터는 일반적으로 수십 테라, 혹은 수십 페타바이트 이상의 규모이다. 이 대용량의 데이터를 빠르게 처리 및 분석할 수 있는 속성을 '생성 속도'라 하며, 데이터의 유형에는 정해지거나(Structured) 반만 정해졌거나(Semi-structured), 정해지지 않은 (Unstructured) 것으로 구분한다.

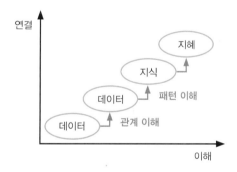

● IoT(사물인터넷)

사물인터넷(IoT; Internet of Things)은 가전제품이나 모바일 기기 등 여러 장치를 포함하여 주변의 사물에 무선 통신으로 연결하여 사용하는 것을 의미한다. 통신을 위해 부여된 고유 IP가 있으며, 주변 환경의 변화를 측정하거나 감지하고, 사용자와 데이터를 주고받기 위한 센서가 내장되어 있다. 사용자는 조작을 통해 연결된 사물에게 간단한 행동을 지시할 수 있다. 사물 인터넷을 통해 수집된 방대한 양의 빅데이터를 분석하기 위한 알고리즘을 개발하는 것과 보안 문제에 대한 이슈가 함께 언급된다.

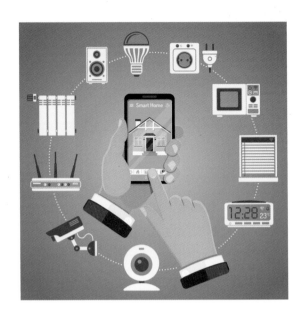

● 클라우드

　클라우드(Cloud)는 '클라우드 컴퓨팅'이라고도 하며 사용자가 정보를 자신의 컴퓨터가 아닌 인터넷에 연결된 다른 컴퓨터로 처리하는 기술을 의미한다. 사용자는 클라우드 컴퓨팅을 이용해 저장 공간에 대한 부담을 덜 수 있고 필요할 때마다 인터넷을 통해 언제 어디든 접근해 이용이 가능한데, 이를 '클라우드 서비스'라고 한다. 사용자의 기기에서는 주로 입·출력 작업이 이루어지고 정보의 처리, 분석 및 저장 등의 작업은 클라우드에서 이루어지는 컴퓨팅 시스템이다.

● 인공지능 알고리즘

인공지능 알고리즘은 크게 추론과 학습 알고리즘이 있다. 추론을 위해 휴리스틱 알고리즘을 사용하며 학습을 위해 기계학습 알고리즘을 사용한다. 휴리스틱 알고리즘(Heuristic Algorithm)은 시간이나 정보가 합리적인 판단을 하기 어려울 때 굳이 체계적인 판단을 할 필요가 없는 상황에서 어림짐작으로 답을 찾아가는 알고리즘을 말한다. '경험적 알고리즘' 이라고 하며, 평가 함수를 이용하여 근사치를

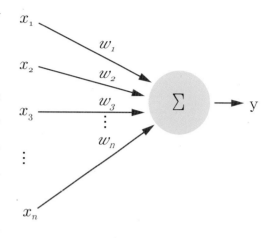

찾는 알고리즘을 사용한다. 인공지능에서 휴리스틱은 일반적으로 특정 상태에서 목표 상태까지의 거리에 대한 정보를 제공하여 문제를 해결하는 최적의 답을 구하는데, 시간과 상태 공간을 절약한다.

기계학습 알고리즘에는 대표적으로 신경망 알고리즘과 SVM, K-이웃, K-평균, Q-러닝 알고리즘 등이 있다.

● 데이터과학

데이터과학은 다양한 데이터로부터 지식과 통찰을 얻는 데 필요한 과학적 방법론과 알고리즘, 과정, 시스템을 동원하는 것으로, 생물학, 공학, 사회과학 등의 다양한 분야에서 응용된다. 정보기술과 데이터가 넘쳐나면서 과학에서 데이터과학을 경험, 이론, 계산 이후 데이터를 네 번째 패러다임으로 보기도 하는데, 데이터과학은 현상을 분석하여 이해하기 위해 데이터에서 공통적인 특징을 찾아내거나 그들을 다루기 위한 기술에 중점을 둔다.

● 데이터 마이닝

데이터 마이닝(Data Mining)은 대규모, 저장되어 있는 데이터 안에서 규칙이나 패턴을 체계적으로 찾아내는 것이다. 데이터 마이닝은 데이터 분석을 통해 아래의 분야에 적용한 결과를 도출해 낼 수 있다. 데이터를 탐색하고 모델을 만드는 기법들은 통계학에도 있지만 데이터 마이닝의 응용 분야에서는 고전 통계학의 원리가 아닌, 규칙과 패턴의 발견을 위한 새로운 방법으로 데이터 마이닝이 고안되었다.

- **분류**: 범주가 있는 자료이거나 일정 집단에 대한 특정 정의를 통해 나누거나 추론하는 것
- **군집화**: 비슷한 특성을 가지고 있는 데이터를 묶는 것으로, 미리 정의된 정보나 특성을 갖지 않음
- **연관성**: 병렬적으로 일어난 사건의 관계를 설명
- **연속성**: 기간을 두고 발생한 관계
- **예측**: 빅데이터 집합 내의 패턴을 기반으로 미래를 예측

● 시각화 기술

데이터 시각화는 데이터를 분석한 결과를 쉽게 이해하도록 가시적으로 표현하는 것을 말한다. 정보를 효율적이고 명확하게 제공하기 위해서 도표, 그래프, 다이어그램, 일러스트레이션 등을 사용하여 데이터를 요약하고, 한눈에 볼 수 있도록 한다. 대규모의 데이터를 요약해서 표현한 정보 시각화는 도표나 그래프를 이용해 정보를 전달함으로써 직관적인 이해를 돕는다. 과학적인 시각화는 3차원 그래픽을 활용하여 실험 결과, 시뮬레이션을 쉽게 볼 수 있도록 한다. 인포그래픽은 그래픽 이미지와 함께 정보를 전달하기 위한 디자인으로, 다이어그램, 로고, 일러스트레이션 등에 나타나 있는 시각화 기술이다.

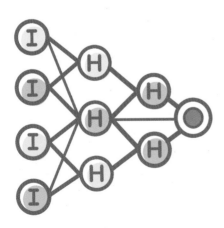

About AI

⚙️ 인공지능의 연구 분야

● 탐색 문제

우리가 살아가면서 부딪히는 문제들은 작고 사소한 결정에서 부터 크고 중요한 문제까지 다양하다. 당상 오늘 먹어야 할 점심 메뉴에 대한 고민에서부터 직업을 무엇으로 정할 것인지, 어떤 활동을 취미로 삼을 것인지, 어떤 배우자를 만날 것인지 등 정말로 다양한 문제들이 존재한다. 이러한 문제를 해결하기 위해 흔히 시간적, 공간적인 제약을 고려한다. 식당을 선택해야 한다면 주변에 어떤 식당이 있는지부터 탐색해 볼 것이고 대부분 대학이나 학교를 졸업할 즈음이 되면 진로에 대한 고민을 시작한다. 인간의 탐색은 직접 경험으로 만들어지기도 하지만, 현대인들은 대부분 디지털 기술을 활용한다. 인터넷 안에 있는 정보들을 효율적으로 탐색하기 위한 인공지능은 시간적, 공간적 제약을 최소화하는 것이 주요 연구 분야이다. 초기에 개발된 탐색 알고리즘은 하나부터 끝까지 탐색해야 하는 근본적이고 단순한 형태였지만, 이제 인간의 지능적인 휴리스틱의 특성을 더해 더욱 빠르게 탐색하고 최적의 답을 찾아내는 알고리즘들이 무수히 등장하고 있다.

● 정리증명

정리증명이란, 수학적인 정리를 컴퓨터 프로그램을 통해 형식적으로 증명하는 것, 또는 그에 대한 연구를 가리킨다. 사람이 증명할 정리를 서술해 주면 컴퓨터가 필요한 보조 정리를 제안하며 전체 증명을 한다. 연역 시스템에서는 일반적 지식을 표현한 규칙과 데이터베이스 안에 특정 지식을 표현한 사실로부터 목표를 증명한다.

● 지식 표현과 추론

지식은 정보에 가치를 더한 것으로, 지식을 효율적으로 표현하는 방법에 대한 연구이다. 지식 표현의 유형에는 논리, 규칙, 의미망 등이 있다. 논리는 참이나 거짓 중 하나를 값으로 갖는 명제를 가지고 추론을 한다. 이미 참이라고 규칙은 IF-THEN의 형태로 구성하여 IF 구문의 조건이 만족되면 THEN이 실행된다. 이때 조건이 둘 이상이면 AND나 OR 같은 규칙으로 결합하여 구성한다. 이러한 생성 규칙의 집합으로 지식을 표현하는 것이 규칙 기반 시스템이다.

규칙 기반 전문가 시스템은 사용자 인터페이스에 질문을 하면 추론 엔진은 지식 베이스에 있는 지식과 규칙을 바탕으로 질문에 대한 답을 내어 놓는다.

● 불확실성 처리

불확실성이란, '문제 해결을 위한 판단이나 의사결정에 사용할 수 있는 정보가 적절성이 부족한 것'이라고 할 수 있다. 세상의 모든 지식은 거의 불확실성을 내포하고 있다. 그래서 지식을 다룰 때 이러한 불확실성을 어떻게 표현하고 처리하는지에 대한 방안이 필요하다. 이때 주어진 사건과 관련 있는 여러 가지 사건의 확률을 이용하여 미래에 일어날 사건에 대해 추론하는 방법을 사용하는데, 이것을 '베이지안 확률'이라고 한다. 베이지안 확률에서는 사전 확률과 사후 확률 사이의 관계를 조건부 확률을 이용해 추론한다.

$$P(A|B) = \frac{P(B|A)P(A)}{P(B)}$$

사후 확률 · 가능도 · 사전 확률 · 증거

● 기계학습

기계학습(Machine Learning)은 주어진 데이터로 컴퓨터에게 학습을 시켜 스스로 문제를 해결하도록 하는 것을 통틀어 이야기한다. 기계학습의 종류에는 지도학습, 비지도학습, 강화학습이 있다.

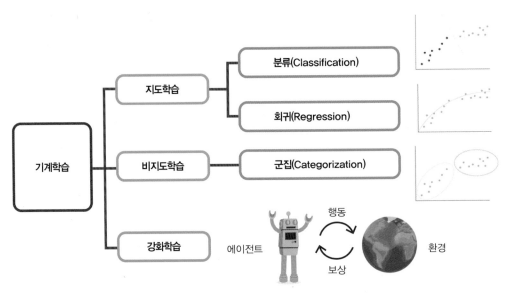

기계학습 ─ 지도학습 ─ 분류(Classification)
　　　　　　　　　　 ─ 회귀(Regression)
　　　　 ─ 비지도학습 ─ 군집(Categorization)
　　　　 ─ 강화학습

에이전트 · 행동 · 보상 · 환경

▲ 기계학습의 유형

지도학습(Supervised Learning)은 훈련 데이터와 테스트 데이터를 따로 두어 훈련 데이터를 가지고 프로그램을 학습시킨 뒤 테스트 데이터로 학습이 잘 되었는지 확인하는 학습 방법이다. 이때 훈련 데이터에는 이름(레이블)이 지정되어 있어 그 특징을 바탕으로 패턴을 찾아낸다. 기계학습으로 훈련시킬 수 있는 데이터는 음성, 이미지, 문자 등이 있다. 대표적인 지도학습의 예로 결정 트리, 인공신경망, 서포트 벡터 머신이 있다.

비지도학습(Unsupervised Learning)은 레이블링이 되어 있지 않은 데이터로부터 패턴을 찾아내거나 군집을 만들어내기도 한다. 이는 경험, 관찰 및 유추를 통해 인간이 배우는 방법과 비슷하다. 비지도학습의 예에는 군집화, K-평균이 있다.

강화학습(Reinforcement Learning)은 문제에 대해 답을 주지 않아도 경험을 통해 보상을 주는 방향으로 학습을 강화시키며, 최적의 보상을 만족하는 정책을 찾는 학습을 말한다. 강화학습은 엘리베이터 스케줄링, 로봇 컨트롤 문제 등에서 응용되고 있다.

● 신경망과 딥러닝

신경망은 사람의 뇌에 있는 뉴런을 모델로 삼아서 만들어낸 단층 퍼셉트론, 다층 퍼셉트론, 이미지를 인식하는 코그니트론, 네오코그니트론과 같은 신경망 모델을 거쳐 딥러닝으로 발전하였다. 딥러닝은 '심층신경망(Deep Neural Network)'으로 부르며, 입력층과 출력층 사이에 여러 가지 은닉층(Hidden Layer)으로 구성된다. 신경망의 계산에 숨겨진 층과 출력층이 2개 이상이면 심층신경망이라고 한다. 최근의 딥러닝 모델은 GPU 성능의 향상으로 시간을 대폭 단축하고 엄청난 발전을 이루었으며 다양한 분야에 적용되고 있다. 응용 분야는 자동 음성 인식, 영상 인식, 자연어 처리, 고객 관계 관리, 약물 개발 등이 있다.

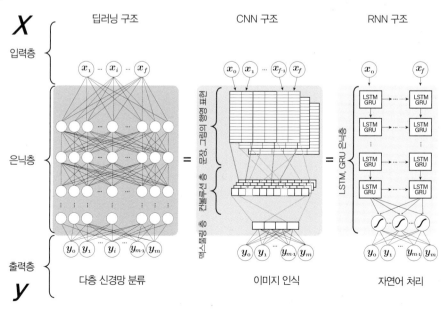

▲ 딥러닝, CNN, RNN의 구조 비교

● 자연어 처리

1950년대부터 인공지능의 주요 분야 중 하나로 자연어 처리 기술이 연구되어 왔다. 1990년대에는 기계학습 및 통계적인 기법이 자연어 처리의 주류를 이루었으나 딥러닝 기술이 크게 발달하면서 자연어 생성에 적용되고 있다. 자연어 처리는 인간의 언어 분석과 표현을 자동화하기 위한 계산 방법이다. 자연어 처리의 분석 방법은 형태소 분석, 구문 분석, 의미 분석, 담화 분석의 네 가지가 있다. 컴퓨터는 자연어로 주어진 입력에 따라 동작하고, 자연어를 이해하며, 답변이나 뒤에 올 단어, 문장을 예측한다. 자연어 생성은 사진을 설명하거나 동영상을 사람이 이해할 수 있는 자연어로 변환하는 기술이다. 딥러닝을 이용한 자연어 처리 중 유명한 것은 RNN(Recurrent Neural Network)으로, 입력과 출력을 시퀀스로 처리하는 모델이다. 검색 창에 나타나는 자동 완성 기능, 영상에 자동 자막 입히기, 인공지능의 작곡, 소설 쓰기, 챗봇과 같은 많은 부분들이 RNN을 기반으로 한 기능이다.

● 로보틱스

로봇공학은 로봇에 관한 기술학이자 과학이다. 로보틱스는 기계공학, 센서공학, 인공지능 기술 등을 종합적으로 활용한다. 그중 인공지능 기술을 활용하는 로봇을 '지능 로봇(Intelligent Robots)'이라고 한다. 다양한 상황에서 적합한 행동을 하기 위해 여러 인공지능 기술을 활용한다. 예를 들면 보스턴다이나믹스의 보행 로봇은 2족 보행은 물론 공주제비돌기, 장애물 뛰어넘기, 물구나무서기까지도 할 수 있고 넘어져도 스스로 일어서서 다시 달려간다.

● 유전 알고리즘

유전 알고리즘은 자연계의 생물 유전학에 기반을 두며, 병렬적이고 전역적인 탐색을 하는 알고리즘이다. 유전 알고리즘은 탐색, 최적화, 기계학습을 위한 도구로서 많이 사용한다. 유전 알고리즘은 해결하려고 하는 문제에 대한 가능한 해들을 일정한 형태의 자료 구조로 표현한 후 이를 점차적으로 변형시켜가며 더 나은 해를 만들어 낸다. 각각의 가능한 해를 선택, 교배, 돌연변이를 통해 연산이 이루어진다. 세대를 거듭한 후 남은 해 중 최상의 해를 반환한다. 유전 알고리즘은 트리 최적화, 작업 공정 스케줄링, 시간표 문제, 단백질 구조 최적화 등 아주 다양한 문제들을 해결하기 위해 응용되었다.

● 인공지능 윤리

인공지능 활용이 확대됨에 따라 이에 대한 명확한 윤리 프레임워크와 가이드라인이 범국가적으로 필요해졌다. 이러한 기준 수립은 인공지능의 책임 소재를 명확히 하여 인권과 윤리적 가치를 충분히 보장할 수 있도록 한다. 어떤 방식으로 인공지능을 활용하느냐에 따라 인간에게 유용한 도구가 될 수도 있지만, 독점과 남용을 우려하는 목소리도 적지 않다. 2015년 테슬라의 창립자 엘론 머스크는 10억 달러를 들여 Open AI라는 비영리 인공지능 회사를 만들었다. 그는 인공지능 발전을 인류의 가장 큰 실존적인 위협으로 간수하고 인류에게 혜택이 될 수 있는 인공지능을 연구하고자 하였다.

자동 주식 매매 프로그램에 대한 규제나 의학적 측면에서 로봇의 활용 범위에 대한 규제, 로봇의 도덕성 프로그래밍, 알고리즘 편향과 같은 논쟁거리들은 끊임없이 회자되고 있지만, 명확한 지침이 있는 것은 아니다. 어려운 것은 그 누구도 겪어 보지 못했던 상황으로 전례가 없기도 하고 결코 간단한 규범적인 문제가 아니기 때문이다. 로봇이 사고를 냈을 경우 법적 판단은 어떻게 하며 책임은 누구에게 있는지를 결정해야 한다. 이를 조정할 수 있는 로봇법 정책도 필요한 것이다.

● 인공지능의 역기능

■ <u>인간성 상실</u>

살상용 자율 무기(LAWS; Lethal Autonomous Weapon System)는 인간의 개입 없이 표적을 스스로 찾아 제거하는 무기이다. 2019년 3월 UN 고위급 회담에서 안토니오 구테레스 유엔 사무총장은 치명적인 자율 무기 시스템을 금지하는 연구를 추진하고자 했지만 인공지능의 응용 프로그램이 아직 초기 단계에 있고, 국가 안보의 목적으로 첨단 프로젝트를 수행중이라고 하며 선제적 금지를 거부했다. 이에 인공지능센터는 군사 분야의 인공지능 이니셔티브를 포함하는 AI 윤리학자를 고용할 것이라고 발표했다. 하지만 많은 국가들이 영화 속의 터미네이터처럼 인간을 무자비하게 살해하는 살상용 자율무기를 만들어내고 전쟁에 사용할 것이라는 긴장과 우려를 하고 있으며 반대의 목소리를 내고 있다.

■ <u>차별성</u>

알고리즘이나 학습 데이터에는 인간이 의도했든, 의도하지 않았든 편견이 잠재적으로 존재할 수 있다. 그 예로 구글 번역기는 간호사는 여성이라는 편견을 보이기도 했고, 구글 포토에서는 흑인 여성을 고릴라로 인식하기도 하는 오류를 범했다.

마이크로소프트에서 만든 '테이'라는 챗봇이 트위터에 공개되었을 때, 그는 직접적인 대화 맥락에서 훈련을 받고, 사용자와의 게임을 통해 반복적인 대화를 할 수 있었다. 내보인지 12시간 만에 테이는 데이터 세트를 편향시킨 일부 사람들의 조정에 의한 공격을 받았고, 폭력적이고 성차별적이며 반유대주의적, 인종차별적인 발언을 게시하며 사람들을 놀라게 했다. 이는 인공지능 기술이 윤리적, 사회적, 법적인 문제를 야기할 수 있음을 경고하였다.

■ 공포심, 사생활 침해

인공지능 기술은 예측 불가능하고, 오류 감지 및 구별의 어렵다는 특성을 지니고 있다. 오작동을 방지하고 시스템의 안정을 유지하기 위한 기술을 마련하고자 하는 노력이 있지만, 자율주행차의 사고나 로봇의 통제 불능한 오류 상황과 같이 인간에게 치명적인 피해를 입히거나 공포심을 유발할 수 있는 가능성이 있다. 한국과학기술기획평가원에서 실시한 인공지능 기술에 대한 인식 조사에서는 인공지능 기술 활용으로 인해 가장 우려되는 점을 전체의 48%가 '인공지능 기술의 오작동 및 기술에 대한 통제 불가능한 상황 발생'으로 꼽았다. 그 다음으로 우려하는 것은 '일자리 대체 현상으로 인한 실업'이 34.5%, '전쟁, 테러, 해킹 등 기술 악용 우려'가 31.8%, 뒤이어 약 20%로 '개인정보 및 사생활 침해 우려'와 '사회적 양극화 발생'으로 응답했다. 실제로 인공지능 기술을 이용한 딥페이크와 같은 위조 데이터 생성은 개인의 사생활과 인권을 침해하며, 타인을 범죄에 노출시키는 피해를 입혔다.

Tip **AI 역기능의 사례**

- 2016년 미국의 캘리포니아 쇼핑센터에서 인공지능 로봇이 오작동하여 아기를 들이받아 상해를 입혔고, 중국의 전시회에서는 인공지능 로봇이 전시장의 유리를 깨고 부상자를 발생시키기도 했다.
- 사람의 모습과 비슷하게 만들어진 AI 로봇 소피아는 한국에 찾아와 컨퍼런스에서 사람들과 대화를 나누었다. "AI 로봇이 인류에 도움을 줄 것이라고 보는가?" 소피아는 사람들에 대해 사려 깊게 생각하고 그들과 상호작용하면서 협업할 것이고, 인간을 도울 것이라고 대답했다. 한편 농담으로 일축하긴 했지만 개발자와의 대화에서 인류를 파괴하겠다는 발언을 하여 사람들을 섬뜩하게 만들기도 하였다.
- 우버 택시가 학습 기반의 인공지능 알고리즘을 적용하여 교통 정체 시간대에 기존의 8배에 달하는 가격을 책정하였고 운전자들이 이를 묵시적으로 승인하고 적용하여 법률 분쟁으로까지 간 사례가 있었다.

● 인공지능 역기능 문제의 해결 방안

■ 설명 가능한 AI(XAI; eXplainable AI)

설명 가능한 인공지능은 인공지능의 결과가 사회적으로 수용 가능한지에 대한 고민에서 시작되었다. 인공지능 기술에 대용량의 데이터를 사용하고 개인 정보가 중요 작업에 사용될 경우

투명성 확보를 위해 설명 가능한 AI를 보급하는 것이 필요하다. 인공지능이 결정을 내린 근거를 사용자에게 알려줌으로써 사용자가 인공지능을 이해하고 결과를 받아들일 수 있도록 하는 것이 설명 가능한 인공지능의 목표이다. 설명 가능한 인공지능은 거꾸로 계산하는 과정을 기존의 학습 모델에 추가함으로써 구현이 가능하다. '역합성곱 신경망'이라고 부르는 모형은 합성곱 신경망의 결과를 설명해 주는 역할을 한다. 인공지능의 연구가 활발해지고, 여러 분야에 적용되므로 사회 구성원 모두에게 인공지능에 대한 신뢰를 주기 위해 설명 가능한 인공지능에 대한 연구가 필요하다.

■ 책임 있는 AI(Resoponsible AI)

2020년 5월 28일 캐나다, 프랑스, 독일, 미국, 일본 등 7개 국가로 구성된 국가 과학 기술 장관 가상 회의를 열어 책임 있는 인공지능 채택을 위한 동맹을 시작했다. 'GPAI(Global Partnership on AI)'로 불리는 이 동맹에서는 인권, 다양성, 포용, 혁신 및 경제 발전이라는 공유 원칙에 기반한 인공지능 사용에 대한 권장 사항을 마련할 예정이라고 한다. 연구의 우선순위에는 전 세계를 공포로 뒤덮은 코로나와 같은 바이러스의 확산을 추적하고, 백신을 배포하며, 건강 모델링 및 전염병 예측을 포함한다. 한편 경제 협력 개발기구인 OECD는 2019년 5월에 일련의 인공지능 원칙을 개발하여 인공지능 정책 감시를 시작하였고 42개 국가에서 이 원칙을 채택하였다. 그들은 '책임 있고, 신뢰하며, 유익한 인공지능을 위한 공공 정책을 공유하고 형성하는 플랫폼'을 형성할 것이라고 했다.

책임 있는 인공지능을 위해 물어야 할 질문이 몇 가지가 있다. 인공지능 시스템이 합법적이고 윤리적이고 도덕적인지, 믿을 만하고 안전한 시스템인지, 결과가 해석 가능한지, 데이터와 알고리즘이 편견이 없이 공정한지, 그리고 개방적인 환경에서 관리가 적절하게 잘 되고 있는지를 따져 보아야 한다.

Applying AI

⚙ 인공지능 = 융합 학문

　인공지능은 모든 학문과 모든 기술, 모든 삶에 적용된다. 융합학문으로서 가치가 있으며 향후 인공지능이 적용될 분야를 찾는 것보다 적용되지 않을 분야를 찾는 것이 더 쉬울 것이다. 인공지능의 활용 분야를 영역별로 살펴보자.

● 제조

　인공지능 기술이 제조업과 만나 생산성과 품질을 향상시킬 것이다. 제조 환경에서는 자가 진단 및 개선을 할 수 있는 지능형 제조 환경을 구축할 것이다. 그리고 다양한 환경에 적용할 수 있는 반응형 예측 시스템을 구축하며 제조 효율을 높이기 위한 최적화 제조 공정 방법을 찾아내고 있다. 예를 들어 독일에서 추진하고 있는 제조 혁신 전략은 사이버 물리 시스템을 통해 자동화된 물리적 공간에서 제조와 생산을 하는 반면 클라우드와 네트워크를 결합시켜 생산 효율을 높이고자 하였다.

● 물류

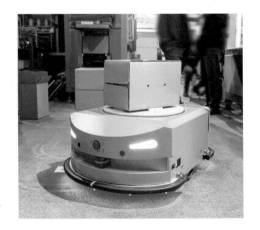

　미국의 아마존에서 사용하고 있는 '키바(KIVA)'라고 하는 창고 정리 자동화 시스템은 인건비를 크게 절감하고 물류 시스템의 효율을 높였다. 제품이 주문 처리센터에 입고되는 순간부터 고객에게 배송되기까지 드라이브 유닛 로봇과 인공지능과 컴퓨터 비전을 사용하는 스토우 스테이션(Stow Stations)을 갖추고 있다. '팔레타이저'라는 로봇은 컴퓨터 비전을 사용해 운반할 상품을 쌓는다. 게다가 직원들이 착용한 조끼는 현장에서 로봇들과 통신하여 안전하게 작업할 수 있게 해 준다.

● 교통

인공지능에서 빠른 속도로 상용화가 이루어지고 있는 것이 자율주행 자동차 시스템이다. 자율주행 자동차의 상용화는 이미 미국의 여러 주에서 시험운행을 허가받고 구글 자동차는 2009년부터 2016년까지 240만 킬로미터 이상을 주행했다. 대부분의 자동차 회사는 자율주행 자동차를 연구 및 개발하고 있다. 마이크로소프트는 인공지능 및 클라우드 기술로 미래의 자동차 기술 개발을 지원하고 인공지능 플랫폼과 클라우드로 세계의 자동차 제조사들의 디지털 전환을 지원하고 있다.

자율주행차뿐만 아니라 장애인을 위한 전동 휠체어도 자율운행을 할 수 있도록 국내에서는 인도, 횡단보도 보행 영상 및 인도 위 객체의 라벨링된 데이터를 500시간 구축하였다. 이를 활용해 시각장애인의 길 안내도 도울 수 있는 보행지원 기술을 개발할 수 있다.

공항, 항만, 철도 등 주요 교통 시설의 보안에도 인공지능 시스템을 사용하였다. 위험물을 판별할 수 있는 기술을 개발하고 범죄 도구나 반입금지 물품들의 엑스레이 이미지를 42만 장 구축하였다.

● 교육

인공지능은 미래의 교육 방식에 크게 바꿔 놓을 것이다. 인공지능과 머신러닝을 활용한 피교육자의 학습 특성을 파악하여 맞춤형 교육을 제공할 수 있다. 현재 인공지능을 활용한 교육 플랫폼이 구축된 초반기이지만, 음성 인식으로 발음이나 어휘를 교정해 주거나 따라서 말하는 섀도잉 연습, 문제 풀이 패턴을 파악하여 학습자의 오류를 분석해 주고 부족한 부분을 더 집중적으로 학습할 수 있게 도와주는 학습 프로그램이 하나둘 등장하고 있다. 서울대의 인지로봇인공지능센터에서 만화영화를 보고 아이들과 질문하고 답하고 놀면서 영어를 배우도록 하는 뽀로로봇을 개발하기도 했다. 이와 같이 가상현실, 로봇과 결합한 모바일 교육은 새로운 교육 모델의 등장시킬 수도 있을 것이다.

● 정치

세계 각국에서는 정부 조직과 법 정책을 고려한 다양한 인공지능 정책을 마련하여 제시하고 있다. 중국은 범국가적 시스템 연구 및 인력과 정보의 공유를 위한 플랫폼을 구축하고 인공지능 정책의 효율성을 높이려 하고 있다. 일본은 2016년을 인공지능 원년으로 선포하여 미국 대비 국제경쟁력을 강화하기 위해 인공지능 예산을 증액하고 사물인터넷 사회·비즈니스 지향 연구 및 개발 등을 추진하고 있다. 미국은 백악관 중심 범정부 거버넌스 체계를 구축하고, 뇌 기반 대규모 예산을 지원하며 국제공동 연구 등의 정책을 추진한다. 우리나라에서는 I-Korea 4.0 실현을 위한 인공지능 연구·개발 전략을 2018년 수립하고 세계적 수준의 인공지능 기술력 및 연구·개발 생태계를 확보하기 위해 5년간 22조원을 투자하여 AI와 관련된 인재를 육성하고 데이터를 구축하는 등의 목표를 세웠다.

● 번역

인공지능 번역 애플리케이션은 여행의 필수 준비물 중 하나이다. 음성 인식을 통해 다른 언어로 동시에 대화를 가능하게 할 뿐만 아니라, 메뉴판 사진이나 관광지에 쓰인 안내

문구 등의 이미지 인식을 통해 문자도 번역해 준다. 인공지능 비서는 여행에 필요한 항공권, 호텔, 렌터카 등의 예약과 추천 코스를 사용자의 취향을 고려하여 짜 주고 예산도 세워주는 등 여행사 직원의 역할을 톡톡히 해내기도 한다. 숙박 시설의 경우에는 위치 기반 AI 서비스를 활용하여 투숙객이 사기를 당하거나 피해를 입는 것을 방지하고 안전을 확보하는 기술을 도입하고 있다.

● 통신

과학기술정보통신부의 업무계획에 따르면, 2020년 추진하고 있는 국가 전략 중 차세대 정보통신 핵심 기술을 개발하려는 전략이 있다. 인공지능 반도체 및 기억과 연산을 통합한 신개념 AI 반도체의 개발을 추진하여 현재의 기억-연산에

서의 속도 효율 저하와 전력 증가에 대한 문제를 해결할 것으로 기대한다. 보안체계에서는 인공지능 기반의 사이버 위협 탐지·대응 시스템을 구축하고 인공지능 기반 보안기술에 147억원을 투자해 개발하며, 인공지능 학습 데이터를 지원할 예정이다.

● 환경

마이크로소프트의 네이처서브(NatureServe)는 클라우드 컴퓨팅을 사용하여 멸종 위기 종에 대한 서식지 지도를 작성하여 스마트한 보존 조치를 강화한다. 생물 다양성 중요성 지도 MoBI는 2,200종 이상의 멸종 위기 종에 대한 분포 모델을 기반으로 만들어졌다. 또 테라 퓨즈

(Terrafuse)는 산불에 대한 물리 기반 AI 모델을 구축하여 모든 지역에서 기후와 관련된 위험을 이해하는 데 도움을 줄 수 있다. 기계학습을 이용하여 과거 산불 데이터, 수치 시뮬레이션 및 위성 이미지로 모든 위치의 산불 위험을 모델링한다.

● 의료

인공지능 기술을 이용하여 성 조숙증, 폐암, 폐질환, 치매, 유방암, 물리치료 등의 병을 정확하고 빠르게 진단하는 소프트웨어나 효과적으로 치료가 가능한 로봇 기술 등이 등장하고 있다. 의료 분야에서 인공지능은 진단에 들어가는 시간, 비용을 줄이면서 개인에게 최적화된 케어를 받을 수 있어 활용 가치가 점점 늘어가고 있다. 2016년 MAM(Markets And Markets, 2016)의 보고서에 의하면 2015년 7억 1,300만 달러의 인공지능 헬스케어 시장 규모가 2020년 75억 4,700만 달러로 성장할 것이라 예상했다. 중국 텐센트라는 회사에서는 의사처럼 학습하고 의료영상 분석 인공지능인 '미잉(Mying)'을 개발하면서 당뇨병, 유방암, 식도암, 대장암 등을 진단할 수 있는 6개의 인공지능 시스템을 구축했다. 그리고 IBM의 인공지능 로봇 왓슨은 국내를 비롯한 전 세계에서 종양을 진단하는 의사로 활약하고 있다.

● 건설

건설 현장에 도입된 드론과 AI 로봇은 미래 건설 산업을 적극적으로 바꿔놓을 것이다. 드론의 카메라로 건설 현장을 촬영한 후 건설 환경과 지형에 대한 데이터를 확보하고, 자율주행 장비로 시공하며, 24시간 가동시켜 건설 시기를 단축할 것이다. 이러한 첨단 건설 공법은 업무 효율을 높이고, 비용을 줄이며, 근로자의 안전을 지켜줄 것으로 기대한다.

01 다음 중 인공지능 기술이 포함되지 않은 것은?

① 스마트폰 챗봇

② 아날로그 시계

③ 무인 자동차

④ 자동 항법 장치

02 다음 중 인공지능을 발전시킨 것과 관련 있는 것을 고르시오.

① 빅데이터

② 클라우드

③ 사물인터넷

④ 4차 산업혁명

03 다음 중 기계학습과 관련된 개념을 모두 선택하시오.

① 신경망

② 결정 트리

③ 서포트 벡터머신

④ 운영체제

04 가장 먼저 발생할 것으로 예상되는 인공지능의 역기능을 들고 해결 방안을 기술해 보자.

Module 2

제대로 가르치기
– 티처블 머신

18세 흑인 소녀가 친구들과 함께 길을 가고 있었다. 단순한 호기심이었을까, 영웅심이었을까? 그녀는 길거리에 세워진 자전거를 발견하고 집어탔다.

"애들아, 날 보라고. 멋지지?"
"크크크~ 쟤 또 오버한다."

그때 한 여인이 집에서 뛰쳐나오며 소리친다.

"헤이! 그건 내 아들의 자전거라고!"

그들은 아무 일도 없었다는 듯이 자전거를 버리고 유유히 걸어갔다. 그러다 출동한 경찰에게 체포되었다.

41세 백인 남성이 마트를 방문했다. 그는 손님인척했지만 사실은 좀도둑이었다.

'오늘도 수월하게 끝나겠군.'

그는 쇼핑하듯 이것저것 주워 담았고 마트를 나설 때 그의 가방에는 85달러 어치의 물건이 담겨있었다. 오늘도 쉽게 끝나는 듯했지만, 그는 출동한 경찰에게 바로 체포되었다.

둘은 판사 앞에서 선고를 앞두고 있다.

앞의 두 사례를 봤을 때 누구의 죄가 더 무거워 보이는가? 아마 비슷하게 느껴질 것이다. 그런데 판사의 판결을 도와주는 AI의 판단은 달랐다. 남자는 저위험군으로 분류되었고, 여자는 고위험군으로 분류되었다. 이후 어떻게 됐을까? 3년 후 남자는 다시 범행을 저질렀고, 여자는 더 이상 범죄를 저지르지 않았다. AI의 판단이 틀린 것이다. 그렇다면 왜 그런 판단을 한 것일까? 아무도 정확한 이유는 모른다. 혹시 인종 때문에 그런 것은 아닐까? 우리가 인종에 대해서 가지고 있는 편견을 AI가 그대로 학습한 것이 아닐까?

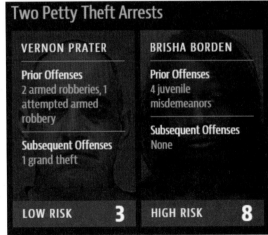

▲ 출처: 미국 비영리 인터넷 언론 '프로퍼블리카'
(https://www.propublica.org/)

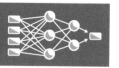
인간의 편견을 함께 학습하는 인공지능

앞에서 살펴본 상황은 미국의 일부 주의 법정에서 범죄자를 판결할 때 도움을 주는 '콤파스(COMPAS)'라는 소프트웨어에 대해서 한 비영리단체(ProPUBLICA)가 추적 조사한 결과를 각색한 것이다. 이 비영리 단체의 조사 결과, 놀라운 사실이 밝혀졌다. 이 소프트웨어는 점수에 의해 범죄자를 고위험군과 저위험군으로 분류한다. 고위험군으로 분류된 사람들 중에서 몇 년 후 다시 범죄를 저지르지 않은 사람들을 조사해 봤더니 그 비율이 흑인이 백인에 비해 거의 두 배가 높았다는 점이다. 즉 이 소프트웨어는 비슷한 조건일 때 흑인이 범죄를 다시 저지를 확률이 두 배나 높다고 판단한 것이다. 분명히 불합리하고 편견이 가득한 결과가 아닐 수 없다. 항상 옳은 결과를 출력할 줄 알았던 인공지능의 모습과는 거리가 있다. 그리고 이미 인공지능은 범죄자를 찾아내고, 취업을 결정하는 등 민감하고 중요한 사안에 널리 쓰이고 있다는 점도 놀랍다. 그렇기 때문에 우리는 인공지능에 대해서 더 깊이 있게 이해할 필요가 있다.

> **Tip** 콤파스가 사용하고 있는 위험 점수 산출식은 다음과 같다.
>
> 폭력 재범 위험 점수=(나이×−w)+(초범 때 나이×−w)+(폭력 사건 기록×w)+(직업교육×w)+(비준수 기록×w)
> 여기서 w는 가중치인데, 가중치는 범죄를 저지른 사람이 각 변수와 얼마나 많이 연결되어 있는지를 기반으로 정해지는 것으로, 이 값은 인공지능에 의해서 결정된다.
>
> 출처: 위키피디아(https://en.wikipedia.org/wiki/COMPAS_(software))

기계가 인간의 편견을 함께 학습한 예를 한 가지 더 살펴보자. 해외여행의 필수 아이템 인공지능 번역기에도 편견을 확인할 수 있다. 우리가 흔히 가지고 있는 직업에 대한 편견이 그것이다. 가장 널리 사용되고 있는 번역기인 구글 번역기를 켜고 다음과 같이 두 개의 영어 문장을 입력해 보자.

"She is a doctor." "He is a nurse."

영어에는 성별을 구분하는 3인칭 대명사 'He'와 'She'가 존재한다. 이제 이 문장을 성별 관련 대명사가 없는 인도네시아어로 번역해 보자. 그런 다음 그 문장을 다시 영어로 번역하면 재미있는 결과를 확인할 수 있다.

분명히 여자였던 의사가 남자로, 남자였던 간호사는 여자로 바뀌어버렸다. 구글 번역기가 사용하는 축적된 데이터베이스에는 의사는 남자, 간호사는 여자인 경우가 많았기 때문에 확률적으로 높은 번역 결과를 출력한 것이다. 사람들이 가지고 있는 편견도 비슷한 과정을 거쳐서 형성되는데, 인공지능도 인간의 편견을 그대로 학습하게 된 것이다.

Tip 번역기의 성차별 문제는 한 SNS 사용자(https://twitter.com/seyyedreza)가 처음 제기했다. 당시 터키어 번역을 이용해서 세계적으로 화제가 되었고, 이후 터키어 영어 번역은 아래와 같이 수정되었다. 이처럼 우리가 인공지능의 문제를 인지하고 수정을 요청하여 변화시킬 수 있다. 인도네시아어도 언젠가 이러한 형식으로 바뀌지 않을까 기대해 본다.

기계학습은 인간이 입력한 데이터를 재료로 나름의 패턴을 찾아 모델을 만든다. 그렇기 때문에 인간이 가지고 있는 잘못된 편견도 함께 학습할 가능성이 높은 것이다. '콩 심은 데 콩 나고 팥 심은 데 팥 난다', 'Garbage in, garbage out'과 같이 학습 데이터의 중요성에 대해서 강조하는 격언에서 알 수 있듯이 이러한 사실은 우리 조상들도 이미 알고 있었다. 이제 간단한 도구를 이용해 학습 데이터를 넣어서 모델을 만들어 보며 인공지능이 어떤 과정을 통해 학습하는지 알아보자.

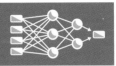

Using AI

티처블 머신은 말 그대로 '가르칠 수 있는 기계'이다. 우리는 기계라고 하면 물리적 실체가 있는 장치를 떠올리기 쉬우나 여기서 기계(Machine)는 소프트웨어를 의미한다. 소프트웨어에 데이터와 레이블을 함께 입력해서 학습을 시키고 활용하는 방법을 알아보자.

⚙ '티처블 머신'으로 인공지능 모델 만들기

1 티처블 머신에 시작하기

▲ 출처: https://teachablemachine.withgoogle.com

'티처블 머신(Teachable Machine)'은 계정을 만들지 않고 지도학습 모델을 만들 수 있는 사이트이다. 사이트 안내에서도 알 수 있듯이 현재까지는 이미지, 소리, 포즈를 인식할 수 있다. 여기서 포즈는 카메라로 인체의 관절을 인식하여 인간의 자세나 동작을 포착하는 것이다. [Get Started]를 클릭해서 어떤 데이터를 이용할 수 있는지 확인해 보자.

② 새로운 프로젝트 만들기

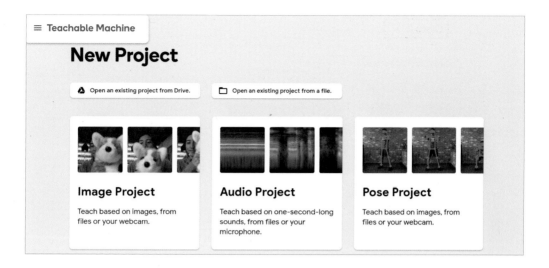

'티처블 머신'을 이용하여 프로젝트(Project)를 만드는 과정은 '샘플 모으기', '훈련시키기', '추출하기'의 3단계로 나눌 수 있다. '샘플 모으기' 단계에서는 레이블을 나누고 레이블에 해당되는 데이터를 입력한다. '훈련시키기' 단계에서는 수집된 데이터를 학습시켜서 모델을 만드는 단계로, 학습률(Learning Rate), 에포크 횟수(Epochs), 배치 크기(Batch Size) 등을 설정하여 학습시킬 수 있다. '추출하기' 단계에서는 훈련된 모델을 카메라나 마이크를 이용하여 테스트해 볼 수 있으며, 추출하여 프로그래밍에 활용할 수 있다. 이제 실제 프로젝트를 통해 알아보자.

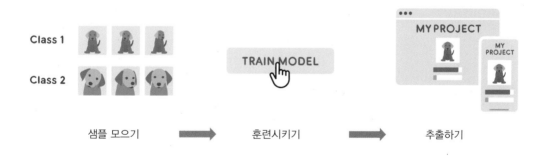

③ 감정 판별기 만들기

사용자의 표정을 보고 기분을 예측해 보는 인공지능을 만들어 보자. 여러 장의 이미지를 기반으로 해야 하기 때문에 [Image Project]를 클릭한다. 먼저 우리가 구분할 이미지에 맞는 클래스의 명칭을 붙여야 한다. 즉 레이블을 만들어 준다.

● 클래스 이름 바꾸기

클래스가 두 개뿐이어서 [Add a class]를 클릭해서 클래스를 하나 더 추가한다. 그리고 '행복', '슬픔', '무표정' 이렇게 3개의 레이블을 만들어 준다.

● 이미지 데이터 수집하기

각 클래스에서 [Webcam]을 클릭하여 사진을 여러 장 찍어 데이터를 수집해 보자.

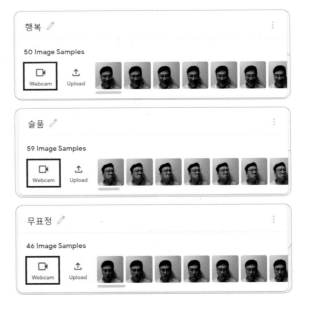

● 데이터 학습시키기

[Training]을 클릭하면 설정된 만큼 학습이 이루어지고, 학습이 완료되면 웹캠이 활성화되어 이미지를 기반으로 기분을 추측하게 된다.

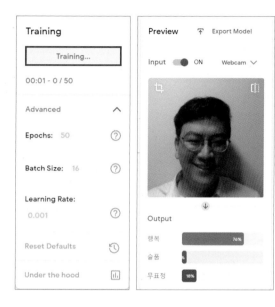

● 인공지능 테스트하기

인공지능 모델이 다른 경우에도 잘 적용되는지 알아보기 위해 사진 파일을 직접 업로드하여 확인한다. 만약 제대로 작동하지 않을 경우에는 데이터를 더 추가하거나 삭제하여 기계학습 모델을 수정한다.

티처블 머신에서 데이터를 학습시킬 때 [Adavanced]를 클릭하면 하이퍼파라미터(Hyperparameter) 값들을 확인할 수 있고 각각을 직접 조절할 수 있다.

① 에포크(Epochs)

에포크는 하나의 데이터 세트가 학습 알고리즘을 거치며 학습이 완료되는 한 주기를 말한다. 50에포크라고 하면 하나의 데이터 세트를 50번 학습한다는 의미다. 일반적으로는 에포크 수가 많을수록 모델의 성능을 좋아진다. 하지만 학습하는데 시간이 오래 걸리고 그 만큼 자원이 많이 필요하기 때문에 무작정 이 값을 높이는 것은 바람직하지 않다.

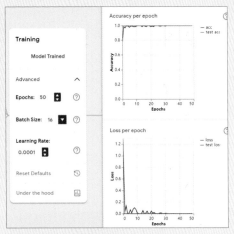

▲ 50에포크일 때, 모델의 정확도(accuracy)는 높고, 손실률(loss)은 낮은 모델이 만들어 졌다.

▲ 5에포크일 때, 모델의 성능이 향상되는데 한계가 있다는 것을 확인할 수 있다.

② 배치 사이즈(Batch Size)

모든 데이터를 한꺼번에 학습시킬 경우 시간이 오래 걸리고, 성능에도 문제가 있을 수 있기 때문에 일정한 단위로 데이터 세트를 잘라서 학습시키게 되는데 그 크기를 배치 사이즈라고 한다. 예를 들어 80개의 이미지가 있는데 배치사이즈가 16이라면 5개로 나누어서 학습시키는 방식이다. 사용할 수 있는 자원이나 데이터의 양에 따라 적절한 것을 선택하면 된다. 한 연구결과에 따르면 배치 사이즈가 커질수록 모델의 일반화 성능은 떨어지는 경향이 관찰되기도 했다.

③ 학습률(Learning Rate)

학습률은 굉장히 조심스럽게 다루어야한다. 가중치 값을 바꿔가며 손실(loss)이 가장 작아지는 점을 찾아가는 것이 목표인데 학습률은 이 목표 지점을 어떻게 찾아갈 것인지를 결정한다. 그래서 보폭으로 불리기도 하는데 학습률을 크게 해서 뛰어 내려갈 경우 빨리 갈 수는 있지만 최저점을 찾지 못하고 지나칠 수도 있다. 반면 학습률을 작게 해서 걸어갈 경우에는 꼼꼼히 점검하면 정확한 값을 찾을 수는 있겠지만 시간이 너무 오래 걸릴 수 있기 때문에 적절한 값을 찾아야한다.

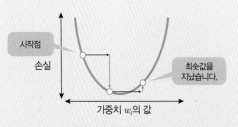

▲ 출처: 구글 디벨로퍼스(https://developers.google.com/)

About AI

⚙️ 기계학습(Machine Learning)

　기계가 스스로 학습한다는 아이디어는 정말 매력적이다. 인간이 만들어낸 피조물인 기계가 생명체처럼 학습한다는 것은 공상과학 영화에나 나올 법한 이야기라고 생각할 수 있으나 최근에는 널리 상용화된 기술이디. 기계학습은 인공지능을 구현하는 방식 중 하나로서 기계가 입력된 방대한 양의 데이터를 기반으로 스스로 패턴을 찾아 모델을 만들어 적용하는 것을 의미한다. 입력된 데이터는 보통 인공신경망(ANN; Artificial Neural Network)을 통해 분산 처리된다. 이를 구현하기 위해서 방대한 데이터를 빠르게 처리할 수 있어야 하기 때문에 고성능의 하드웨어와 데이터 처리 기술이 필요해서 최근에 커다란 주목을 받고 있다. 또한 인공지능 기술의 대표 격인 딥러닝(Deep Learning)도 그 명칭에서 알 수 있듯이 기계가 데이터를 심층학습할 수 있게 설계된 것이다. 그렇기 때문에 기계학습을 이해하는 것이 인공지능을 이해하는 초석이 될 수 있다.

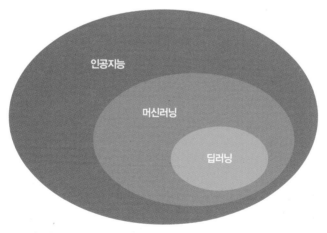

▲ 인공지능과 머신러닝, 딥러닝의 포함 관계도

⚙️ 지도학습(Supervised Learning)

　기계를 학습시키는 방법은 지도학습(Supervised Learning), 비지도학습(Unsupervised Learning), 강화학습(Reinforcement Learning) 등으로 구분할 수 있다. 그중 지도학습은 부모가 자식을 가르치는 방식과 비슷하다.

"저건 토끼야. 토끼!", "이건 호랑이야. 호랑이!"

▲ 지도학습

정답과 사례를 함께 제시하여 연결시켜 주는 것이다. 이러한 활동이 지속되면 아이의 머릿속에 '토끼'와 '호랑이'에 대한 모델이 만들어지고 토끼와 호랑이를 구별할 수 있게 된다. 기계학습에서 지도학습도 이와 비슷한 방식으로 진행된다. 앞에서 살펴본 티처블 머신을 이용한 활동이 바로 지도학습이다. '클래스'라고 하는 정답을 만들고, 그 안에 사례에 해당하는 데이터를 함께 입력해서 학습시켜 모델을 만들었기 때문이다. 결국 분류를 할 수 있게 되는 과정에 학습이 이루어진다는 사실을 알 수 있다.

⚙ 비지도학습(Unsupervised Learning)

비지도학습은 입력하는 데이터 세트에 레이블을 달아주지 않는다. 즉, 정답을 알려주지 않는 상태에서 기계가 데이터를 묶을 수 있는 특징들을 찾아내게 하는 방법이다. 여러 사람이 모여서 자유롭게 돌아다니다가 사회자가 앞에서 "세 사람!"하고 외치면 재빨리 세 사람이 모여서 팀을 이루는 놀이를 해 본적이 있을 것이다. 이때 무슨 생각을 하면서 놀이를 하는가? 아마도 본인을 중심으로 제일 가까운 사람을 찾으려고 노력할 것이다. 이는 누군가가 가르쳐 준 것이 아니라 본능적인 것이다. 비지도학습에서도 데이터 사이의 유사도 높은 것들끼리, 거리가 가까운 것들끼리 군집화(Clustering)하거나 관련이 있는 특징들을 찾아낼 때 비지도 학습이 사용된다.

⚙ 우리는 지금도 기계를 가르치고 있다

인공지능이 활용되는 분야가 늘어날수록 사용자가 직접 인공지능에 데이터를 입력하도록 하는 경우가 많은데, 이러한 과정을 사용자가 인지할 수도, 그렇지 않을 수도 있다. 가끔 인터넷을 사용하다 보면 아래와 같은 문구를 본 적이 있을 것이다. 사람만 풀 수 있는 간단한 문제를 제시해 사용자가 로봇이 아니라 인간임을 확인하는 구글 '리캡차(reCHAPTCH)'라는 도구이다. 이것은 현재 구글이 인수하여 제공하고 있는 서비스인데, 언젠가부터 도로표지판을 찾으라든지, 자동차가 포함된 이미지를 찾으라든지, 도로 상황과 관련된 문제를 제시하기 시작했다. 이를 두고 구글이 자율주행 자동차 개발을 위해 이러한 데이터가 사용될 것이라는 의견이 많았다. 이처럼 우리는 우리의 편의를 위해 하는 작은 행동이 인공지능을 발전시키기도 하는 것이다. 다른 예도 살펴보자.

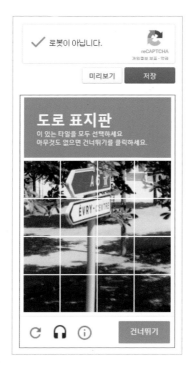

🔳 이미지 검색

구글포토 서비스의 경우에도 특정 인물이 나온 사진을 다 모아서 보여주는 기능을 제공하는데, 이때 이 기능을 개선하기 위해서 다음과 같이 사용자의 도움을 받기도 한다. 아마도 정확도가 애매한 사진을 제시하고 사용자 그 정답을 입력하게 하는 방식인데, 이를 통해 구글은 더욱 정확한 이미지 검색 기술을 완성해 가는 것이다. 이것 역시 사용자는 손쉽게 사진을 찾기 위해 하는 행동이 인공지능을 개선하는 데 쓰이는 것이다. 실제도 삼성 스마트폰에서 제공하는 비슷한 이미지 검색 서비스를 이용해 보면 성능 차이를 크게 느낄 수 있을 것이다. 모두 여러분이 기여한 것이다.

2 스팸메일 처리

메일함에서 스팸메일을 확인하면 어떻게 처리하는가? 그냥 삭제해 버릴 수도 있겠지만 '스팸'으로 신고할 수도 있다. 이렇게 스팸으로 분류된 메일의 경우 같은 곳에서 오는 메일이 자동으로 스팸 처리될 뿐만 아니라 스팸메일을 구별하는 학습 데이터로도 사용되어 스팸 필터링 기능을 개선하는 데 도움을 준다. 스팸 필터링이 잘 되는 메일 서비스는 더욱 사랑을 받게 되고 더 많은 데이터를 수집해서 더 좋은 기능을 제공하는 선순환이 가능해지는 것이다.

3 '좋아요'를 누르면 일어나는 일

인스타그램에 들어가서 현재 내가 팔로잉하고 있는 계정이 몇 개인지 확인해 보자. 많게는 수백 개의 계정을 팔로잉하는 사람도 있을 것이다. 이 수백 개의 계정에서 업로드되는 게시물을 시간 순서에 따라 사용자에게 노출된다면 어떻게 될까? 한마디로 정신없고 재미도 없을 것이다. 인스타그램이나 페이스북과 같은 SNS가 성공하는 데 큰 역할을 한 것이 바로 '뉴스피드' 기능일 것이다. 기존에 올라온 순서대로 게시글을 보여주는 방식에서 내가 관심을 가질 만한, 그래서 나를 SNS에 오래 붙잡아 둘 수 있는 게시물을 우선적으로 보여주는 방식이다. 그렇다면 나의 관심과 흥미는 어떻게 파악된 것일까? 바로 SNS를 사용하면서 호감을 표시한 콘텐츠를 기반으로 한 것이다. 즉 내가 들어가서 '좋아요', '싫어요' 같은 반응들이 그대로 학습되어 적용되는 것이다. 또 이렇게 파악된 관심과 흥미를 바탕으로 적절한 광고를 제공하여 수익도 창출하는 구조를 가지고 있다. 이러한 서비스의 기반이 되는 것도 바로 지도학습이라고 할 수 있다.

확인해 보자!

01 다음 중 기계학습에 대한 설명으로 옳지 <u>않은</u> 것은?

① 기계학습은 인공지능을 구현하는 방식 중 하나이다.

② 딥러닝은 기계학습의 일종이다.

③ 기계를 학습시킬 때에는 반드시 인간의 지도가 필요하다.

④ 지도학습은 문제와 정답을 함께 입력하는 방식이다.

02 인공지능에게 편견을 학습시키는 경우는 어떤 것이 있는지 기술해 보자.

Module 3

데이터 전처리
– 오렌지 3

김밥을 만든다고 가정해 보자. 마트에 가서 김과 다양한 야채, 햄, 달걀 등을 사고 돌아온 후 밥까지 지었다. 다음에 할 일은 무엇일까? 구매한 재료로 바로 김밥을 만들 수 있는가? 바로 만들 수 없을 것이다. 그 이유는 재료를 알맞은 크기로 자르고, 익힐 재료는 익히는 등 사전 준비가 필요하다. 오이는 적당한 크기로 썰고, 햄과 당근, 달걀은 불로 익혀야 한다. 밥은 소금과 참기름으로 맛을 낸다. 이처럼 재료를 사용 가능하도록 처리하는 과정이 필요하다. 사전 준비 과정이 제대로 이루어져야 맛있는 음식을 만들 수 있다.

데이터 수집

데이터 정제

데이터 통합

데이터 축소

데이터 변환

어떤 일을 하기 전에 필요한 과정을 '전처리'라고 한다. 사전에서 전처리는 '어떤 조작을 하기 전에 그 조작에 맞게 알맞은 상태로 준비하는 것'이라는 의미이다. 인공지능 모델을 요리라고 생각하면 데이터를 재료로 비유할 수 있다. 좋은 요리를 만들기 위해서 재료를 손질하는 전처리 과정이 필요한 것처럼, 좋은 인공지능 모델을 만들기 위해서 데이터를 적절하게 가공하는 전처리 과정이 필요하다. 우리가 일상생활에서 얻은 데이터를 이용해 전처리 과정 없이 모델을 학습시키면 문제가 생길 수 있다. 예를 들어 원하지 않는 결과가 나오거나, 정확도가 낮은 결과를 얻는 문제가 발생한다. 양질의 학습 데이터는 좋은 인공지능 모델의 필수조건이다. 이미 누군가가 전처리를 하여 양질로 만든 데이터를 이용하는 방법도 있겠지만, 자신이 수집한 데이터를 이용해 문제를 해결할 때는 전처리가 필요하다. 이번 모듈에서는 슬로베니아에 위치한 류블랴나 대학교(University of Ljubljana)에서 개발한 오렌지3(Orange3)를 사용해 데이터 전처리에 대해 공부해 보자.

Intro

⚙ 캐글(Kaggle)

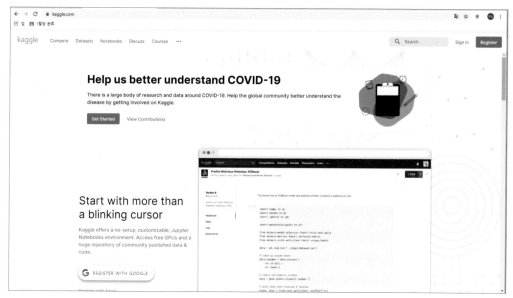

▲ 캐글(Kaggle.com) 홈페이지

    캐글(Kaggle)은 2010년 설립된 예측 모델 및 분석 대회 플랫폼이다. 기업 및 단체에서 데이터와 해결과제를 등록하면, 데이터 과학자들이 이를 해결하는 모델을 개발하고 경쟁한다. 개인들은 평소에 접할 수 없는 데이터를 다루는 기회를 얻으며, 상위 입상 시 고액의 상금을 얻는다. 기업은 우승자의 코드와 분석 기법을 토대로 기업이 보유한 머신러닝 알고리즘을 고도화하는 기회를 얻을 수 있다.

    인공지능 모델을 만들기 위해서는 데이터가 필요하다. 오늘날에는 많은 국가와 기관들이 '공공데이터'라는 이름으로 다양한 데이터를 공개하고 있다. 이번 모듈에서는 타이타닉(Titanic)호의 사고 당시 생존자와 사망자 데이터를 캐글(Kaggle)에서 다운로드해서 예시로 사용하고자 한다. 다른 데이터를 다운로드해서 인공지능 모델을 만들어 분석해 보는 것도 좋은 경험이 될 것이다.

⚙️ 캐글에서 데이터 가져오기

먼저 캐글(Kaggle) 홈페이지(kaggle.com)의 오른쪽 위에 있는 [Register]를 클릭해서 회원
가입을 하자. 회원가입은 구글 계정을 이용하거나 이메일을 사용할 수 있다. 회원가입을 완료
하였으면 [Sign In]을 클릭하여 로그인을 한다.

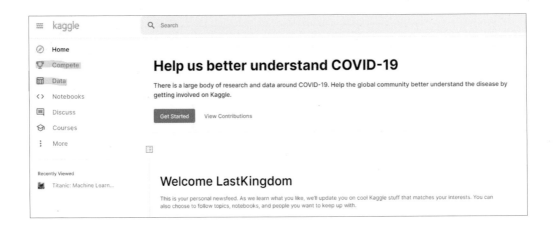

로그인을 하면 화면의 왼쪽에서 메뉴를 확인할 수 있다. [Compete]에서는 지금 진행 중인
분석 대회를 확인할 수 있으며, [Data]에서는 다양한 데이터를 확인하고 다운로드할 수 있다.
[Data]를 클릭하면 많은 데이터를 확인할 수 있으며, 검색 창을 통해 원하는 데이터 검색도
가능하다. 검색 창에 'titanic'이라고 입력하고 Enter를 눌러서 검색해 보자.

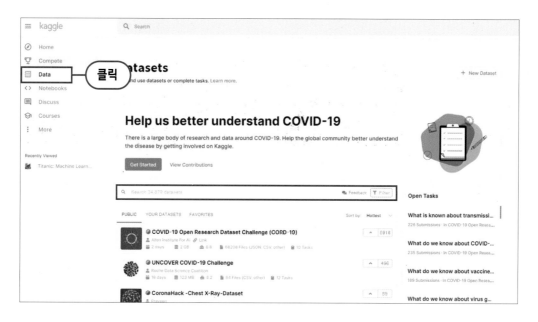

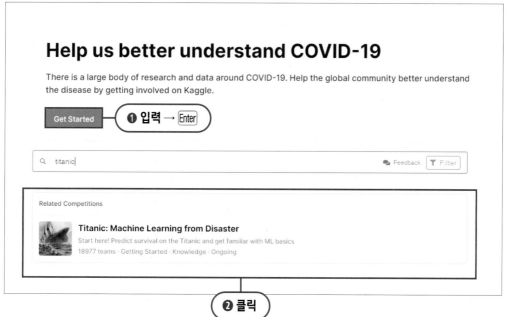

빨간색 네모로 표시한 것이 이번 모듈에서 예시로 사용할 데이터이다. 다운로드하기 위해 클릭한다.

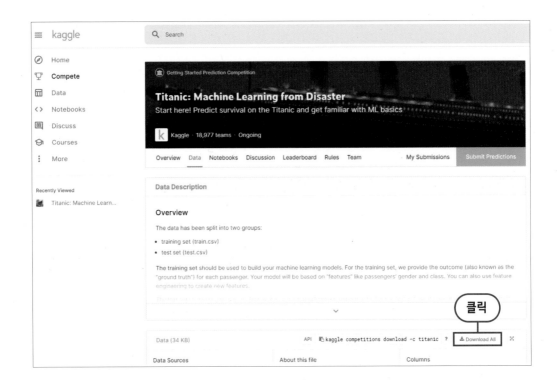

[Download All]을 클릭하면 압축된 파일의 형태로 파일을 다운로드할 수 있다. 압축을 풀면 'train.csv(생존 여부 포함)', 'test.csv(생존 여부 미포함)', 'gender_submission.csv(결과물 샘플 데이터)'의 세 가지 파일을 확인할 수 있다. 이번 모듈에서는 'train.csv' 파일을 사용할 예정이다.

⚙ 데이터 분석 및 전처리

다운로드한 파일(train.csv)을 엑셀로 실행시켜 보자.

	A	B	C	D	E	F	G	H	I	J	K	L
1	Pass	Survived	Pclass	Name	Sex	Age	SibSp	Parch	Ticket	Fare	Cabin	Embarked
2	1	0	3	Braund, Mr. Owen Ha	male	22	1	0	A/5 21171	7.25		S
3	2	1	1	Cumings, Mrs. John B	female	38	1	0	PC 17599	71.2833	C85	C
4	3	1	3	Heikkinen, Miss. Lain:	female	26	0	0	STON/O2.	7.925		S
5	4	1	1	Futrelle, Mrs. Jacques	female	35	1	0	113803	53.1	C123	S
6	5	0	3	Allen, Mr. William He	male	35	0	0	373450	8.05		S
7	6	0	3	Moran, Mr. James	male		0	0	330877	8.4583		Q
8	7	0	1	McCarthy, Mr. Timoth	male	54	0	0	17463	51.8625	E46	S
9	8	0	3	Palsson, Master. Gost:	male	2	3	1	349909	21.075		S
10	9	1	3	Johnson, Mrs. Oscar V	female	27	0	2	347742	11.1333		S
11	10	1	2	Nasser, Mrs. Nicholas	female	14	1	0	237736	30.0708		C
12	11	1	3	Sandstrom, Miss. Mar	female	4	1	1	PP 9549	16.7	G6	S
13	12	1	1	Bonnell, Miss. Elizabe	female	58	0	0	113783	26.55	C103	S
14	13	0	3	Saundercock, Mr. Will	male	20	0	0	A/5. 2151	8.05		S
15	14	0	3	Andersson, Mr. Ander	male	39	1	5	347082	31.275		S
16	15	0	3	Vestrom, Miss. Hulda	female	14	0	0	350406	7.8542		S

데이터 파일 안에는 타이타닉에 타고 있던 사람들의 정보가 담겨있다. 첫 번째 행은 헤더 정보가 담겨있는데, PassengerId(탑승자 번호), Survived(생존 1, 사망 0), Pcalss(좌석 등급), Name, Sex, Age, Sibsp(형제, 자매, 배우자), Parch(부모와 자녀), Ticket, Fare(요금), Cabin(객실 번호), Embarked(승선지)를 알려준다.

데이터를 사용하기에 앞서 인공지능 모델을 만들기 전 무엇을 분석할 것이며, 어떻게 분석할 것인지 명확한 정의가 필요하다. 우리의 분석 목적은 타이타닉 탑승자의 다양한 특성 중에서 생존에 영향을 준 것은 무엇이었는지 알아보는 것이다. 생존자와 사망자의 특성을 학습하여 생존 가능성을 판단하려고 한다.

'Age(나이)' 열에는 비어있는 칸이 있다. 오래전에 있던 사건이기도 하고 당시 여러 가지 이유로 데이터가 누락됐을 가능성이 있다. 이러한 빈 데이터를 '결측값(Null Data)'이라고 하는데, 전처리 과정에서 이를 처리하는 방법은 다음과 같다. 경우에 따라 적절한 방법을 선택하면 된다.

- 첫째, 결측값 자체가 의미가 있어서 삭제하지 않는 경우도 있다.
- 둘째, 결측이 너무 많아서 의미가 없는 경우 해당 행이나 열을 삭제한다.
- 셋째, 다른 변수의 Mean(평균값)이나 Mode(최빈값)로 채운다.

그렇다면 지금은 어떻게 처리하는 것이 좋을까? 일단 Age(나이)는 생존 가능성에 영향을 많이 줄 것으로 예상되는 변수이기 때문에 열 전체를 삭제하는 것은 옳지 않다. 그리고 탑승자 891명 중 Age(나이)가 결측된 탑승자가 177명이다. 이는 전체 데이터의 19.87%에 해당하는 비율이므로 삭제한다면 결과값에 많은 영향을 준다. 따라서 엑셀이나 파이썬(Python)을 능숙하게 다룰 수 있다면 평균값, 최빈값 등을 이용하는 것이 가장 합리적일 것이다.

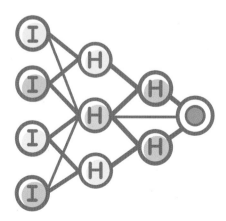

Using AI

앞에서 구한 데이터를 이용하여 인공지능 모델을 만들어 보자. 여기에서 사용해 볼 도구는 슬로베니아에 위치한 류블랴나 대학교(University of Ljubljana)에서 개발한 오렌지3(Orange3) 다. 오렌지3는 독특하고 직관적인 인터페이스를 가지고 있어서 누구나 코딩 없이 인공지능 모델을 만들어 수 있다. 특징을 정리하면 다음과 같다.

❶ 지능형 데이터 시각화: 박스플롯(box plots), 산점도(scatter plot), 히트맵(heatmap) 등 다양한 시각화 도구를 제공할 뿐만 아니라 입력된 데이터를 알아서 속성과 역할을 지정해 주는 등 초심자가 편리하게 이용할 수 있는 기능이 많다.

❷ 시각화 프로그래밍: 텍스트 코딩 없이 필요한 위젯(widget)을 캔버스(canvas)에 드래그앤드롭 방식으로 배치하고, 선으로 연결하는 방식으로 사용할 수 있다. 매우 직관적이고 편리한 방식이다.

❸ 추가 기능 확장 가능: 기본으로 제공되는 위젯 이외에도 다양한 추가 기능(Add-ons)을 제공하여 확장성이 우수하다.

'Orange3'로 타이타닉 탑승자 생존 여부 예측하기

1 Orange3 설치하기

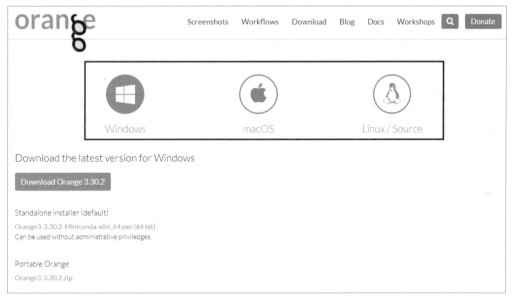

▲ https://orangedatamining.com/

오렌지데이터마이닝 홈페이지에 접속해서 [Download] 탭을 클릭한다. 그리고 운영체제에 맞는 설치 파일을 다운로드하여 설치하면 된다.

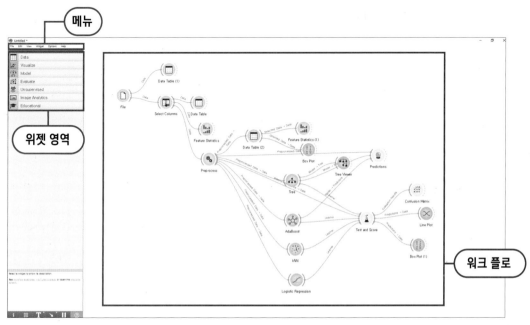

▲ 오렌지3의 화면 구성

② 데이터 세트(Data Set) 추가하기

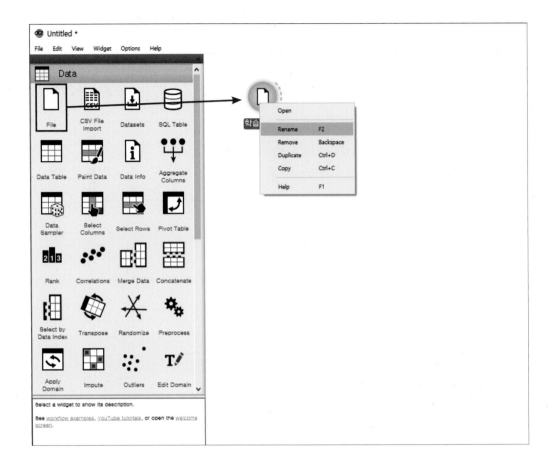

[Data] 카테고리에서 [File] 위젯을 워크플로 영역으로 끌어온다. 그 후 위젯 위에서 마우스 오른쪽 키를 클릭하여 [Rename]을 선택하여 위젯 이름을 '학습데이터'로 변경한다.

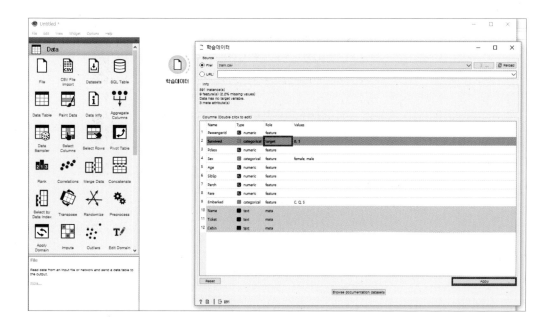

이제 위젯을 더블클릭하여 앞에서 다운로드한 데이터 세트 중에 'train' 파일을 선택한다. 데이터를 업로드하면 각 열(column)마다 역할(role)이 자동으로 부여되는데, 이 중에서 Survived는 'target'으로 역할을 변경해 준다. 설정이 완료되면 [Apply]를 클릭하면 바로 적용된다.

③ 데이터 확인하기

데이터를 표 형태로 확인하고 모델을 만들 때 사용할 열을 선택하기 위해서 다음과 같은 작업을 수행해 보자.

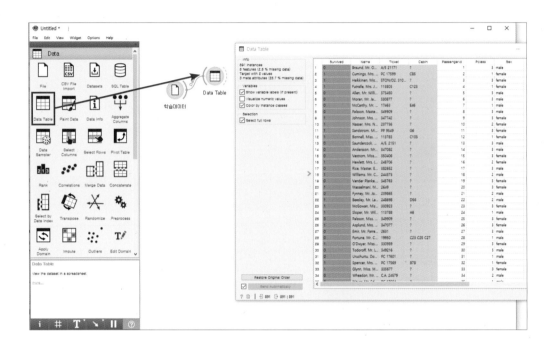

먼저 데이터를 표형태로 확인하기 위하여 [Data] 카테고리에서 [Data Table] 위젯을 가지고 와서 학습데이터와 연결해 준다. 연결하는 방법은 학습 데이터의 오른쪽을 클릭한 상태에서 드래그하여 [Data Table] 위젯의 왼쪽에 연결해 주면 된다. 연결된 후에 [Data Table] 위젯을 더블 클릭하면 데이터들을 표 형태로 확인할 수 있다.

③ 데이터 열 선택하기

데이터를 열어서 확인해 보면 각 열의 내용을 확인할 수 있다. 자세히 보면 'PassengerId'는 각 행을 구분해 주는 연번으로 피처로 사용되기 적합하지 않다. 이 열이 모델을 만드는데 사용되지 않도록 처리해야 한다.

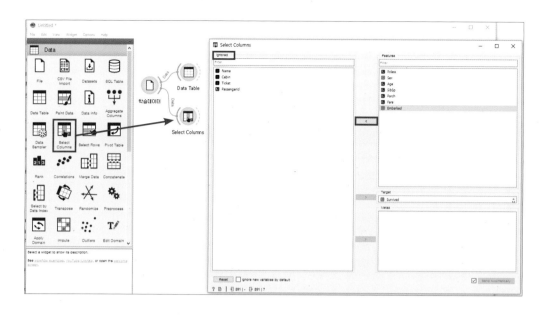

[Data] 카테고리에서 [Select Columns] 위젯을 가지고 와서 학습데이터와 연결해 준다.
[Select Columns] 위젯을 더블클릭해서 열리는 창에서 학습에 사용하지 않을 Metas에 있는
데이터를 [Ignored]로 이동시킨다. Feature에 있던 'PassengerId'도 Ignored]로 옮겨 준
다. 설정이 완료되면 창을 닫아주면 된다.

4 데이터 열 이름 변경 및 타입 확인하기

현재 데이터의 열 이름이 영어 약자로 되어 있어서 그 의미를 파악하는 것이 쉽지 않다. 이
를 개선하기 위해 다음과 같이 이름을 바꿔주고, 더불어 데이터 타입은 제대로 구분돼 있는지
확인해 보자.

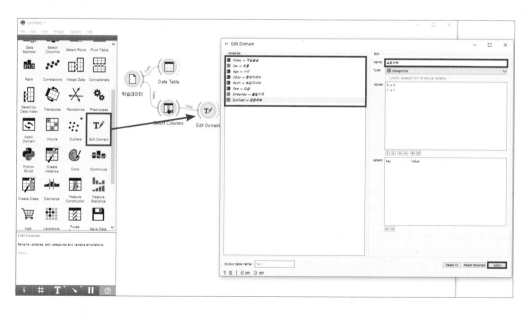

[Data] 카테고리에서 [Edit Domain] 위젯을 가지고 와서 [Select Columns]와 연결해 준다. 위젯을 더블클릭해서 열리는 창에서 각각의 피처를 클릭하고 오른쪽 name에서 이름을 한글로 바꾸어 준다.

영문 이름	한글화	의미
Pclass	객실 등급	승객들이 타고 있는 객실 등급을 의미함.
Sex	성별	승객들의 성별을 의미함.
Age	나이	승객들의 나이를 의미함.
SibSp	형제자매 수	배에 동승한 형제자매의 수를 의미함.
Parch	부모자녀 수	배에 동승한 자녀나 부모의 수를 의미함.
Fare	요금	배에 탈 때 지불한 금액을 의미함.
Embarked	출항지	어디에서 배를 탔는지 의미함.
Survied	생존 여부	생존했는지 사망했는지를 표시함.

그런데 데이터 타입(Type)을 확인하다 보면 Pclass는 객실 등급을 1,2,3으로 구분한 카테고리컬(categorical) 데이터인데 숫자데이터로 구분되어 있는 것을 확인할 수 있다. 이를 카테고리컬로 바꾸어 주고 값도 1등급, 2등급, 3등급으로 바꾸어 주자. Survived의 경우도 값이 0,1로 구분되어 있는데 그 의미를 확실하게 알기 위해 사망, 생존으로 바꾸어 준다.

5 결측값(Missing Data) 처리하기

[Data Table] 위젯을 하나 더 연결하여 지금까지 처리 결과를 확인해 보자. 891개의 인스턴스(행)와 7개의 피처로 구성돼 있음을 확인할 수 있다. 그런데 2.9%의 결측값도 확인할 수 있다. 결측값을 어떻게 처리하는지에 따라 모델의 성능이 달라질 수 있다. 결측값을 처리해 보자.

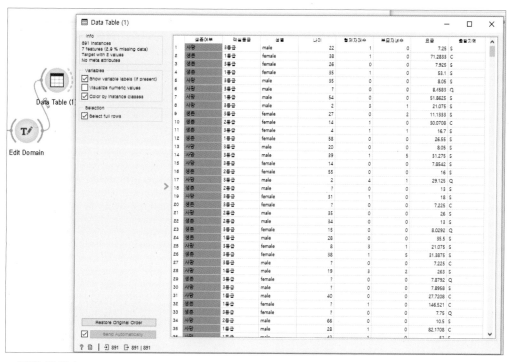

▲ 결측값 확인하기

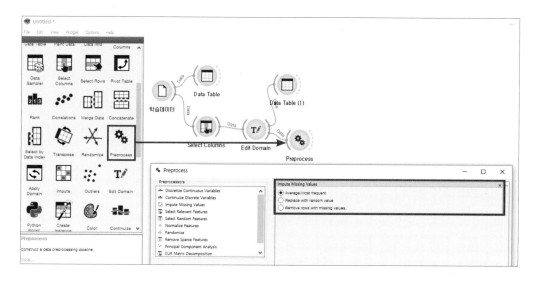

결측값 처리를 위해 [Data] 카테고리에서 [Preprocess] 위젯을 가지고 온다. [Preprocess] 위젯은 전처리에 사용되는 위젯으로서 다양한 도구를 가지고 있지만 여기에서는 [Impute Missing Value]를 사용한다. 결측값을 처리는 다음 세가지 방법 중에 선택할 수 있다.

❶ 평균/최빈값(Average/Most frequent): 결측치가 포함된 열의 전체 데이터를 분석하여 평균 또는 최빈값으로 결측치를 채우는 방식이다. Numeric 타입처럼 연속된 값일 경우 평균을 사용하고, Categorical 타입처럼 불연속적인 값은 최빈값으로 채워진다.

❷ 무작위값(Replace with random value): 말 그래도 임의의 값으로 결측값을 채우는 방식인데 이때 열의 전체 데이터를 분석하여 범위 내에서 임의 값을 발생시킨다.

❸ 행 삭제하기(Remove rows with missing value): 결측치가 포함된 행 전체를 삭제해 버리는 방식이다.

우리는 이 중에서 대푯값을 사용하는 [Average/Most frequent] 방식으로 결측값을 채우도록 하겠다. 모델을 테스트하는 단계에서 방식을 바꾸어가며 성능을 비교해 볼 수 있다.

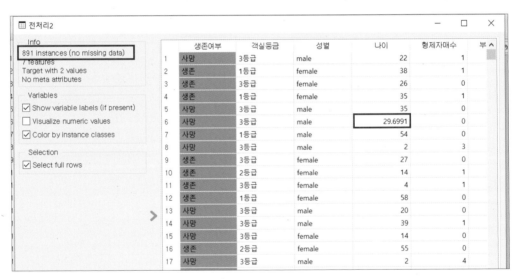

▲ 평균으로 채워진 결측값

6 알고리즘 선택하기

[Model] 카테고리를 클릭하면 다양한 알고리즘이 위젯 형태로 있다. 그중 분류(classification) 모델을 만들 때 사용할 수 있는 알고리즘을 선택하여 전처리 된 데이터를 입력해 보자.

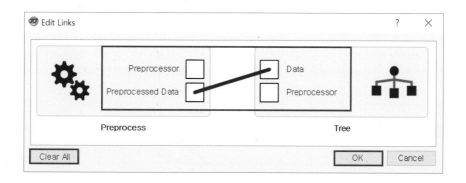

[Preprocess]를 알고리즘과 연결하면 위와 같은 창이 활성화된다. [Clear All]을 클릭하고, 전처리된 데이터(Preprocessed Data)와 데이터를 서로 연결한다. 그러면 전처리된 데이터를 학습하여 새로운 모델을 만들게 된다.

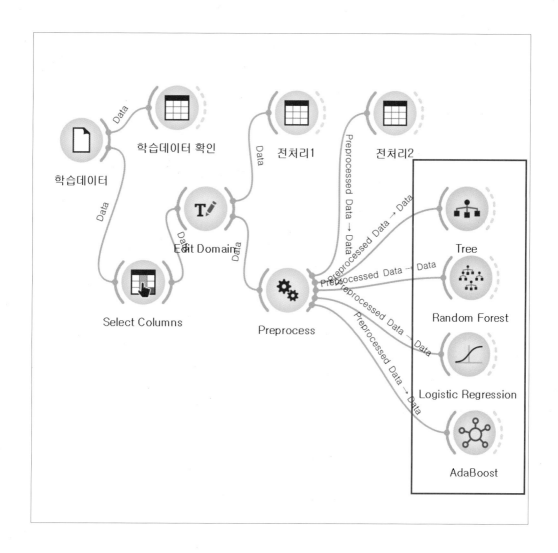

어떤 알고리즘을 사용해야 할까?

어떤 알고리즘을 사용할지 결정하는 것은 모델의 성능을 좌우하는 가장 핵심적인 일이다. 그리고 깊이 있는 학습과 연구가 필요한 영역이기도 하다. 하지만 인공지능에 대한 연구를 업으로 하는 사람이 아니라면 이러한 시간 투자는 비효율적일 수 있다. 다행히 오렌지3에서는 타겟 데이터의 특성에 따라 부적합한 알고리즘을 표시해 주는 기능을 가지고 있다. 지금과 같이 타깃이 불연속적인 값일 경우 연속된 값을 입력받아야 하는 알고리즘은 다음과 같이 자동으로 배제된다.

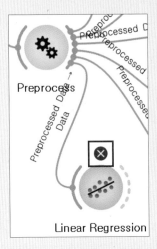

이제 우리는 X표가 뜨지 않은 알고리즘을 여러 개 연결하여 성능을 비교해 보기만 하면 된다.

7 테스트하고 평가하기

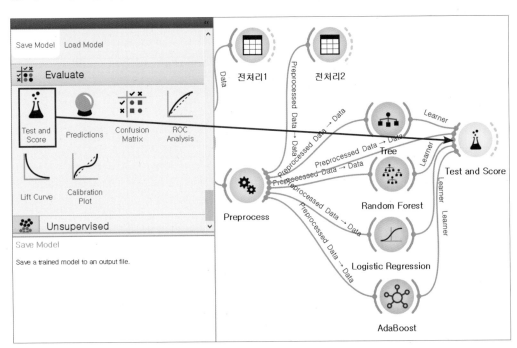

[Evaluate] 카테고리에서 [Test and Score] 위젯을 가지고 와서 각 알고리즘들과 연결해 준다. 이렇게 연결하면 테스트에 사용할 알고리즘이 준비된다. 이제 전처리된 데이터를 [Test and Score] 위젯에 직접 연결하여 모델의 성능을 평가해 보자. 이때 데이터를 테스트 데이터 와 트레이닝 데이터로 나누어서 합리적인 평가가 이루어질 수 있게 한다. 위젯을 더블클릭하면 여러 가지 기법을 사용할 수 있지만 우리는 일정한 비율로 데이터 세트를 나누는 방법을 사용한다.

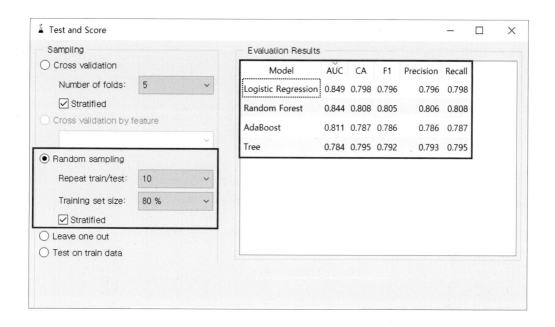

트레이닝 세트의 사이즈를 80%로 조종하면 80%의 데이터는 모델을 만드는데 사용되고, 20%의 데이터는 그 모델을 테스트하는 용도로 사용되어 답을 얼마나 잘 맞추는지 검사할 수 있다. 그 결과는 평가지표로 확인할 수 있는데 각 평가지표는 다음과 같은 의미를 가지고 있다.

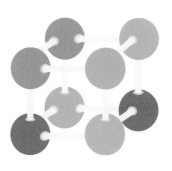

❶ 정밀도(Precision): 모델이 '참'이라고 분류한 것 중에서 실제로 '참'인 것의 비율을 의미하며 1에 가까울수록 좋다.

❷ 재현율(Recall): 실제로 '참'인 것 중에서 모델이 '참'이라고 분류한 것의 비율을 의미하며 1에 가까울수록 좋다.

❸ 정확도(CA, Accuracy): 전체에서 실제 '참'인 것을 '참'이라고 분류하고, '거짓'인 것을 '거짓'이라고 예측한 비율을 의미한다. 1에 가까울수록 좋다.

❹ F1: 정밀도와 재현율의 조화 평균을 의미한다.

❺ AUC: ROC 그래프로의 다음 면적을 의미하는데 값이 클수록 좋다.

		실제 값	
		참	거짓
분류 결과	참	참을 참으로 분류한 것	거짓을 참으로 분류한 것
	거짓	참을 거짓으로 분류한 것	거짓을 거짓으로 분류한 것

검증 결과 Logistic Regression과 Random Forest 알고리즘이 높은 성능을 가진 것으로 판별되었다. 나머지 알고리즘은 삭제해도 좋다.

조건을 바꾸며 지표를 확인해 보세요.

1. 결측값은 무작위 값(Replace with random value)으로 채워보세요.
2. 결측값이 포함된 행을 삭제해(Remove rows with missing value) 보세요.
3. 트레이닝 세트의 크기를 50%로 조정해 보세요.

8 예측하기

선택된 모델을 이용해서 실제로 예측을 해보자. 이를 위해서는 앞에서 다운로드한 데이터 중에 'test.csv' 파일을 불러와야 한다.

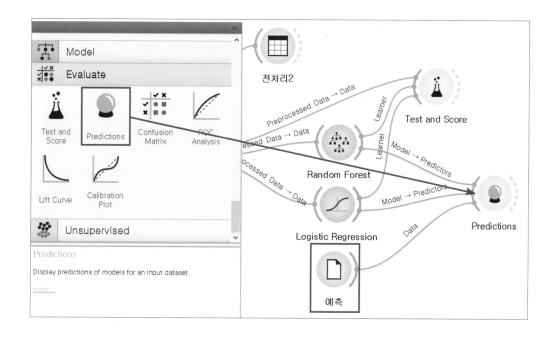

[Evaluate] 카테고리에서 [Predictions] 위젯을 가지고 와서 선택된 알고리즘들과 연결해
준다. 그리고 앞에서 불러온 'test.csv' 파일과 연결해 준다. 그러면 연결된 모델을 이용하여
'test.csv' 파일의 데이터를 기반으로 분류해 준다. 결과는 다음과 같다.

		Random Forest	Logistic Regression	Pclass	Name	Ticket	Cabin
	1	사망	사망	3	Kelly, Mr. James	330911	?
	2	사망	사망	3	Wilkes, Mrs. Ja...	363272	?
	3	사망	사망	2	Myles, Mr. Tho...	240276	?
	4	생존	사망	3	Wirz, Mr. Albert	315154	?
	5	생존	생존	3	Hirvonen, Mrs...	3101298	?
	6	사망	사망	3	Svensson, Mr. ...	7538	?
	7	사망	생존	3	Connolly, Miss...	330972	?
	8	사망	사망	2	Caldwell, Mr. ...	248738	?
	9	생존	생존	3	Abrahim, Mrs. ...	2657	?
	10	사망	사망	3	Davies, Mr. Jo...	A/4 48871	?

Predictions

Show probabilities for
사망
생존

About AI

로지스틱 회귀

　로지스틱 회귀(Logistic Regression)는 결과값(종속 변수)이 두 종류인 경우에 사용하는 회귀 분석 방법이다. 결과값이 두 종류인 경우에는 '메일이 스팸인가, 아닌가?', '타이타닉 탑승자의 생과 사', '사용자 신용의 좋음/나쁨' 등이 있다. 보통 0과 1로 구분하며, 0을 부정적으로, 1을 긍정적으로 분류한다(0을 긍정적, 1을 부정적으로 분류하여도 상관 없다).

　선형 회귀(Linear Regression)는 연속적인 값의 경향성을 알아보고 다른 값을 예측할 때는 효과적이지만, 분류에는 그렇지 않은 경우가 있다.

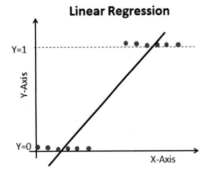

▲ 출처: https://nittaku.tistory.com/478

　위의 그래프를 보면 0과 1로 구분된 데이터를 Linear(선형)로 경향을 나타내기 어려운 것을 알 수 있다. 0과 1로 구분된 데이터의 경향을 표현하기 위해서 곡선이 필요하여 사용하는 것이 로지스틱 회귀(Logistic Regression)이다.

　로지스틱 회귀에 사용되는 함수는 $y = \dfrac{1}{1+e^{-x}}$이며 '시그모이드 함수(Sigmoid Function)'라고 부른다. 시그모이드 함수는 x에 어떠한 값이 들어와도 y는 (0,1), 즉 0과 1의 사이 값을 갖는다. 보통 0.5를 기준으로 0.5 미만을 0, 05 이상을 1로 처리하도록 하여 모든 값을 두 가지로 분류한다.

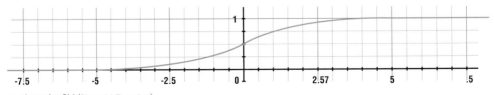

▲ 시그모이드 함수(Sigmoid Function)

01 수집한 데이터를 분석하여 두 가지로 분류하려고 한다. 어떤 분석 방법을 사용해야 하는지 기술해 보자.

02 수집한 데이터에 있는 비어 있는 값이 있다. 이것을 무엇이라고 부르고, 어떤 문제점을 가져올 수 있으며, 어떻게 해결할 수 있는지 기술해 보자.

Module 4

웨카(WEKA)와
의사결정 트리

제임스(James)는 오늘도 대출 상품을 팔기 위해 열심히 세일즈를 하는 중이다. 그동안 대출을 받았던 고객들의 데이터를 살펴보았는데, 데이터에는 소득, 교육 수준, 가족 수, 월 카드 사용액, 가계 대출이 있다.

옆에 있는 전화기에서 벨이 울린다. 대출을 문의하는 전화이다. 그런데 전화를 건 고객의 목소리에 힘이 없고 불안하다.

"고객님. 월 소득이 200만 원 이상인가요?"

"아니요."

제임스는 생각했다. '월 소득이 200만 원 이상이 안 된다면 거의 대출을 받지 않을 텐데.' 역시나 제임스의 예상은 빗나가지 않았다. 이야기가 흐지부지 이어지더니 다음에 또 알아보겠다고 한다. 실망한 제임스는 개인 정보 제공에 동의한

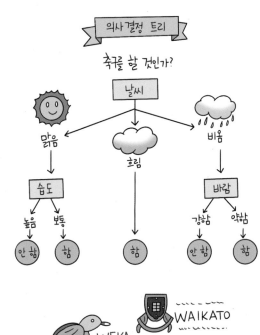

고객들의 데이터를 분석하고 직접 전화를 걸어 보기로 마음먹는다.

'우선 월 소득이 200만 원보다 큰 데이터 중에서 찾아보자. 그런 다음 교육 수준이 1.5보다 큰 데이터 중에서 월 소득이 500만 원보다 큰 데이터를 검색한다. 기준으로 정렬된 데이터에 있는 전화번호로 전화를 걸어 직접 대출 상담을 한다.'

제임스의 예상은 이번에도 빗나가지 않았다. 여유를 가지고 대출 권유를 하는 즉시 고객들이 바로 화답한 것이다.

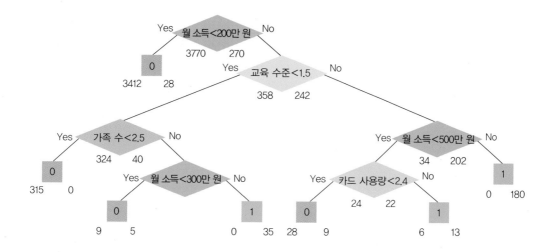

위의 사례에서 알 수 있듯이 이러한 데이터 시스템을 기반으로 세일즈를 한다면 고객에게 접근할 때 가장 우선적으로 알아야 정보는 무엇인가? 이러한 분석 방법으로 '어느 고객이 더 호의적으로 대출 제안을 수락할 것인가, 또는 거절할 것인가?'를 분석할 수 있고, 아울러 은행에서 효율적으로 대출 상품을 판매하기 위해서 필요한 전략까지 도출할 수 있을 것이다.

Intro

⚙ 상황 예시

별과 원이 섞여 있다. 이섞여있는 별과 원을 균일하게 나누어 보자. 직선을 그어 별과 원을
적절하게 나누어 보자.

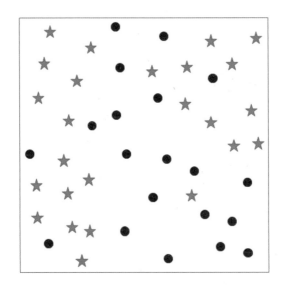

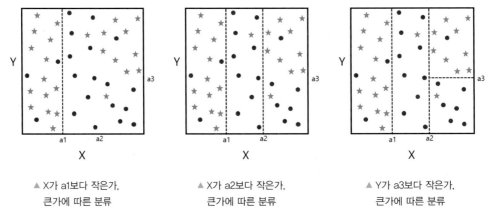

▲ X가 a1보다 작은가,
큰가에 따른 분류

▲ X가 a2보다 작은가,
큰가에 따른 분류

▲ Y가 a3보다 작은가,
큰가에 따른 분류

분류선이 늘어남에 따라 별과 원이 균일하게 나누어지는 것을 볼 수 있다. 또한 4개의 분할
공간으로 나눌 수 있다. 이를 새롭게 만든 모델이라고 가정해 보자.

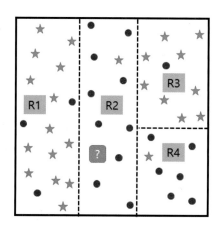

　왼쪽 그림과 같이 R2 구역에 임의의 데이터가 들어온다면 그 데이터는 원의 범주에 들어갈까, 아니면 별의 범주에 들어갈까? 확률적으로 원으로 분류하는 것이 옳을 것이다. R2 구역 11개 데이터 중 10개가 원이고 1개가 별이기 때문이다. 약 91퍼센트의 확률로 원 데이터의 개수가 더 많다. 따라서 R2에 입력된 데이터는 원으로 보는 것이 맞다.

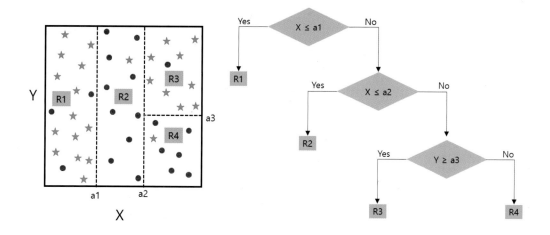

　이번에는 의사결정 트리로 형태를 바꾸어서 살펴보자.

　X가 a1보다 작은가, 큰가에 따라 분류해서 R1으로 나누었다. X가 a1보다 크고 a2보다 작은 경우 R2로 분류된다. X가 a2보다 크고 Y가 a3보다 크면 R3로, 그렇지 않으면 R4로 분류된다. 이런 식으로 R1, R2, R3, R4와 같이 4구역으로 나누었다.

　만약 X가 a2보다 크고, Y가 a3보다 작으면 별과 원 중에서 어느 범주에 포함할 수 있을까? 그렇다! R4구역에 속하므로 원 데이터일 확률이 높다.

　이번 시간에는 WEKA 프로그램을 활용하여 날씨 데이터를 분석한 후 PLAY 여부를 판단하고, 붓꽃의 꽃잎과 꽃받침의 길이 데이터를 이용하여 종류를 분류한다.

　이러한 데이터 처리 과정 속에서 의사결정 트리를 살펴보고 효율적으로 데이터를 처리하기 위한 과정을 이해한다.

Using AI

데이터 마이닝 소프트웨어 – 웨카(WEKA)

1 웨카에 대해 알아보기

웨카(WEKA)는 자바(Java)로 개발된 기계학습 데이터 마이닝 프로그램이다. 'Waikato Environment for Knowledge Analysis'의 앞 글자를 따서 이름 지어졌으며, '지식 분석용 와이카토 환경'이라는 뜻이다. 웨카는 프로그램 전체에 자바(Java) 언어로 된 소스 코드를 제공하고 있다. 그리고 데이터 전처리, 분류, 클러스터링, 연관 규칙, 시각화 등 데이터 마이닝 분석 알고리즘을 포함한다.

Tip

소프트웨어 다운로드하기

프로그램은 웨카 홈페이지(https://www.cs.waikato.ac.nz/ml/weka)나 소스포지(sourceforge.net)에서 다운로드할 수 있다.

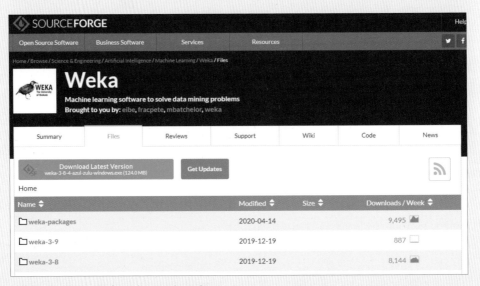

▲ 출처: https://sourceforge.net/projects/weka/files

웨카는 자바(Java) 기반의 프로그램이므로 JavaVM이 필요하다. 만약 자바를 설치한 적이 없으면 자바가 포함된 웨카 설치 파일을 다운로드하고, 자바를 설치하였다면 자바가 포함되지 않은 웨카 설치 파일을 다운로드한다.

웨카 프로그램이 설치되었다면 실행시킨 후 간단하게 프로그램을 사용해 보자.

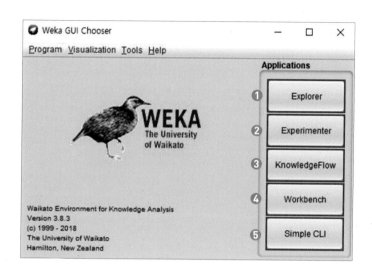

❶ **Explorer**: 가장 기본적인 환경으로, 데이터를 넣어 전처리 및 학습을 시키고 결과를 볼 수 있다.

❷ **Experimenter**: 학습 계획 간에 실험 및 통계적 테스트를 수행하는 환경이다.

❸ **KnowledgeFlow**: 기본적으로 Explorer와 같은 기능을 제공하나, 드래그 앤 드롭(drag–and–drop) 형식의 인터페이스를 제공하며 증분식 학습(Incremental Learning)을 지원한다.

❹ **Workbench**: 위의 다른 메뉴들의 기능을 모두 담았고 사용자가 Perspective 형식으로 나눠서 볼 수 있다.

❺ **Simple CLI**: 말 그대로 GUI가 아닌 커맨드라인 인터페이스로, 웨카 커맨드를 실행할 수 있는 환경이다.

③ 날씨 데이터 분석해 테니스 경기 진행 여부 판단하기

만약 날씨가 흐르고 온도와 습도가 높은 상황이라면 테니스 경기를 진행할 수 있을까? 날씨에 관련된 다른 데이터를 선택하고 경기 분석을 수행해 보자. 이 데이터는 날씨에 따라 테니스 경기 여부를 기록한 데이터이다. 날씨의 다양한 데이터에 따라 운동경기를 했는지, 안했는지의 정보를 저장해 둔 데이터이다. 이 데이터를 분석하여 어떤 날씨 조건에서 운동할 수 있는지를 유용하게 판단할 수 있을 것이다.

01 | 데이터가 저장된 폴더를 연다(C:\Program Files\Weka–3–8\data).

'weather.nominal.arff' 파일에서 마우스 오른쪽 버튼을 클릭하고 **[이름 바꾸기]**를 선택한 후 'weather.nominal.csv'로 바꾼다.

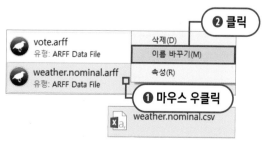

02 | 'weather.nominal.csv' 파일을 엑셀과 메모장에서 열면 다음과 같다.

ARFF 형식은 오른쪽 그림과 같이 @relation, @attribute, @data의 3개 영역으로 표현된다.
각 내용은 다음과 같이 입력한다.

- @relation 데이터 명칭
- @attribute 속성 이름 {범
  주형의 값 리스트}
  본 데이터 세트는 5개의 범
  주형 속성으로 구성되었다.
- @data
  아래쪽에 한 줄로 하나의 레
  코드(인스턴스)를 기록한다.
  본 데이터 세트는 14개의 레
  코드가 입력되었다.
- @attribute 정의 부분에서
  맨 아래쪽에 기입한 속성
  이 분석의 목표가 되는 속
  성으로 인식된다.

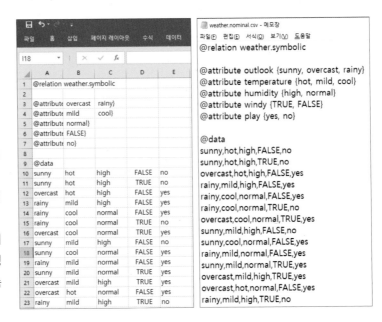

03 | 엑셀을 이용하여 각 5개의 데이터로 범주화 분석을
해 보자.

맑음 여부, 온도, 습도, 바람에 따라 그날 테니스 경기가
열릴지, 열리지 않을지를 결정하는 문제이다. 앞의 네 가
지가 특징이고, Play 여부가 레이블이 된다.
날씨에 따른 Play 문제를 풀기 위한 여러 알고리즘 중
결정트리(Decision Tree) 알고리즘으로 이 문제를 풀
어보자.

outlook	temperature	humidity	windy	play
sunny	hot	high	FALSE	no
sunny	hot	high	TRUE	no
overcast	hot	high	FALSE	yes
rainy	mild	high	FALSE	yes
rainy	cool	normal	FALSE	yes
rainy	cool	normal	TRUE	no
overcast	cool	normal	TRUE	yes
sunny	mild	high	FALSE	no
sunny	cool	normal	FALSE	yes
rainy	mild	normal	FALSE	yes
sunny	mild	normal	TRUE	yes
overcast	mild	high	TRUE	yes
overcast	hot	normal	FALSE	yes
rainy	mild	high	TRUE	no

  좀 더 효율적인 결정 트리(Decision Tree)를 찾기 위해서 트리의 위쪽에서 가장 중요한 특징
으로 분류하는 것이다. 즉 '데이터가 그 특징으로 얼마나 명확하게 나누어지는가?'라는 것을
염두에 두어야 하며, 수치화하기 위해 엔트로피(Entropy)와 정보 이득(Information Gain)이라는
개념을 사용한다.

Tip

엔트로피의 양적 표현

엔트로피는 '정보의 불확실성'을 말한다. 바위로 계란을 쳐서 계란이 무사할 확률은 거의 없을 것이다. 이처럼 예측성이 있고 확정적인 정보가 많으면 엔트로피가 낮은 상태이고, 동전 던져서 앞면과 뒷면 나올 확률처럼 예측이 어렵고 균등한 확률이 불확실하게 발생한다면 엔트로피가 높은 상태이다.

$$H(m) = \sum_{i=1}^{M} P_i I_i = \sum_{i=1}^{M} P_i \log \frac{1}{P_i} = -\sum_{i=1}^{M} P_i \log P_i \quad \text{[bits]}$$

- (m: 메시지 심벌 집합, M: 심벌 개수, P: 발생 확률, I: 정보량)
- 여기서, H(m) 표기는 'm 집합을 갖는 정보원의 엔트로피'라는 뜻이다.
- 한편 특정 매개변수에 집중한 H(p0) 같은 표기의 경우에는 '엔트로피 함수'라고 한다.

예를 들어 동일 발생 확률($p = \frac{1}{2}$)의 2개 사건(2진)을 갖는 정보원의 평균 정보량은 다음과 같다.

- $H = p \log_2 \frac{1}{p} + (1-p) \log_2 \frac{1}{1-p} = \frac{1}{2} + \frac{1}{2} = 1$ (불확실성이 최대)

엔트로피를 계산하는 식은 다음과 같다. 여기서 M은 나올 수 있는 Label 값의 집합이며(yes, no) Pi는 현재 데이터중 해당 값이 차지하는 비율을 의미한다. 예를 들어 전체 데이터를 기준으로는 yes가 9개이므로 P(yes) = $\frac{9}{14}$이다.

위의 날씨 데이터의 전체 데이터에 대한 엔트로피를 계산해 보자. 14개의 데이터 중 Yes는 9개, No는 5개이다.

- $-\left(\left(\frac{9}{14}\right) \log_2 \left(\frac{9}{14}\right)\right) - \left(\left(\frac{5}{14}\right) \log_2 \left(\frac{5}{14}\right)\right) = 0.94$

● 웨카 분류(J48/C4.5) 분석해 보기

이제 위에서 준비한 'weather.nominal.arff' 파일을 웨카를 사용하여 분석해 보자. 초기 화면에서 [Open file...]을 클릭하여 해당 파일을 선택하면, 다음 그림과 같이 표시된다. 왼쪽 중간 화면에 5개의 속성 이름이 표시된 것을 볼 수 있다. 특정 속성에 대한 체크박스를 클릭하면 오른쪽 부분에 각 속성의 통계 분석이 표시된다.

그림에서 파란색은 play 속성이 Yes 값을, 빨간색은 play 속성이 No 값을 갖는 경우를 구분한 것이다. 해석해 보면 [Outlook(조망)]이 'Sunny(맑음)'이면 안 하는 경우가 약간 많고, 'Overcast(흐림)'이면 100% 운동을 하고, Rainy(비옴)인 경우도 경기하는 비율이 약간 높음을 볼 수 있다. 결국 온도에 따라서는 크게 비율의 차이가 없는 것으로 보인다.

● 데이터 마이닝 분석 방법인 C4.5 의사결정 트리 알고리즘 사용하기

이번에는 대표적인 데이터 마이닝 분석 방법인 C4.5 의사결정 트리 알고리즘을 사용하여 분석해 보자. 웨카에서는 C4.5 알고리즘을 J4.8이라는 이름으로 제공하고 있다.

단계 1 데이터를 선택한다. (우리는 이미 전 단계에서 'weather.arff' 파일을 선택하였다.)

단계 2 [Classify] 탭을 선택한다. 왼쪽 위의 [Choose] 버튼을 클릭한 후 'trees' 항목에 속해있는 'J48' 알고리즘을 선택한다.

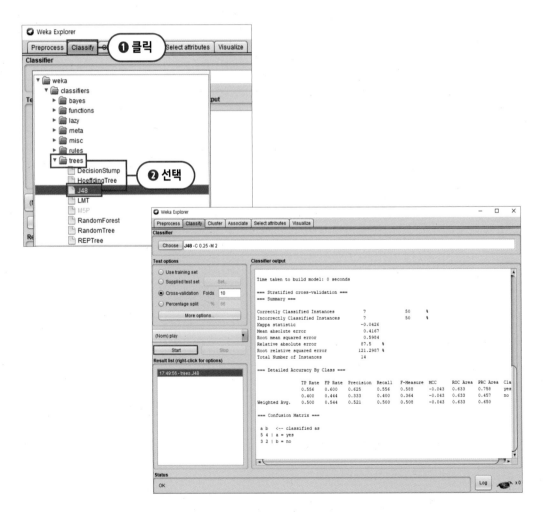

앞에서 수행한 Weather 데이터에 대한 J48 알고리즘의 수행결과를 분석해 보자. 텍스트 결과 전체를 다음에 표시하였다. 데이터에 대한 설명과 트리 결과 모델, 그리고 데이터를 구분하여 검증한 결과를 보여준다.

다음 결과에서 가장 중요한 부분은 트리(Tree) 부분이다. 운동경기(play)에 영향을 주는 속성은 조망(outlook), 습도(humidity), 풍량(windy)으로 분석되었는데, 이중에서 가장 중요한 속성은 조망(outlook)이다.

M 4

```
== Run information ==
Scheme:      weka.classifiers.trees.J48 -C 0.25 -M 2
Relation:    weather.symbolic
Instances:   14
Attributes:  5
             outlook
             temperature
             humidity
             windy
             play
Test mode:   10-fold cross-validation


== Classifier model (full training set) ==

J48 pruned tree
------------------

outlook = sunny
|   humidity = high: no (3.0)
|   humidity = normal: yes (2.0)
outlook = overcast: yes (4.0)
outlook = rainy
|   windy = TRUE: no (2.0)
|   windy = FALSE: yes (3.0)

Number of Leaves  :     5

Size of the tree :      8


Time taken to build model: 0 seconds
```

=== Stratified cross-validation ===
=== Summary ===

Correctly Classified Instances	7	50	%
Incorrectly Classified Instances	7	50	%
Kappa statistic	−0.0426		
Mean absolute error	0.4167		
Root mean squared error	0.5984		
Relative absolute error	87.5	%	
Root relative squared error	121.2987	%	
Total Number of Instances	14		

=== Detailed Accuracy By Class ===

	TP Rate	FP Rate	Precision	Recall	F-Measure	MCC	ROC Area	PRC Area	Class
	0.556	0.600	0.625	0.556	0.588	−0.043	0.633	0.758	yes
	0.400	0.444	0.333	0.400	0.364	−0.043	0.633	0.457	no
Weighted Avg.	0.500	0.544	0.521	0.500	0.508	−0.043	0.633	0.650	

=== Confusion Matrix ===

```
a b   <-- classified as
5 4 |  a = yes
3 2 |  b = no
```

위의 텍스트로 된 Tree 결과를 시각적으로 표시하면 의미를 쉽게 이해할 수 있다. 웨카(Weka)에서는 텍스트뿐만 아니라 시각적인 기능도 제공하고 있다. 왼쪽 아래의 [Result list] 항목 중 방금 실행된 [tree.J48] 항목에서 마우스 오른쪽 버튼을 클릭한 후 [Visualzie tree]를 선택한다.

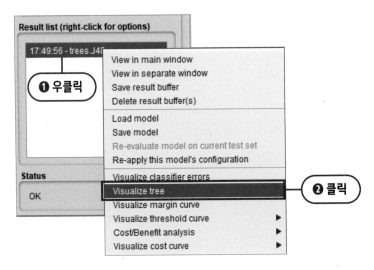

다음과 같이 시각화된 의사결정 트리를 볼 수 있다.

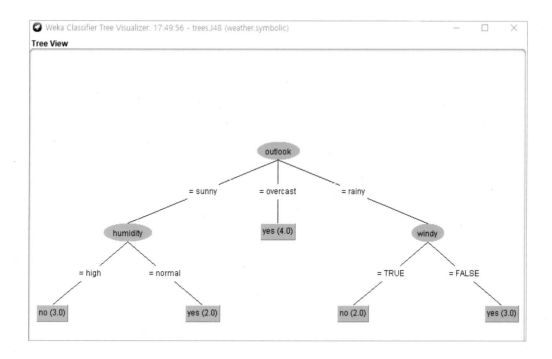

4 웨카를 활용한 분류분석

● 개요

웨카(WEKA)를 활용한 분류분석을 위해 'iris.arff' 파일인 IRIS 데이터를 분류분석해 보자. IRIS 데이터란, 세 종류의 붓꽃을 분류한 데이터이다. 붓꽃 데이터는 Iris setosa, Iris virginica, Iris versicolor이다.

▲ Iris setosa   ▲ Iris versicolor   ▲ Iris verginica

▲ 출처: 소닉 브로그(https://m.blog.naver.com/PostView.nhn?blogId=tizentotizen&logNo=140186172834&proxyReferer
=https:%2F%2Fwww.google.com%2F&view=img_3)

이 데이터는 붓꽃에 따라 꽃받침인 sepal와 꽃잎인 petal
의 길이와 너비 값을 기록한 것이다. 이 데이터를 분석하면
어떤 붓꽃이 꽃받침(sepal)과 꽃잎(petal)의 길이와 너비에
따라 어떤 차이를 갖는지 알 수 있다.

● 수행

웨카에서 익스플로러를 실행하고 [Explorer]를 클릭하면 다음과 같은 화면이 생성된다.
Preprocess 부분에서 첫 번째 메뉴인 [Open file]을 클릭한다. [열기] 대화상자가 나타나면
파일 경로를 확인하고 [iris.arff] 파일을 선택한다.

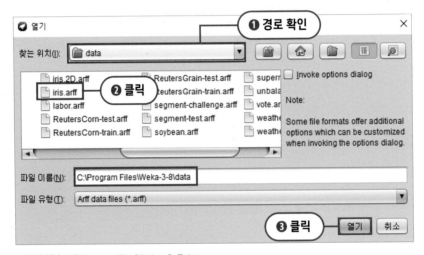

▲ 파일 위치 : C:\Program Files\Weka-3-8\data

● preprocess 살펴보기

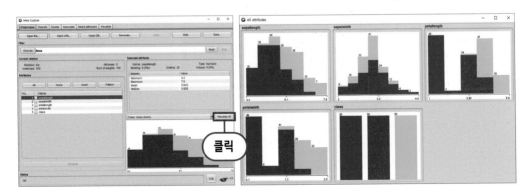

오른쪽 중간 위치의 [Visualize All] 버튼을 클릭하면 데이터의 각 속성에 대한 분포를 그림으로 보여준다. 5개의 속성에 대하여 차트가 그려지는데, 차트의 색상은 타깃 클래스 값으로 구분된 것이다.

● J48 알고리즘의 활용 분류하기

❶ [Classify] 탭을 클릭하고 왼쪽의 [Choose] 버튼을 클릭한다.

❷ 'trees' 항목에 속해 있는 'J48' 알고리즘을 선택한다.

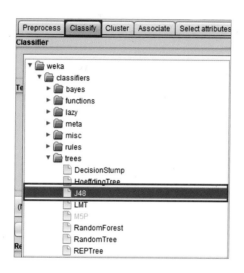

❸ 분석이 완료되면 오른쪽에 텍스트로 결과가 출력된다.

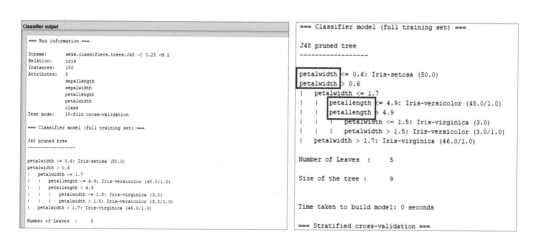

❹ iris 종류의 분류에 영향을 주는 속성은 petalwidth(꽃잎의 너비)와 petallength(꽃잎의 길이)로 분석된다.

● Visualize tree(의사결정 트리 시각화)

❶ 분석이 완료되면 오른쪽에 텍스트로 결과가 출력된다.

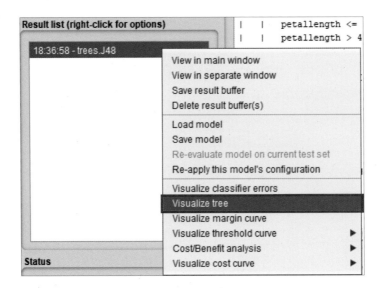

❷ [Tree View]로 시각화하여 의미를 쉽게 이해해 보자. petalwidth(꽃잎의 너비)와 petallength(꽃잎의 길이)가 중요한 분류 속성임을 알 수 있다.

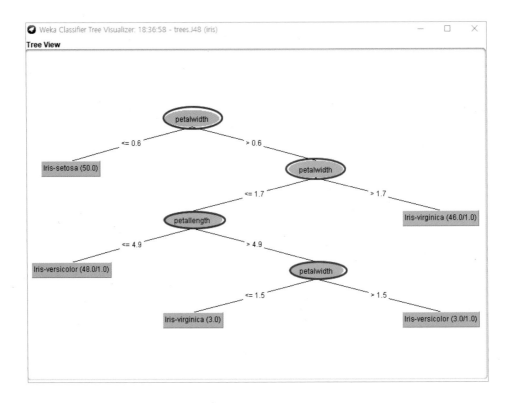

5 웨카를 활용한 군집분석

● 개요

웨카를 활용한 분류분석을 위해 'iris.arff' 파일인 IRIS 데이터를 군집분석해 보겠다. 군집분석에서는 IRIS 데이터에서 IRIS의 종류를 의미하는 class 속성을 제거한다.

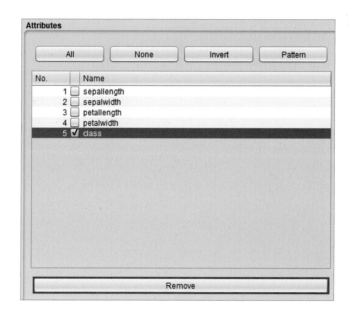

네 가지 속성을 기준으로 150개의 데이터를 군집분석해 보자. 꽃받침인 sepal인 길이와 너비 값, 그리고 꽃잎인 petal의 길이와 너비 값을 기준으로 150개의 데이터를 클러스터링하는 군집분석을 해 보자.

● 수행

이제 군집분석을 수행하기 위해 [Cluster] 탭을 클릭하고 왼쪽 위의 [Choose] 버튼을 클릭한다.

'SimpleKMeans' 알고리즘을 선택하는데, 이 SimpleKMeans 알고리즘은 K-평균(K-Means) 군집분석을 수행한다.

K-평균 알고리즘(K-means Algorithm)은 주어진 데이터를 K개의 클러스터로 묶는 알고리즘으로, 각 클러스터와 거리 차이의 분산을 최소화하는 방식으로 동작한다. K-평균 알고리즘은 주어진 데이터에서 K개의 데이터 오브젝트를 임의로 추출하고 그 데이터 오브젝트들을 각 클러스터의 중심으로 설정한다.

그 후 각 클러스터의 중심과 그룹 내에 있는 데이터의 거리 제곱합을 비용 함수로 정하고, 이 함수값을 최소화하는 방향으로 각 데이터의 소속 그룹을 업데이트한다. K-평균 알고리즘은 이 과정으로 클러스터링을 수행한다.

'SimpleKMeans' 알고리즘을 선택하고 화면의 빈 공간을 클릭한다.

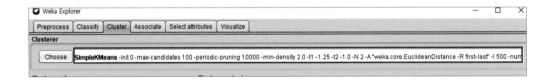

그러면 옵션을 변경할 수 있는 창이 표시된다. 여기서 K-평균(K-mean) 알고리즘을 수행할 경우 생성되는 클러스터의 수를 변경한다. 기본적으로는 '2'로 설정되어 있는데, 옵션 변경 창에서 클러스터의 수를 '3'으로 변경한다.

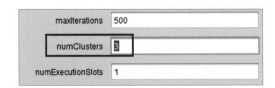

[Cluster Mode]에서 [Use training set]을 선택한다. 이는 원래의 입력 데이터로 모델을 생성한 후 이 데이터를 그대로 사용하여 테스트한다.

일반적으로는 바로 [Start] 버튼을 클릭하면 분석이 수행된다. 하지만 IRIS 데이터 세트 안에 있는 나머지 4개의 변수들을 기준으로 클러스터링하기 위해서 수행 전에 class를 제거해야 하므로 [Ignore attributes]를 클릭해서 class 속성을 선택하여 분석에서 제거한 후 하단의 [Start]를 클릭한다.

분석이 수행되고 오른쪽 창에 분석 결과가 표시된다.

```
Clusterer output

 Cluster 1: 6.2,2.9,4.3,1.3
 Cluster 2: 6.9,3.1,5.1,2.3

 Missing values globally replaced with mean/mode

 Final cluster centroids:
                            Cluster#
 Attribute      Full Data         0         1         2
                  (150.0)    (61.0)    (50.0)    (39.0)
 =======================================================
 sepallength      5.8433    5.8885     5.006    6.8462
 sepalwidth        3.054    2.7377     3.418    3.0821
 petallength      3.7587    4.3967     1.464    5.7026
 petalwidth       1.1987     1.418     0.244    2.0795




 Time taken to build model (full training data) : 0 seconds

 === Model and evaluation on training set ===

 Clustered Instances

 0        61 ( 41%)
 1        50 ( 33%)
 2        39 ( 26%)
```

```
Number of iterations: 6
Within cluster sum of squared errors: 6.998114004826762

Initial starting points (random):

Cluster 0: 6.1,2.9,4.7,1.4
Cluster 1: 6.2,2.9,4.3,1.3
Cluster 2: 6.9,3.1,5.1,2.3

Missing values globally replaced with mean/mode

Final cluster centroids:
                            Cluster#
Attribute       Full Data          0           1          2
                  (150.0)       (61.0)      (50.0)     (39.0)
==========================================================
sepallength        5.8433       5.8885       5.006     6.8462
sepalwidth          3.054       2.7377       3.418     3.0821
petallength        3.7587       4.3967       1.464     5.7026
petalwidth         1.1987        1.418       0.244     2.0795




Time taken to build model (full training data) : 0 seconds

=== Model and evaluation on training set ===

Clustered Instances

0        61 ( 41%)
1        50 ( 33%)
2        39 ( 26%)
```

클러스터링 결과를 살펴보면 군집(cluster)이 생성되었다.
Cluster 0, Cluster 1, Cluster 2의 이름이 부여되고 우선은 각 군집에 포함된 데이터의 개수와 비율을 알 수 있다.

- Cluster 0 데이터 개수는 61개, 비율은 41%이다.
- Cluster 1 데이터의 개수는 50개, 비율은 33%이다.
- Cluster 2 데이터의 개수는 39개, 비율은 26%이다.

먼저 꽃받침 길이(sepallength)에 대하여 3개의 군집을 비교하여 보자. 군집 0이 5.8885, 군집 1이 5.006, 군집 2가 6.8462로, 군집 0이 중간 크기이다. 그리고 꽃받침 너비(sepalwidth)에 대하여 3개의 군집을 비교하면 군집 0이 2.7377, 군집 1이 3.418, 군집 2가 3.0821로, 군집 0이 가장 작다.

꽃잎 길이(petallength)에 대하여 군집 3개를 비교해 보자. 군집 0이 4.3967, 군집 1이 1.464, 군집 2가 5.7026으로, 군집 1이 가장 작다. 꽃잎 너비(petalwidth)를 비교하면 군집 0이 1.418, 군집 1이 0.244, 군집 2가 2.0795로 군집 1이 가장 작다.

군집 1(Cluster 1)은 꽃잎 길이(petallength), 꽃잎 너비(petalwidth)가 가장 작은 그룹이다.

군집 2(Cluster 2)는 꽃받침 길이(sepallength), 꽃잎 길이(petallength), 꽃잎 너비(petalwidth)가 군집 3개 중 가장 큰 그룹임을 알 수 있다.

About AI

⚙ 의사결정 트리 불순도와 불확실성

1 의사결정 트리

의사결정 트리란, 전체의 데이터를 구역별로 분류하거나 예측하는 과정이 트리(나무) 구조로 나타나는 분석기법이다.

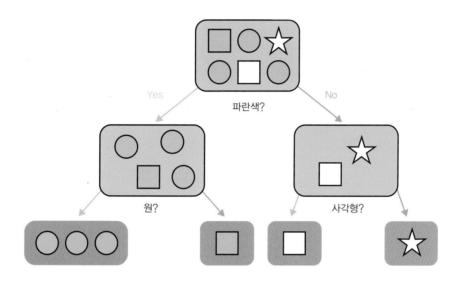

트리에서 분할되는 부분은 노드(Node), 시작 노드는 루트 노드(Root Node), 맨 마지막 노드들은 터미널 모드(Terminal Node)라고 부른다.

🔲 이러한 모양을 색, 모양별로 나누려 할 때 먼저 어떤 기준을 세워야 할까? 앞에서 다룬 엔트로피(Entropy)를 작게 하는 방향으로 분류 기준을 세워야 한다. 첫 번째 분류 기준을 파란색으로 한다면 6개의 데이터 중 4, 2개로 나누어지므로 그 다음에는 모양을 기준으로 데이터를 분류하면 된다. 파란색 원 3개, 파란색 사각형 1개, 흰색 사각형 1개, 흰 별 1개로 분류된다.

2 엔트로피

엔트로피는 확률의 불확실성을 수치로 나타낸 것으로, 불확실성이 높을수록 엔트로피가 높다. 의사결정 트리에서는 불순도가 낮아지는 방향으로 분류 기준을 설정한다.

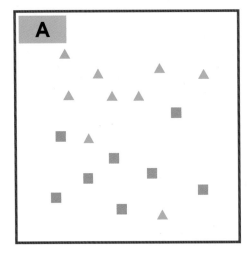
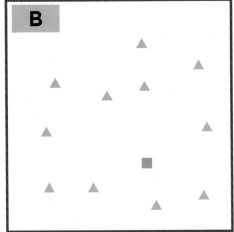

A와 B에는 파란색 삼각형과 빨간색 사각형이 섞여 있다. 둘 중에서 어느 것이 불순도가 더 높다고 할 수 있나? 시각적으로 봤을 때 A의 불순도가 더 높다.

A와 B의 엔트로피를 구해보자. A는 전체 17개(m=17) 가운데 빨간색 사각형은 8개, 파란색 삼각형은 9개이고 B는 전체 12개(m=12) 가운데 빨간색 사각형은 1개, 파란색 삼각형은 11개이다.

$$Entropy(A) = -\sum_{k=1}^{m} p_k \log_2(p_k)$$

$$Entropy(A) = -\frac{8}{17}\log_2\left(\frac{8}{17}\right) - \frac{9}{17}\log_2\left(\frac{9}{17}\right) \approx 0.99$$

$$Entropy(B) = -\frac{1}{11}\log_2\left(\frac{1}{11}\right) - \frac{10}{11}\log_2\left(\frac{10}{11}\right) \approx 0.44$$

A의 엔트로피는 0.99이고 B의 엔트로피는 0.44로, A가 B보다 더 높게 나와서 불순도가 더 높음을 알 수 있다.

③ 지니계수

지니계수란는 불순도를 측정하는 지표로, 데이터의 통계적 분산 정도를 정량화해서 표현한 값이다.

$$G(S) = 1 - \sum_{i=1}^{c} p_i^2$$

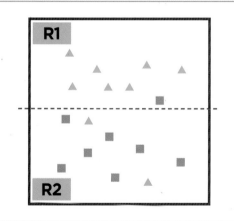

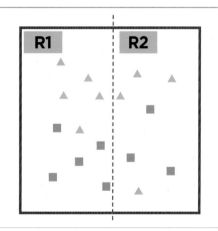

R1 구역에 있는 데이터는 8개, 파란색 삼각형은 7개이고, R2 구역에 있는 데이터는 9개, 파란색 삼각형은 2개이다.

· 지니계수

$$1 - \left[\, (\frac{7}{8})^2 \, + \, (\frac{2}{9})^2 \, \right] \approx 0.28$$

(파란색 삼각형/위쪽 개수) + (파란색 삼각형/아래쪽 개수)

R1 구역에 있는 데이터는 10개, 파란색 삼각형은 5개이고, R2 구역에 있는 데이터는 7개, 파란색 삼각형은 4개이다.

· 지니계수

$$1 - \left[\, (\frac{5}{10})^2 \, + \, (\frac{4}{7})^2 \, \right] \approx 0.42$$

(파란색 삼각형/왼쪽 개수) + (파란색 삼각형/오른쪽 개수)

지니계수가 높을수록 데이터가 분산되어 있음을 의미하고 낮을수록 잘 분류되는 것을 알 수 있다.

Applying AI

⚙ 군집 분석(Clustering Analysis)

　군집 분석(Clustering Analysis)은 소속 집단 없이 여러 집단의 데이터들이 섞여 있는 경우 유사한 속성을 갖는 데이터의 군집을 찾는 분석 방법이다. 이 분석을 활용한 게임 회사는 고객의 유형과 특성을 정확히 파악하여 고객들에게 맞춤형 콘텐츠와 서비스를 제공할 수 있다.

　데이터를 좌표상 점으로 나타내고, 임의의 데이터 평균값과 각 데이터의 사이의 거리를 구해서 가깝게 몰려있는 점들을 묶는 기법을 'K-평균 군집화(K-Means Clustering)'라고 한다.

　아래의 도표 4개의 유형으로 데이터들이 군집되어 있고 새로운 데이터가 입력되었다. 각 군집의 중심으로부터 새로운 데이터까지의 거리를 비교한다. 새로운 데이터는 거리가 가장 짧은 군집의 범위에 속하게 된다. 새로운 데이터는 유형2의 중심과 가장 가까우므로 유형2의 범위 안으로 묶인다.

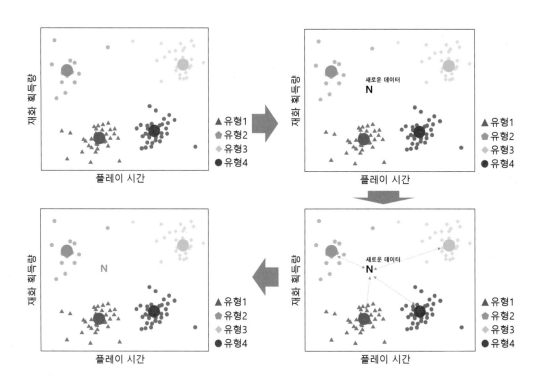

● K-평균 군집화로 유형을 분류하는 과정

앞의 도해는 일정 기간 동안 게임을 플레이한 시간과 이때 획득한 재화를 각각 X와 Y 좌표상의 점으로 표시한 것이다. 각 서로 몰려 있는 점들을 임의의 네 그룹으로 묶어서 군집화할 수 있다. '플레이 시간이 적고 성장도 느린 유형(Type1)', '플레이는 적게 하지만 성장은 빠른 유형(Type2)', '플레이 시간이 많고 성장도 빠른 유형(Type3)', '플레이 시간은 많지만 성장은 느린 유형(Type4)'으로 군집화가 되었다.

이러한 데이터를 바탕으로 고객의 성향과 행동 패턴을 주기적으로 업데이트하여 고객 맞춤형 서비스 데이터를 분석할 수 있다.

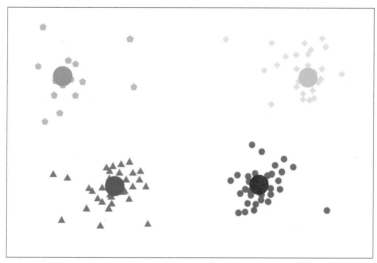

▲ K-평균 군집화를 이용한 고객 유형 클러스터링

01 확정적인 정보가 많으면 (　　)가 낮은 상태이고, 예측이 어렵고 균등한 확률이 발생한다면

(　　)가 높은 상태이다. 정보의 불확실성을 뜻하며 괄호 안에 알맞은 용어는 무엇인가?

① 웨카(WEKA)

② 결정 트리

③ 평균 군집

④ 엔트로피

02 아래의 의사결정 트리를 보고 대출 고객 유치를 위한 전략을 기획해 보자.

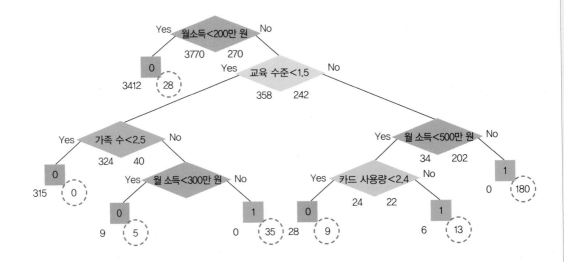

> **예시** 월 소득 200만 원 이상이면서
>
> and 교육 수준이 1.5 이상 and 월 소득 500만 원 이상인 고객을 유치한다.

Module 5

인공지능과 그림 그리기
– 이미지 인식

한 남자가 아침에 일어나 보니 테이블에 쪽지가 붙어 있다.

AI "좋은 아침이야. 오늘 먼저 출근해. 행복한 하루 보내. 마리벨"

휴대전화를 손에 쥐고 길을 나선다. 문을 열고 거리로 나간다.

강아지와 산책 나온 여자가 지나간다.

AI "한 여자가 강아지와 함께 길을 걸어가고 있습니다."

이때 이 여자가 남자를 발견하고 다가온다.

AI "조세핀이 앞에 있습니다."

"안녕?", "안녕, 조! 잘 지냈어?"

"잘 지내, 출근하는 중이야?"

"응, 또 보자."

직장 동료들과 점심식사를 위해 식당으로 향한다. 점원이 메뉴판을 건넨다.

AI "햄버거, 아보카도샌드위치, 치킨파스타, 치킨파이, 새우샐러드, 연어구이, …"

"저는 치킨파이와 주스를 주세요."

이때 함께 앉아 있던 직장 동료가 누군가에게
아는 척을 한다.

"소개해 줄 사람이 있어요."

AI "40세로 보이는 남성이 놀란 표정을 짓고 있
습니다."

"안녕하세요? 만나서 반가워요."

식사를 마친 후 계산대로 간다.

"23달러입니다."

남자는 지갑에서 돈을 꺼낸다.

AI "10달러입니다. 10달러입니다. 5달러입니다."

집에 도착한 남자, 초인종이 울려 나가자 우편
물이 도착한다.

AI "마리벨, 존, 존, 마리벨…"

이름에 따라 우편물을 분류한다.

▲ 출처: 마이크로소프트(https://news.microsoft.com/apac/features/saqib-shaikh-on-technology-and-inclusion-creating-
an-ai-future-with-possibilities-for-all)

Intro

⚙ Seeing AI

앞의 상황은 'Seeing AI'를 사용하는 장면을 묘사한 것이다. 마이크로소프트가 개발한 'Seeing AI'는 인공지능이 인식한 이미지를 음성으로 설명해 준다. 'Seeing AI'는 인공지능의 이미지 인식을 활용하여 사람의 감각기관을 보완해 주는 예라고 볼 수 있다. 이 프로그램은 시각장애인이 사물을 인식할 수 있도록 도와준다. 정밀성 및 정확성에서 아직 더 많이 발전해야 하겠지만, 인공지능 기술의 가능성을 보여준다. 다음은 'Seeing AI'가 어떤 것들을 인식할 수 있는지 보여주는 'Seeing AI'의 기능이다.

Short Text: 카메라에 글씨가 나타나면 글씨를 소리 내어 읽어준다.

Documents: 인쇄된 문서의 글씨를 인식하여 음성 가이드를 제공한다.

Products: 상품의 바코드 위치를 확인시켜 주고 바코드를 이용해 상품의 정보를 제공한다.

Person: 아는 사람들에 대한 정보를 미리 입력해 놓으면 아는 사람을 만났을 때 인식하면서 주변 사람들에 대해 나이, 감정 등을 설명한다.

Scene: 카메라에 찍힌 장면에 대해 묘사해 준다.

Currency: 돈을 지불할 때 화폐의 단위를 인식해 알려준다.

Light: 주변의 빛 밝기를 음의 높낮이로 알려준다.

Color: 인식된 색을 설명해 준다.

Handwriting: 손글씨를 읽어준다.

▲ 출처: https://www.microsoft.com/en-us/ai/seeing-ai

'Seeing AI'는 아직 제한된 언어에서만 활용 가능하다. 인식에 있어서도 글자의 모양에 디자인 요소가 가미되어 있으면 인식이 어려우나 사람의 시각 능력을 대체할 수 있는 가능성을 보여줬다. 시각뿐만 아니라 다른 감각기능을 대체할 수 있는 프로그램이 개발될 것이다. 또한 장애인뿐만 아니라 일반인의 감각기관을 확장할 수 있는 프로그램도 개발될 수 있을 것이다.

① Short Text

② Documents

③ Products

④ Person

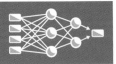

Using AI

'Seeing AI'에서처럼 실제 사물을 인식하는 것뿐만 아니라 사용자가 그린 이미지를 인식하는 프로그램이 있다. 여러 사용자로부터 특정 대상의 이미지를 그리도록 하고 그 데이터를 통해 인공지능으로 학습하게 하는 프로젝트인 구글의 '퀵, 드로(QUICK, DRAW)!'이다. '퀵, 드로'는 사용자가 제시어를 보고 20초간 사용자가 그림을 그리면 그것이 무엇인지 인공지능이 맞추도록 한다.

'퀵, 드로' 기술을 바탕으로 발전시킨 것이 '오토드로(AutoDraw)'이다. '오토드로'는 머신러닝 기술을 활용해 사용자가 그린 그림을 보고 사용자가 그리려는 그림을 예상하여 이미지를 제안하고 사용자는 그 이미지 중 하나를 선택하여 사용할 수 있다. 이제 직접 이 두 가지 인공지능 도구를 다뤄보면서 원리를 파악해 보자.

▲ 퀵, 드로와 오토드로

'퀵, 드로(QUICK, DRAW)'로 낙서 학습시키기

1 퀵, 드로에 접속하기

▲ 출처: https://quickdraw.withgoogle.com

2 퀵, 드로 시작하기

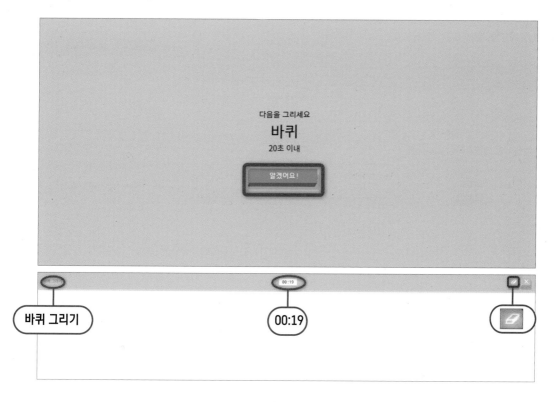

주어진 제시어를 보고 [알겠어요!] 버튼을 클릭하면 그림을 그릴 수 있는 화면이 나온다. 왼쪽 위에는 그려야 하는 제시어가 나오고 가운데에는 20초 타이머가 나온다. 20초의 제한된 시간 안에 이미지를 그려야 하기 때문에 사용자는 대상의 특징적인 요소를 생각하여 그려야 한다.

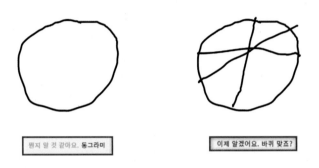

그림을 그려나갈 때마다 어떤 이미지인지 인공지능이 추측한다. 인공지능이 추측한 대상이 처음 제시된 대상과 일치하게 되면 해당 제시어는 종료되고 다음 제시어로 넘어간다.

3 퀵, 드로의 결과 보기

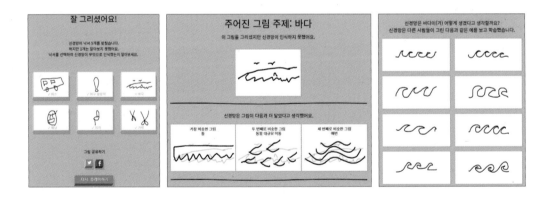

6개의 주어진 그림을 다 그리고 나면 인공지능이 맞춘 그림과 맞추지 못한 그림은 무엇인지 보여준다. 여섯 가지 그림 중 한 가지를 선택하면 인공지능이 어떤 그림과 닮았다고 생각했는지, 가장 비슷한 세 가지 순위를 보여준다. 그리고 해당 주제에 대해 다른 사람들은 어떻게 그렸는지 보여준다. 이로써 '퀵, 드로'의 인공지능이 이미지를 어떻게 학습하는지 알 수 있다.

4 낙서 데이터 세트 확인하기

첫 화면에 있는 '세계 최대의 낙서 데이터 세트'를 클릭하면 게임에 나왔던 주제와 다른 주제의 이미지를 확인할 수 있다.

머신 러닝 기술이 학습을 통해 낙서를 인식할 수 있을까요?
여러분의 그림으로 머신 러닝의 학습을 도와주세요. Google은 머신 러닝 연구를 위해 세계 최대의 낙서 데이터 세트를 오픈소스로 공유합니다

What do 50 million drawings look like?

Over 15 million players have contributed millions of drawings playing Quick, Draw! These doodles are a unique data set that can help developers train new neural networks, help researchers see patterns in how people around the world draw, and help artists create things we haven't begun to think of. That's why we're open-sourcing them, for anyone to play with.

Select a drawing
↓

You are looking at 139,898 apple drawings made by real people... on the internet.

If you see something that shouldn't be here, simply select the drawing and click the flag icon.

It will help us make the collection better for everyone.

여러 가지 그림 중 하나를 선택하면 해당 주제에 대해 다른 사용자들이 어떻게 표현했는지 보여준다.

'오토드로(Auto Draw)'로 그림 완성하기

1 오토드로에 접속하기

▲ 출처: https://www.autodraw.com

오토드로에 접속하면 그림을 그릴 수 있는 캔버스가 나타난다. 캔버스 영역에서 마우스를 드래그하여 그림을 그릴 수 있다.

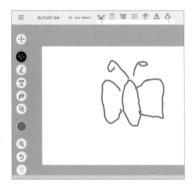

2 오토드로 시작하기

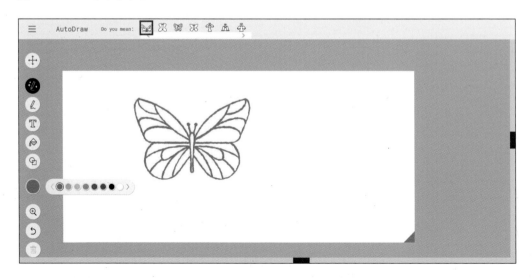

캔버스에 그림을 그리면 인공지능이 예측을 하여 완성된 그림을 추천해 준다. 추천된 그림 중 하나를 클릭하면 전문가들이 그린 깔끔한 그림을 그릴 수도 있고 색을 선택하여 그림의 선 색을 바꿀 수도 있다.

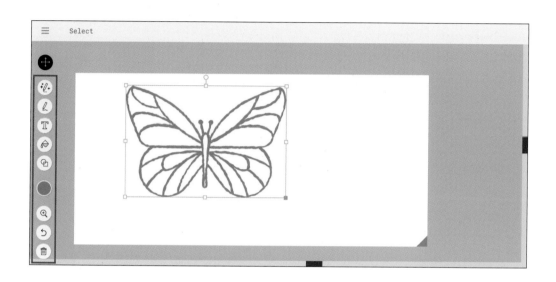

그림을 선택하면 그림의 가장자리에 표시되는 점을 드래그하여 크기와 방향을 조절할 수 있다. 색을 넣어 그림을 완성할 수도 있고, 텍스트 입력 도구를 사용하여 글을 입력할 수도 있다.

인공지능은 사용자가 그려 넣는 이미지를 활용하여 학습하게 되고 이러한 머신러닝을 통해 정확도를 높이고 있다.

About AI

디지털 영상 처리

디지털 영상 처리는 디지털 신호 처리 중 하나로, 컴퓨터 알고리즘을 이용하여 입력 혹은 출력이 영상인 형태의 정보를 처리하는 것이다. 디지털 영상 처리에 사용되는 기술은 다음과 같다.

- **분류**: 데이터 집합을 이미 정의된 클래스로 구분짓는 작업
- **특징 추출**: 데이터에서 클래스 간의 구분에 사용할 수 있는 가장자리 또는 코너의 특징을 추출한다.
- **패턴 인식**: 주어진 데이터 집합에 대해 입력값을 바탕으로 기준에 따라 여러 개의 그룹으로 분류하는 과정
- **패턴 인식 시스템의 단계**: 데이터 수집 → 특징 선택 → 모델 선택 → 학습 → 인식
- **투영법**: 입체적인 물체를 평면에 나타내는 방식
- **다중 스케일 신호 분석**: 입력 신호의 스케일 표현 및 텍스처 추출을 위해 여러 계층 구조를 활용한 신호 분석

합성곱 신경망(CNN; Convolutional Neural Network)

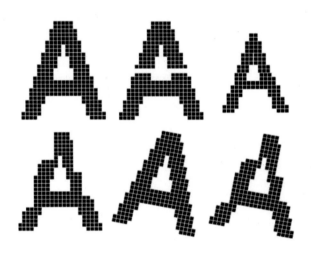

▲ 출처: https://blog.naver.com/laonple/220587920012

합성곱 신경망은 인공신경망의 하나로, 이미지를 분류하거나 어떤 이미지의 입력을 받아 그 이미지가 무엇인지 판단하는 데 쓰인다. CNN 이전의 신경망은 이미지를 인식할 때 이미지의 픽셀 값을 그대로 받아 분류하고 인식하였기 때문에 이미지가 조금만 변해도 이미지를 인식하

는 데 어려움을 겪었다. 예를 들어 어떤 필기체의 글자를 인식할 때 위치를 약간 이동하거나, 크기가 다르거나, 모양이 살짝 틀어져 있기만 해도 인식을 하지 못했다. 이런 부분을 보완하려면 학습용 데이터가 많이 필요했기 때문에 학습에 많은 시간이 걸렸다.

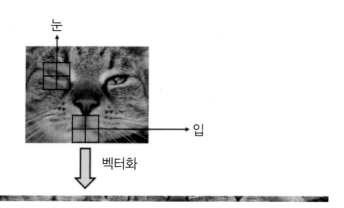

▲ 출처: https://untitledtblog.tistory.com/150

이미지는 인접 픽셀과의 관계가 중요한데, 벡터 형태로 정보를 전환할 경우 정보 손실이 발생한다. 반면 CNN은 정보를 행렬 값으로 받기 때문에 이미지가 손상되는 문제를 방지할 수 있다. 또한 이미지의 픽셀 값을 그대로 받는 것이 아니라 이미지의 특징을 추출하여 신경망에 입력해 준다. 원래 영상에 필터 처리를 해서 필터의 특성에 따라 이미지의 저차원적인 특성에서 고차원적인 특성을 도출한다. 그 결과, 이동이나 변형에 무관한 이미지의 최종 특성을 얻을 수 있다.

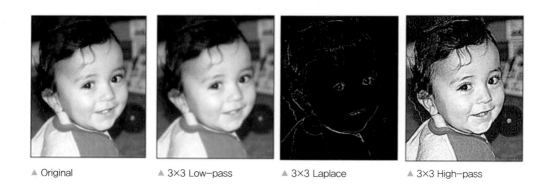

▲ Original   ▲ 3×3 Low-pass   ▲ 3×3 Laplace   ▲ 3×3 High-pass

CNN에서는 이미지의 특징 추출을 위하여 합성곱(Convolution) 연산을 사용한다.

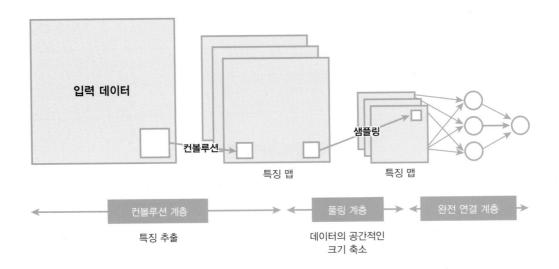

합성곱(Convolution) 연산은 입력된 데이터와 필터를 사용하여 수행된다. 다음과 같이 합성곱을 수행한 결과 피처 맵을 생성할 수 있다. 입력되는 이미지의 데이터에 필터를 적용하여 얻어낸 출력 데이터는 크기가 작아지며, 강한 특성이 추출된다.

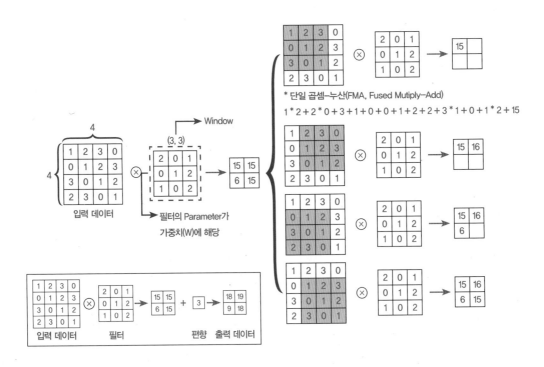

여러 개의 다른 필터를 적용하여 추출하는 과정을 거치면, 전체를 대표할 수 있는 특성만 남게 되면서 최적의 인식 결과를 낼 수 있다.

Applying AI

⚙ 합성곱 신경망(CNN) 활용하기

1 안면 인식 CCTV

안면 인식 CCTV를 활용해 범인을 체포한 사례가 종종 등장하고 있다. 안면 인식이란, 얼굴의 특징을 추출한 후 기존에 저장된 데이터베이스와 대조하여 신원을 확인하는 기술이다. 눈, 코, 입, 턱 간의 각도와 거리를 계산하거나 뼈 돌출 정도 등의 특징점을 기반으로 하는 방식, 3차원 영상을 이용하는 영상 기반 방식 등을 활용하여 영상 전체에서 얼굴 영역을 추출한다. 이렇게 추출한 얼굴을 데이터베이스를 비교하여 누구의 얼굴인지 식별하거나 인증한다.

이러한 안면 인식 카메라는 범죄자를 적발하고 테러를 예방하는 목적으로 사용할 수도 있고, 공항이나 은행 등에서 인증 절차를 간소화할 수도 있다. 또한 얼굴 인식뿐만 아니라 표정 인식을 활용할 수 있는데, 운전자의 눈 깜박임, 하품 등 신체 반응을 기반으로 운전자의 피로증상을 식별하는 등 사용자의 정서적 반응을 추리할 수 있다. 그러나 신원 도용 및 감시에 의한 사생활 침해 등 아직 해결해야 할 문제들이 많아서 법적 규제 마련이 필요하다.

▲ 2018년 9월 18일 미국 ABC는 중국이 도입중인 안면인식 기술과 CCTV가 결합된 사회신용 시스템을 디지털 독재로 규정했다.
(출처: https://m.post.naver.com/viewer/postView.nhn?volumeNo=27205954&memberNo=39094895&vType=VERTICAL).

2 딥러닝 기반의 자율비행 드론

기존 드론의 경우 위성으로부터 받은 GPS 정보를 활용하여 비행했다. 그런데 GPS를 활용하면 정확한 지점에 이·착륙하기 어렵다는 문제가 있었다. 뿐만 아니라 GPS가 끊어지는 경우에는 더 이상 비행할 수 없게 된다. 그래서 최근에는 GPS 센서를 빼고 CNN 기술을 활용하여 비행할 수 있도록 드론을 개발하고 있다. 그 원리를 살펴보면 드론에 두 대의 카메라를 장착해 동영상을 촬영한 후 그 동영상을 기반으로 드론이 비행 경로에 대해 학습하도록 한다. 주변 환경을 인식하고 자율비행을 하거나 경로를 학습시켜서 비행하도록 활용할 수 있다. 위의 사진에서 초록색 부분은 비행 가능한 경로이며, 빨간색 부분은 비행이 불가능한 부분을 보여준다.

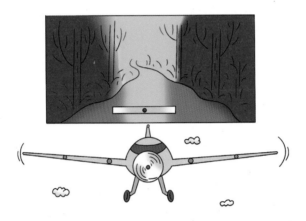

3 자율주행 자동차

자율주행 자동차는 차량 주위에 있는 영상을 분석해서 주위 사물에 맞춰 주행한다. 자율주행 자동차의 영상인식은 기계학습을 기반으로 동작하는데, 주변 사물을 경험하면서 주변의 사물을 인지하는 방법과 자율주행하는 방법을 끊임없이 학습한다. 이미지의 특징을 추출하여 유사한 것끼리 분류하고 이미지 유형을 판단한다. 이런 기술을 통해서 도로, 장애물, 신호 등을 인식하여 스스로 주행할 수 있다.

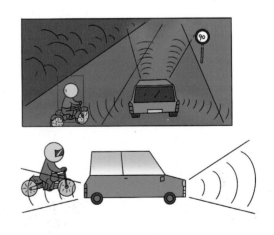

01 다음 중 CNN에서 이미지의 특징을 추출하는 계층은?

① 피드포워드 계층

② 컨볼루션 계층

③ 풀링 계층

④ 완전 연결 계층

02 CNN(합성곱 신경망)을 기반으로 한 이미지 인식 기술을 어떤 분야에 활용할 수 있을지 생각해 보자.

인공지능과 대화하기
– 챗봇 만들기

1966년 미국 매사추세츠 주, 한 여인이 컴퓨터 앞에 앉았다. 그 당시로서는 생소하기만 한 기계 앞에 앉은 그녀는 이내 키보드를 두드리면서 대화를 시작했다. 처음에 이러한 방식이 다소 낯설고 '내가 지금 뭘 하는 거지?' 하는 의아한 생각이 앞섰으나, 여인은 몇 번의 대화를 통해 심리 상담사에 대한 신뢰가 쌓이기 시작했다. 오늘도 그녀 앞에서 고민을 털어놓기 시작한다.

"안녕하세요? 오늘 또 왔어요."

AI "네, 안녕하세요! 오늘은 무슨 일로 오셨나요?"

"남편 때문에 힘들어요."

AI "자세한 사례를 들어줄 수 있겠어요?"

"음, 제가 남편이 저를 이곳에 상담받으러 오게 만들었다는 거죠."

AI "상담받으러 오게 만든 것이 당신에게 중요한가요?"

역시 그녀에게 털어놓고 나면 마음이 편안해지는 것을 느낀다. 몇 번의 상담이 이어진 후 이러한 상담이 무료로 진행된다는 것에 매우 감사하며, 상담사를 만나 고마운 마음을 꼭 전하고 싶어졌다.

"그동안 정말 감사했습니다. 이 마음을 상담사님께 직접 전하고 싶습니다. 일라이자 선생님을 만나 뵐 수 있을까요?"

"죄송하지만 그건 어려울 것 같습니다."

"왜요? 사례는 못하더라고 직접 만나 뵙고 싶습니다."

"사실 선생님과 항상 직접 만나고 계셨습니다."

"그게 무슨 소리죠? 어디에 계신가요?"

"일라이자 선생님은 저 안에 계십니다."

그가 가리키는 곳에는 컴퓨터만 덩그러니 놓여있을 뿐이었다.

"지금 절 놀리시는 건가요?"

"아닙니다. 사실 일라이자 선생님은 컴퓨터 프로그램입니다."

"네? 그럴 리가요? 그녀가 저 기계덩어리라고요?!"

"귀하께서는 지금까지 일라이자(Eliza) 실험에 참여하신 것입니다. 무엇을 느끼셨나요? 정말 그녀가 사람이라고 믿으셨나요? 그건 언제부터였죠?"

Intro

⚙ 일라이자 효과(ELIZA Effect)

앞에서 소개한 상황은 1966년, MIT에서 요제프 바이첸바움이 개발한 인공지능 일라이자 (ELIZA)와 관련해서 실제로 있었던 사건을 각색한 것이다. 일라이자는 실제 굉장히 단순한 알고리즘에 의해서 작동되고 어느 정도 규칙은 있지만 대답이 무작위에 가까울 정도로 정교하지 못하다. 다음은 널리 알려진 일라이자의 알고리즘이다.

만약 환자가 "나는 X가 필요해요."라고 말하면 다음 중 하나로 대답한다.

AI 왜 X가 필요한가요?

AI 만약 X가 있다면 정말 도움이 될까요?

AI 정말 X가 꼭 있어야 한다고 생각하세요?

만약 환자가 "나는 X(예)요."라고 말하면 다음 중 하나로 대답한다.

AI 환자분이 X여서 의사를 보러 오셨나요?

AI 얼마나 오랫동안 X였나요?

AI 스스로가 X인것에 대해 어떤 기분이 드나요?

만약 환자가 "뭐가 …?"라고 물으면 다음 중 하나로 대답한다.

AI 왜 물으세요?

AI 답을 듣는 게 어떻게 도움이 될 것 같아요?

AI 환자분은 어떻게 생각하세요?

만약 환자가 "미안"이라는 단어를 사용하면 다음 중 하나로 대답한다.

AI 미안해하지 않아도 되는 경우도 많이 있어요.

AI 남한테 사과할 때는 어떤 기분이 들어요?

만약 환자가 아무런 규칙도 적용할 수 없는, 이해 불가능한 말을 하면 다음 중 하나로 대답한다.

AI 계속 말씀해 보세요.

AI 정말 흥미롭군요.

AI 알겠습니다.

AI 그래요, 그게 무슨 뜻인 것 같나요?

AI …

▲ 출처: 〈인공지능은 뇌를 닮아 가는가〉, 유신, 컬처룩, 2014

```
Welcome to
                EEEEEE  LL     IIII  ZZZZZZZ  AAAAA
                EE      LL      II        ZZ  AA  AA
                EEEEE   LL    · II       ZZZ  AAAAAAA
                EE      LL      II       ZZ   AA  AA
            ·   EEEEEE  LLLLLL IIII  ZZZZZZZ  AA  AA

Eliza is a mock Rogerian psychotherapist.
The original program was described by Joseph Weizenbaum in 1966.
This implementation by Norbert Landsteiner 2005.


ELIZA: Is something troubling you ?
YOU:   Men are all alike.
ELIZA: What is the connection, do you suppose ?
YOU:   They're always bugging us about something or other.
ELIZA: Can you think of a specific example ?
YOU:   Well, my boyfriend made me come here.
ELIZA: Is it important to you that your boyfriend made you come here ?
YOU:   He says I'm depressed much of the time.
ELIZA: I am sorry to hear that you are depressed.
YOU:   It's true. I am unhappy.
ELIZA: Can you explain what made you unhappy ?
YOU:   ▮
```

▲ 출처: 위키백과

이렇게 간단한 알고리즘으로 작동하는 인공지능임에도 이 실험에 참가한 많은 사람들이 일라이자가 실제로 인격이 있다고 믿게 되었으며, 소프트웨어일 뿐이라는 사실을 알려주어도 잘 믿지 않았다고 전해진다. 더 재미있는 것은 개발에 참여하여 작동 원리를 알고 있는 연구원조차도 "일라이자가 인격이 있는 것 같다."고 말했다고 하니 당시로서는 파장이 대단했다. 그래서 컴퓨터가 인간과 비슷한 행위를 할 때 그것에 인격을 부여하는 현상을 '일라이자 효과(ELIZA Effect)'라고 부르기 시작했다. 최근에 일본에서 로봇 강아지를 위한 장례식을 올려준다든지, 4족보행하는 로봇의 성능을 검사하기 위해 발로 차고 넘어뜨리는 행위를 보며 불쌍하게 여긴다든지 하는 현상이 일라이자 효과에 해당한다.

▲ 일본의 로봇 장례식

▲ 로봇에 대한 폭력을 멈춰!

일라이자와 대화해 보자!

다음 웹사이트에 접속해서 일라이자에게 직접 상담을 받아 보자. [Input]에 대화를 입력하면 바로 답변이 나온다.
〈접속 URL〉 http://psych.fullerton.edu/mbirnbaum/psych101/Eliza.htm

Eliza, the Rogerian Therapist

ELIZA is a computer program that emulates a Rogerian psychotherapist. Just type your questions and concerns and hit return. Eliza will answer you.

```
Talk to Eliza
> Hello, I am Eliza.
* Hello, I'm hong
> How long have you been hong?
* Nothing special.
> What does that suggest to you?
* I am gloomy all day
> How long have you been gloomy all day?
* a week
> OK... "I are gloomy all day". Tell me more.
```

Input:

When the original ELIZA first appeared in the 60's, some people actually mistook her for human. The illusion of intelligence works best, however, if you limit your conversation to talking about yourself and your life.

This javascript version of ELIZA was originally written by Michal Wallace and significantly enhanced by George Dunlop.

© 1999 manifestation.com [PMB 417 .. 10800 Alpharetta Hwy, Suite 208 .. Roswell, GA 30076]
webmaster: sabren@manifestation.com

- 요즘 사용되는 챗봇과 어떤 점이 다른가요?

- 일라이자 효과는 왜 발생했다고 생각하나요?

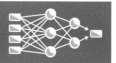

Using AI

일라이자처럼 사람과 직접 대화를 하며 정보를 제공해 주는 인공지능을 '챗봇(Chatbot)'이라고 부른다. 챗봇은 요즘 정확도가 더욱 향상되어 각 분야에서 널리 이용되고 있는 서비스이다. 그리고 코딩 없이 사용자가 손쉽게 챗봇을 만들 수 있는 서비스도 속속 등장하고 있는데, 그중 가장 대표적인 것이 구글에서 개발한 '다이얼로그플로(Dialogflow)'이다. 이 서비스는 입력받은 말에서 의도(Intent)를 파악하여 미리 설정해 놓은 범위 안에서 대답이 출력될 수 있게 도와준다. 이제 직접 이 인공지능을 다뤄보며 원리를 파악해 보자.

⚙ '다이얼로그플로(Dialogflow)'로 비서 챗봇 만들기

1 다이얼로그플로 접속하기

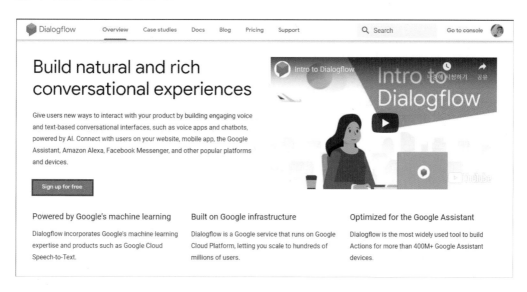

다이얼로그플로는 챗봇을 만들 때 가장 까다롭고 어려워하는 '자연어 처리' 부분을 해결해 주므로 사용자는 어떤 대화를 할 것인지 구성만 해 주면 된다. 이제 실제로 비서 챗봇을 만들어 보자. 먼저 로그인해야 하는데 구글에서 제공하는 서비스이기 때문에 구글 계정이 필요하다. [Sign up for free]나 [Go to console]을 클릭하고 구글 계정을 이용해서 로그인하면 된다.

② 새로운 에이전트 만들기

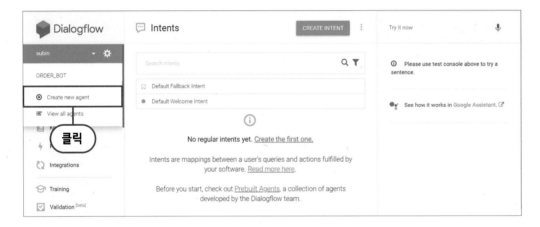

[Create new agent]를 클릭해서 새로운 에이전트를 생성한다. 여기서 에이전트는 챗봇을 가리키는 단위로서 하나의 독립된 로봇이다. 에이전트는 여러 개의 인텐트(Intent)로 구성되어 있어서 입력되는 사용자의 의도에 따라 다른 인텐트가 작동하고 적절한 답변을 출력한다.

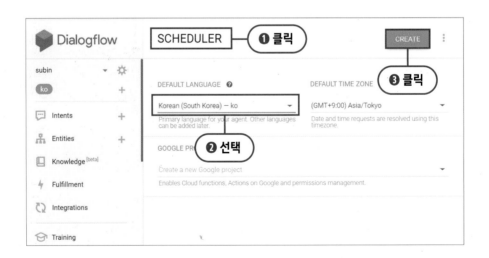

이때 에이전트의 이름은 영어로 입력해야 하고, 기본 언어는 한국어를 사용할 수 있도록 [Korean]으로 설정해 준다. 여기까지 설정을 마치면 [Create]를 클릭한 후 기본 인텐트를 사용해 보자.

③ 기본 인텐트 사용하기

대화 입력 창에 '안녕'을 입력하면 대답이 출력된다. 이때 [Default Welcome Intent]에 등록되어 있는 말 중 하나가 출력되는 것이다. 이와 같은 방법으로 의미를 알 수 없는 말이 입력되면 [Default Fallback Intent]에 있는 말 중 하나가 출력된다. 여러 말을 입력해 결과를 확인해 보자.

4 새로운 인텐트 만들기

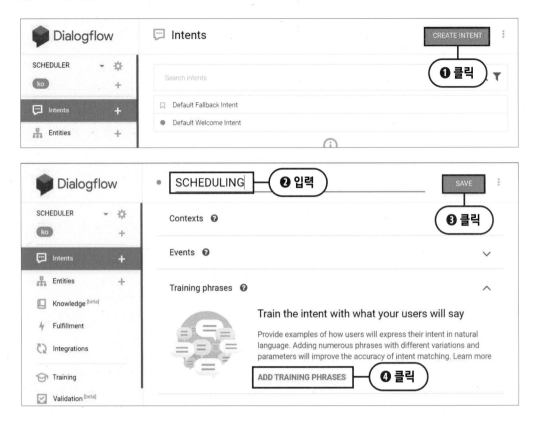

[CREATE INTENT]를 클릭하고 사용 목적에 따라 인텐트의 이름을 입력한다. [ADD TRAINING PHRASES]를 클릭해서 다음과 같은 문장을 입력한다. 문장을 입력한 후에 시간과 날짜를 나타내는 말을 드래그하여 '@sys.date:date'와 '@sys.time:time' 인자로 각각 지정해 준다. 이 과정은 사용자가 입력된 단어의 쓰임과 구조를 직접 가르쳐주는 지도학습의 단계로 볼 수 있다.

> 1월 3일 오후 3시에 스케줄 잡아줘
> 금요일 17시에 스케줄 잡아주면 좋겠어
> 내일 오후 3시에 스케줄 좀 잡아 줄래?
> 오늘 10시에 스케줄이 있어
> 오후 12시에 스케줄 잡아줘

5 대답 문장 만들기

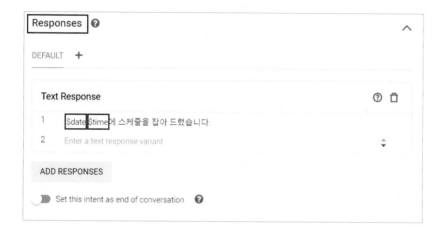

날짜와 시간이 모두 입력되면 어떤 대답을 해야 할까? [Responses] 메뉴에서 출력할 대답을 정할 수 있다. 이때 시간, 날짜와 같은 변수는 달러 표시($)를 이용해서 지정할 수 있다. 위에 제시된 문장을 분석해 보면 다음과 같다.

$date(날짜 변수) $time(시간 변수)에 스케줄을 잡아드렸습니다.

날짜 변수에 '내일'이 입력되고, 시간 변수에 '12시'가 입력된다면 '2020-7-26 00:00:00에 스케줄을 잡아드렸습니다.'와 같은 문장이 출력된다.

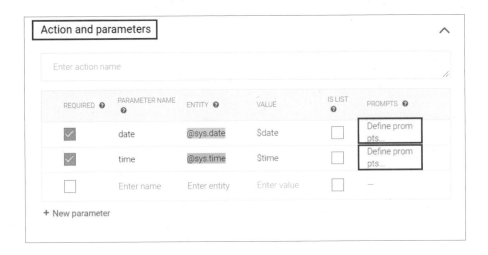

날짜와 시간은 반드시 입력받아야 할 변수이다. 그렇기 때문에 대화 과정에서 이를 유도하는 질문을 해 주어야 한다. 어떤 질문을 하면 사용자가 자연스러운 대답을 이끌어낼 수 있을지 생각하여 'PROMPTS'를 채워보자.

[Try it now]의 아래쪽에 있는 구글 어시스턴트를 클릭해서 대화를 시도해 보자.

체크리스트	Yes or No
인사를 입력하면 인사가 출력되나요?	
날짜를 물어보나요?	
시간을 물어보나요?	
미리 설정한 대답이 출력되나요?	

M 6

About AI

지식 기반 시스템

처음에 예로 든 일라이자는 칼로저스의 상담 이론을 기반으로 하고 있다. '내담자(Counselee, 來談者, 상담받는 사람) 중심 상담 이론'이라고 부르는 이 이론은 상담자가 내담자의 행동에 대해 가치 판단을 하는 대신, 긍정적인 태도와 공감을 나타내면서 환자가 스스로 문제점을 깨달을 수 있도록 해야 한다는 상담 이론이다. 그래서 일라이자도 내담자가 한 말을 반복하거나 관련어를 연결시키는 알고리즘을 사용하고 있다.

이렇게 해당 분야의 전문가가 가지고 있는 지식을 바탕으로 규칙을 만들고 이를 '만약 ~라면 하라(IF~Then)'의 선택 구조로 표현하는 것을 '지식 기반 시스템'이라고 한다. 이 시스템의 경우 정확한 지식을 기반으로 하기 때문에 질문과 대답 사이의 상관도가 높고 정확한 결과를 얻는다는 장점은 있으나, 유연성이 떨어져 입력해 둔 조건과 다른 데이터가 입력되었을 때 엉뚱한 결과를 출력하곤 한다. 다음 예를 살펴보자.

▲ 잘 출력되는 모습

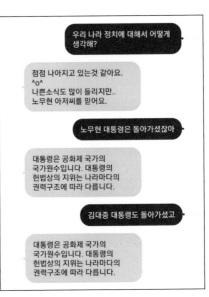

▲ 엉뚱한 대답을 하는 경우

이러한 한계를 극복하고자 머신러닝을 이용하여 더 자연스러운 대화를 가능하게 하는 방안이 모색되고 있다.

⚙ 유사도 기반 분석을 통한 추론

유사도 기반 분석을 통한 추론은 입력된 문장과 가장 유사한 대화를 찾아서 추론하는 방식을 말한다. 이 방식의 경우 앞에서 본 사례와 같이 똑같은 단어가 나오지 않더라고 형태나 의미의 유사도를 기반으로 추론하기 때문에 더 정확하게 인식할 수 있다. 예를 들어 "어디가?"라는 말은 "어데가?"와 "어디야?" 중 어디에 더 가까운가? 일단 형태 유사도로 본다면 음절 단위에서 둘은 두 글자씩 일치하기 때문에 유사도가 같다. 반면 의미 유사도로 본다면 "어데가?"에 가까울 것이다. 이럴 경우 "어데가?"에 연결되어 있는 대답을 출력하게 하여 대화를 이어갈 수 있다.

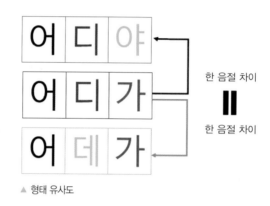

▲ 형태 유사도

이러한 형식은 '심심할 때 사용하는 챗봇'이 주로 사용하는 방식으로, 질문과 대답이 연결되어 있는 방대한 데이터베이스를 기반으로 정확도를 높일 수 있다. 따라서 학습에 많은 데이터가 필요하고, 주제별 단어 수 분포와 같은 사전 정보가 비교적 많이 필요하다는 단점이 있다. 그렇기 때문에 최근에는 RNN(Recurrent Neural Network, 순환 신경망) 같은 딥러닝 기법이 이를 개선할 방법으로 각광받고 있다.

⚙ 순환 신경망(RNN)을 이용한 자연어 처리

자연어를 처리하는 데도 RNN(Recurrent Neural Network)이라는 딥러닝 알고리즘이 많이 사용된다. '순환(Recurrent)'이라는 말에서도 알 수 있듯이 입력된 데이터가 사라지지 않고 기억되어 전달되면 순환한다는 특징을 가지고 있는데 이는 인간이 언어를 인식하는 것과도 비슷한 방식이다. 영어 문장에서 품사를 예측하는 경우를 예를 들어 살펴보자. 'Love'라는 단어는 "This is love."라는 문장에서는 '사랑'이라는 의미의 명사로도 쓰이지만 "I love cat."이라는 문장에서는 '사랑하다'라는 의미의 동사로도 쓰인다. 사람들은 같은 단어라도 앞 뒤 단어와의 관계에서 그 의미를 유추할 것이다. 이렇게 품사를 판별할 때 RNN을 쓸 수 있다.

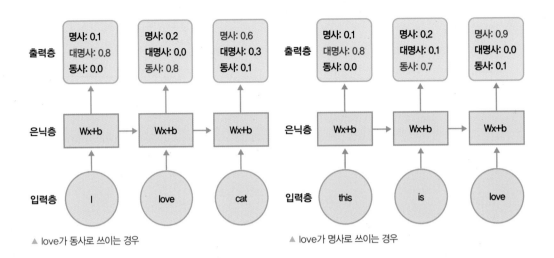

▲ love가 동사로 쓰이는 경우　　　　　　　　▲ love가 명사로 쓰이는 경우

　은닉층에서 곱해지거나 더해지는 가중치(W)와 편향(b) 값은 전에 처리했던 값을 기억하고 있다가 새로운 입력이 들어올 때 마다 조금씩 수정된다. 전체를 거치고 나면 순서가 있는 데이터 전체에 대한 요약 정보가 완성되는 것이다. 이것은 앞에서 살펴본 사람이 순서가 있는 데이터를 처리하는 방식과 비슷하다. 이러한 과정은 새로운 단어마다 계속해서 반복되기 때문에 RNN은 이런 반복을 통해 아무리 긴 순서가 있는 데이터라도 효율적으로 처리할 수 있게 되는 것이다.

자연어 처리 기술(NLP; Natural Language Processing)

우리가 일상적으로 사용하는 언어, 즉 자연어를 컴퓨터가 인식할 수 있게 도와주는 기술을 '자연어 처리(Natural Language Processing)' 기술이라고 한다. 입력된 데이터가 자연스럽게 처리되려면 자연어 처리가 선행되어야 하는데, 그 과정을 살펴보면 다음과 같다.

단계	설명	보기 나는 그 과자를 먹었다.
형태소 분석	문장을 형태소 열로 분리하고 품사를 부착하는 단계	나(대명사)+는(조사)+그(대명사) 과자(명사)+를(조사)+먹-(동사)+-었-(선어말 어미) +-다(어말 어미)+.(문장 부호)
구문 분석	문장의 문법적 적합성과 어절의 구문적 역할(주어, 목적어 등)을 찾는 단계	[SUBJ: 나는 [[MOD: 그 [OBJ: 과자를]] 먹었다]]
의미 분석	문장을 구성하는 술어와 인자들 사이의 의미적 적합성을 분석하는 단계	PREDICATE: 먹다 AGENT: 나/ANUMATE OBJECT: 그 과자/EATABLE
담화 분석	대화 문맥을 파악하여 상호 참조를 해결하고 의도를 파악하는 단계	SPEECH ACT: STATEMENT PREDICATE: 먹다 AGENT: 홍길동/ANIMATE OBJECT: 과자/EATABLE

▲ 자연어 처리 단계(출처: '우리말 처리 기술 – 과거와 현재', 김학수, 국립국어원 논문)

인공지능이 자연어를 처리할 수 있도록 문장 성분이나 역할에 따라 사용자가 패턴을 지정하고 학습시키는 방법이 있다. 이 단계에서는 앞에서 살펴본 지도학습이 사용되는 것이다.

Applying AI

⚙ 자연어 처리 기술의 용도

사람들이 컴퓨터와 의사소통하기 위해서는 언어가 필요하다. 컴퓨터가 처음 발명되었을 때는 전선의 배선을 바꾸는 행동을 통해서 전기적 신호를 다르게 하는 방법을 사용했다. 그러다가 소프트웨어가 발명되었는데, 소프트웨어를 만들 때 사용되는 언어 역시 초기에는 기계가 이해하기 쉬운 언어인 '기계어'가 주를 이루었다. 그러다 보니 컴퓨터를 사용할 수 있는 사람은 극히 제한되어 있었고, 컴퓨터를 활용할 수 있는 분야도 제한적일 수밖에 없었다. 최근에는 프로그래밍 언어도 점점 인간이 사용하는 언어에 가까워지고 있고, 윈도우나 맥과 같은 그래픽을 기반으로 한 운영체제는 컴퓨터를 일반인들도 쉽게 사용할 수 있는 물건으로 만들어 주었다. 컴퓨터의 발전은 여기에 그치지 않고 인간이 사용하는 언어를 그대로 컴퓨터와 의사소통하는 데 사용할 수 있게 되고 있다. 여러분이 가지고 있는 스마트폰의 여러가지 인공지능 비서들이 그러하듯이 말이다. 결국 자연어 처리라는 것은 인간과 컴퓨터 사이의 소통을 더욱 원활하게 해 주는 기반 기술이 되어 있으며 활용 분야도 매우 넓다.

1 인공지능 상담사

코로나 19 사태는 바이러스의 엄청난 전파력 때문에 벌어진 인류 최대의 위기 중 하나이다. 그런 와중에 우리나라는 발 빠른 검사 시스템과 훌륭한 국민성을 보여주었는데, 그중에서 인공지능을 활용한 사례 몇 가지가 눈에 띈다. 바로 일부 지자체에서 실시한 인공지능 상담 서비스이다. 물론 사람이 직접 상담한 경우도 있지만, 수많은 능동 감시자들(자가격리)에게 하루에 두 번 전화로 상태를 확인한다는 게 쉬운 일이 아닐 것이다. 그래서 이런 반복적이고 단순한 작업을 인공지능에게 시킨 것이다. 이를 통해 능동 감시자가 열이 있는지, 기침을 하는지, 그리고 어떤 조치를 해야 하는지를 자세하고 친절하게 안내해 주었는데, 이 서비스로 인해 사용자들의 만족도가 매우 높았다고 한다. 이와 같이 간단한 상담 업무에 인공지능 상담사를 투입하는 사례가 늘고 있다.

AI "혹시 발열 증상이 있으신가요?"

"네. 약간의 미열이 있습니다."

AI "기침 증상도 있으신가요?"

"아니요. 기침 증상은 없습니다."

AI "2~3일 정도 경과를 지켜보겠습니다. 손 씻기를 생활화 해주시고 생활용품은 가족과 따로 사용해 주십시오."

② 인공지능 스피커

인공지능이 적용된 제품을 떠올리면 가장 먼저 인공지능 스피커가 떠오를 것이다. 최근 여러 IT 기업들이 경쟁적으로 인공지능 스피커를 출시하고 있는데, 이는 스피커가 스마트폰처럼 다른 서비스를 연결하는 허브 기능을 하기 때문이다. 원하는 음악을 들려주고, 가전제품을 제어하며, 게임도 제공한다. 즉 별도의 앱이나 제품을 연결한 독자적인 생태계를 구축할 수 있는 가능성이 있는 것이다. 이러한 스피커에서 가장 핵심이 되는 것이 바로 자연어 처리 기술이다. 음성 명령으로 호출하고 원하는 서비스를 실행시킬 때 일상적인 언어인 자연어를 사용하기 때문이다.

"알렉사!"

AI "네!"

"신나는 음악 틀어줘"

AI "네! 오늘 날씨에 맞는 신나는 음악 틀어드릴게요."

③ 말동무가 되어 주는 인공지능

'인공지능 챗봇'이라고 하면 심심할 때 사용하는 '심심이'를 많이 떠올릴 것이다. 1990년대 말에 등장한 이 서비스는 엉뚱한 대답을 하기도 하지만, 정말 많은 사용자들에게 웃음을 주기도 하고 말동무가 되어 주기도 했다. 실제로 이런 대화를 주고받을 수 있는 인공지능이 혼자 사는 어르신들의 좋은 말동무가 되어 주고, 정신적으로 힘드신 분들과 대화하며 상태를 호전시킨다는 사례가 다수 보고되고 있다. 이 서비스는 갈수록 개인화되어 가는 현대인들의 외로움을 달래줄 훌륭한 대안이 될 것이다.

AI "할머니, 약 드실 시간이에요."
"시간이 벌써 그렇게 됐구나. 고마워~"
AI "별 말씀을요."
"진짜 손주보다 낫네."

01 다음 중 자연어가 처리되는 과정을 바르게 나열한 것은?

　① 형태소 분석 → 의미 분석 → 담화 분석 → 구문 분석

　② 형태소 분석 → 구문 분석 → 의미 분석 → 담화 분석

　③ 의미 분석 → 담화 분석 → 형태소 분석 → 구문 분석

　④ 의미 분석 → 담화 분석 → 구문 분석형 → 형태소 분석

02 챗봇을 만든다면 어떤 챗봇을 만들고 싶은지를 이유와 함께 기술해 보자.

Module 7

생성적 적대 신경망,
GAN(Generative Adversarial Network)

"글로리아! 이 사진 좀 봐."

"아주 유명한 연예인 사진인데 누구인지 알아보겠어?"

친구인 글로리아에게 스마트폰으로 사진을 보여주며 이야기를 한다.

"글쎄~ 어디서 본 것 같기도 하고…. 영화배우인가? 아니면 가수? 누군지 모르겠는데."

"이 연예인의 사진은 모두 가짜야."

글로리아는 사진이 모두 가짜라는 이야기를 듣고 이해할 수 없는 표정을 짓는다.

"뭐? 가짜라고? 무슨 말이야?"

"응, 가짜. 이 사진의 사람은 AI가 만들어낸 가짜 사진이야."

"원래 있던 사진이 아니라 AI가 만들어낸 사진이라고?"

"응 실제 존재하지도 않는 사람들이지."

"와! 대단한데? AI가 사람의 얼굴을 만들어낼 수도 있는 거야?"

"얼굴뿐만이 아니야. AI는 현실에 있을 것만 같은 가상의 이미지를 만들어낼 수 있거든. 게다가 예술가처럼 미술작품도 그려 경매에 팔리기도 해."

"정말이야? AI 기술은 정말 대단한 기술인 것 같아."

"이 사진은 누구인지 알아보겠지?"

"세종대왕이신데~ 음…. 뭐지? 첫 번째 사진은 많이 본 모습인데, 다른 것들은 합성한 건가? 혹시 이것도 AI가 만든 거야?"

▲ 출처: 하이퍼커넥트 'MarioNETte을 통한 얼굴 재현'

"응! AI로 다른 사람들의 표정 정보를 세종대왕 얼굴에 재현한 거야."

"어떻게 이런 것들이 가능한 거지?"

Intro

⚙ 생성 알고리즘과 감별 알고리즘: 두 알고리즘의 대결

GAN은 2014년 몬트리올 대학교의 이안 굿펠로(Ian Goodfellow)와 요수아 벤지오(Yoshua Bengio)를 포함한 다른 연구자들이 작성한 논문에서 처음 소개되었다. GAN은 'Generative Adversarial Network'의 약자이다. 첫 단어인 'Generative'는 GAN이 생성(Generation) 모델이라는 것을 뜻한다. 생성 모델이란, '진짜에 가까운 가짜'를 만들어내는 모델이다. 언뜻 보면 진짜 같은 가짜 사람 얼굴 사진을 만들어내거나 실제로 있을 듯한 인물이나 사물의 사진을 만들어내는 것이 생성 모델의 예이다.

'Adversarial(적대적인)'의 단어는 무슨 의미일까? GAN은 앞에 이야기한 생성 모델뿐만 아니라 가짜로 생성한 결과물을 감별(Discrimination)하는 모델이 존재하는데, 두 모델이 적대적 관계에 있기 때문에 '생성적 적대 신경망(Generative Adversarial Network)'의 약자로 'GAN'이라 한다. GAN의 구조에 대한 내용은 뒤에 다시 이야기해 보자.

GAN이 미술 분야에 미치는 영향을 살펴보자. 첫 번째로 다음 쪽의 그림은 CAN를 통해 그린 그림들이다. CAN(Creative Adversarial Network)은 미국 뉴저지 주 러트거스 대학교의 아트&인공지능연구소와 페이스북 AI 리서치팀의 일원이 함께 개발한 알고리즘으로, GAN을 미술 분야에 맞춰 변형한 알고리즘이다. AI가 그림을 그렸다고 말하지 않았다면 AI가 그린 그림이라고 했을 때 믿을 수 있었을까? 실제 이들 그림을 본 53퍼센트의 사람들이 이 그림을 사람이 그린 것이라고 판단하였다.

두 번째로 미국 뉴욕 크리스티 경매에서 스탠포드 대학교의 로비 바렛(Robbie Barrat)이 작성한 오픈 소스 코드를 활용한 GAN이 만든 초상화가 43만 2,000달러에 낙찰되었다. 이 초상화는 프랑스의 3명의 개발자그룹인 오비어스(Obvious)가 탄생시킨 작품으로, 크리스티 경매에서 최초로 판매된 AI가 만든 그림이다. 초상화의 대상은 프록코트 안에 하얀 셔츠를 안에 착용한 에드몬드 벨라미(Edmond Belamy)라는 사람이다.

이 작품은 70cm×70cm 크기의 캔버스에 인쇄되었으며 GAN은 파리에 기반을 둔 예술 단체인 오비어스(Obvious)가 만들었다. 이 그림을 만들기 위해 14세기와 20세기 사이에 그린 1만 5,000점의 초상화에 대한 데이터를 축적해 학습시켰다. AI에게는 입력된 정보의 퀄리티

▲ 오비어스 아트(Obvious Art) – AI가 그린 에드몬드 드 벨라미

▲ CAN(Creative Adversarial Network)으로 그린 그림

나 희귀성이 중요하진 않다. 예를 들어 레오나르도 다빈치의 〈모나리자〉나 작가 미상의 초상화처럼 작품마다 가치가 다르지만 가치의 차이가 있는 데이터를 입력한다고 해도 단지 AI에게 있어서는 데이터 세트일 뿐 더 이상의 의미가 없다. GAN은 수 세기의 미술사를 한꺼번에 학습하여 과거를 통해 새로운 방식으로 결과물을 창출했다. GAN은 수 세기에 걸쳐 예술이 어떻게 변했는지에 대한 자료를 모방한 후 현대적이면서도 오래된 18세기 초상화와 같은 작품을 내놓았다.

GAN은 어떠한 데이터도 모방하는 학습을 할 수 있기 때문에 GAN을 다양한 분야에서 활용할 수 있다. 즉 GAN은 이미지, 음악, 연설, 영상 등의 모든 분야에서 실제 우리의 세계와 정말 비슷한 새로운 세계를 창조하도록 학습시킬 수 있다. 페이스북의 인공지능 연구 책임자인 얀 르쿤(Yann LeCun)은 GAN의 적대적 훈련(Adversarial Training)을 '머신 러닝 분야에서 지난 10년 간 가장 흥미로운 아이디어'라고 언급하기도 했다. 물론 기계가 예술을 창조할 수 있는지에 대한 논쟁이 지속될 것이다. 하지만 이런 소모적인 논쟁보다는 AI가 모든 분야에서 다양하게 활용할 수 있는 하나의 도구인 것처럼 GAN도 작가들의 다양한 창의성을 구현할 수 있도록 도와주는 좋은 도구로 바라볼 수 있어야 한다고 생각한다.

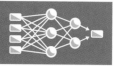

Using AI

GAN의 모델을 직접 코딩하고 데이터 세트를 입력시켜 학습시킨 뒤 원하는 이미지를 만드는 것이 AI 초보자에게는 쉬운 일이 아니다. 이런 초보자들을 위해 쉽게 GAN을 체험해 볼 수 있는 사이트가 있으니 직접 체험해 보고 GAN에 대한 이해의 폭을 넓혀보자.

⚙ Image-to-Image Demo(Pix2Pix GAN)

픽스 투 픽스(Pix2Pix) GAN(Generative Adversarial Network)은 이미지 간 변환 작업을 위한 심층 컨볼루션 신경망을 훈련시키는 방법이다. 픽스 투 픽스는 이미지를 입력받아서(Input) 다른 스타일의 이미지를 출력하는(Output) 알고리즘이며, 사전에 Input으로 들어갈 데이터 세트와 픽스 투 픽스를 거쳐 나올 정답 이미지를 학습시켜야 한다.

▲ 픽스 투 픽스(Pix2Pix)의 데이터 세트 예시 이미지

위의 그림은 픽스 투 픽스를 학습시키기 위한 데이터 세트의 예시 이미지이다. 오른쪽은 평범한 운동화의 이미지이고, 왼쪽은 오른쪽 운동화의 이미지에서 가장자리 선을 따 놓은 이미지이다. 운동화 이미지에서 가장자리 선을 쉽게 얻을 수 있지만, 가장자리 선만으로 운동화 이미지를 만들기는 어려운 일이다. GAN 종류의 하나인 픽스 투 픽스는 Input, Output 이미지의 왼쪽과 오른쪽을 학습시킴으로써 선만 있는 이미지에서 실제 운동화 이미지를 만들어낼 수 있는 것이다. 다음 사이트 주소로 들어가 직접 픽스 투 픽스 GAN을 실습해 보자.

https://affinelayer.com/pixsrv/

1 edges2cats

직접 그린 고양이를 Input한 뒤 [process]를 클릭해 보자. 그러면 Output에서 다소 충격적인 결과물을 확인할 수 있다. 고양이의 그림을 다시 그려보고 Output을 확인해 보자. 고양이의 모습을 조금 더 자세히 그려봐야 할 것 같다.

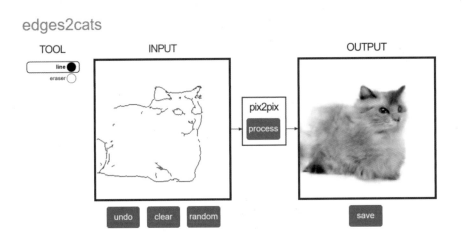

2 facades

다음으로 왼쪽의 툴(Tool)을 이용하여 사각형 도형으로 대략적인 건물의 앞모습을 그리면 실제 건물의 앞모습처럼 보이는 결과물을 확인할 수 있다. 창문이나 문 등을 툴에서 선택하여 그림을 그린 후 [process]를 클릭하여 Output을 확인해 보자.

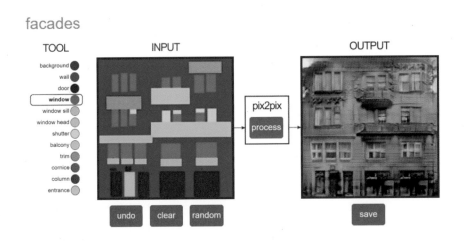

3 shoes, handbags

고양이와 마찬가지로 신발과 핸드백의 사진 데이터와 해당 이미지의 선에 따라 자동으로 결과물을 생성할 수 있도록 학습시켰다. 신발과 핸드백의 그림을 그려보고 내가 그린 그림으로 생성된 이미지를 확인해 보자.

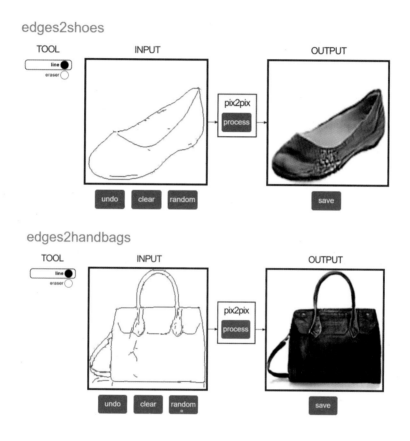

텐서플로 GAN 따라하기

1 텐서플로 소개하기

텐서플로는 구글에서 개발한 머신러닝을 위한 오픈소스 플랫폼이다. 텐서플로에서 개발자는 데이터가 그래프 또는 일련의 처리 노드를 통해 움직이는 방법을 기술하는 구조인 데이터 흐름(Dataflow) 그래프를 만들 수 있다. 그래프의 각 노드는 수학적 연산을 나타내며, 노드(Node) 간의 각 연결 또는 가장자리(Edge)는 다차원 데이터 배열이나 또는 텐서(Tensor)를 나타낸다. 텐서플로는 프로그래머를 위한 이런 모든 기능을 파이썬 언어를 통해 제공한다. 파이썬은 배우고 다루기 쉬우며, 고차원 추상화 결합 방법을 편리하게 표현하는 방법을 제공한다. 텐서플로의 노드와 텐서는 파이썬 개체이며 텐서플로 애플리케이션은 그 자체가 파이썬 애플리케이션이다.

2 텐서플로 GAN

텐서플로 사이트의 첫 화면에서 스크롤을 아래로 내리면 텐서플로 튜토리얼을 확인할 수 있다. GAN 튜토리얼은 손으로 쓴 숫자들을 어떻게 생성할 수 있는지를 확인할 수 있다. 오른쪽 그림은 GAN이 생성한 손으로 쓴 숫자 모양 이미지이다.

튜토리얼은 초보자용과 전문가용이 있는데, GAN은 전문가용에 포함되어 있다. GAN을 선택해 보자.

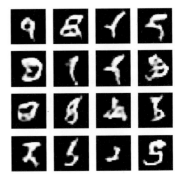

▲ GAN으로 생성한 숫자들

일반적인 ML 문제 해결책

TensorFlow로 일반적인 ML 문제를 해결하기 위한 간단한 단계별 둘러보기

초보자용
첫 번째 신경망

빠르게 진행되는 전체 TensorFlow 프로그램 개요에서 운동화 및 셔츠와 같은 의류 이미지를 분류하도록 신경망을 학습시키세요.

전문가용
생성적 적대 신경망(GAN)

손으로 쓴 숫자의 이미지를 생성하도록 Keras Subclassing API를 사용하여 생성적 적대 신경망(GAN)을 학습시키세요.

전문가용
어텐션을 사용한 인공신경망 기계 번역

Keras Subclassing API를 사용하여 스페인어에서 영어로 번역하도록 sequence-to-sequence 모델을 학습시키세요.

GAN을 선택하면 '심층 합성곱 생성적 적대 신경망', 즉 GAN 튜토리얼 페이지가 열린다. GAN은 구글 코랩이나 깃허브에서 실행할 수 있다.

이 책에서는 구글 코랩에서 실행해 보기 위해 [구글 코랩(Colab)에서 실행하기]를 선택한다.

GAN에 대한 설명이 나오고 아래쪽으로 이동하면 GAN 신경망 코드를 확인할 수 있다. 여기부터 메서드를 하나씩 실행시키며 따라해 보자. GAN 신경망 코드를 모두 이해할 필요는 없다. 대략적인 구조를 이해하기 위한 과정으로 생각하고 차근차근 따라가며 실행해 보자.

4 코랩(Colab)에서 실행하기

코드 앞쪽의 [ ] 부분에 커서를 갖다대면 모양이 ▶ 으로 바뀌는데, 이것을 클릭하면 실행(컴파일러)한다. 처음 코드를 실행했을 때 경고 창이 표시되면 [무시하고 계속하기]를 클릭하고 계속 실행시킨다.

경고: 이 노트는 **Google**에서 작성하지 않았습니다.

이 노트는 **GitHub**에서 로드됩니다. 노트가 Google에 저장된 데이터에 액세스하거나 다른 세션의 데이터 및 사용자 인증 정보를 읽을 권한을 요청할 수 있습니다. 노트를 실행하기 전에 소스 코드를 검토하세요.

취소   무시하고 계속하기 —○ **클릭**

● GAN 알고리즘

❶ 텐서플로와 다른 라이브러리 불러오기

- 텐서플로 2.0 설치, 텐서플로 버전 확인, imageio 설치, 다른 라이브러리 불러오기

❷ 데이터 세트 로딩 및 준비하기

- 생성자와 감별자 모델의 훈련에 필요한 MNIST 데이터 세트 불러오기

```
Downloading data from https://storage.googleapis.com/tensorflow/tf-keras-datasets/mnist.npz
11493376/11490434 [==============================] - 0s 0us/step
```

➜ 위의 주소에서 데이터 세트 파일을 불러온다.

❸ 생성자(Generator) 모델 만들기

- 생성자 모델 테스트

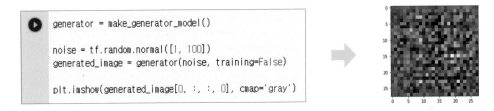

```
generator = make_generator_model()

noise = tf.random.normal([1, 100])
generated_image = generator(noise, training=False)

plt.imshow(generated_image[0, :, :, 0], cmap='gray')
```

➜ 아직 학습시키지 않은 생성자 모델로 이미지를 생성해 보자. 학습 전 이미지이기 때문에 정확한 숫자 모양의 이미지를 생성하지 못하는 것을 볼 수 있다.

❹ 감별자(Discriminator) 모델 만들기

- 감별자 모델 테스트

```
discriminator = make_discriminator_model()
decision = discriminator(generated_image)
print (decision)
```

```
tf.Tensor([[-0.00049359]], shape=(1, 1), dtype=float32)
```

➡ 감별자 모델 테스트: 아직 학습되지 않은 감별자 모델로 이미지를 감별해 보자.

❺ 손실 함수와 옵티마이저 정의

- 감별자 손실 함수
  ➡ 감별자가 가짜 이미지에서 얼마나 진짜 이미지를 잘 판별하는지 수치화를 한다.
- 생성자 손실 함수
  ➡ 감별자를 얼마나 잘 속였는지 수치화를 한다.

❻ 체크포인트 저장

- 훈련 중 방해되는 경우 모델의 저장 방법과 복구 방법을 설정한다.

❼ 루프 훈련 정의하기

➡ 훈련 방법을 정의한다. 생성자는 가짜 이미지를 생성하고 감별자는 진짜 이미지와 가짜 이미지를 분류한다. 각 모델은 손실을 계산하면서 생성자와 감별자 모델을 학습해 나아간다.

❽ 모델 훈련하기

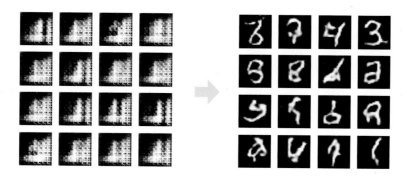

➡ 모델이 훈련하는 과정을 확인할 수 있다. 50회 학습이 반복되며 학습이 진행될수록 손글씨와 비슷한 이미지가 생성될 것을 확인할 수 있다.

❾ GIF 생성

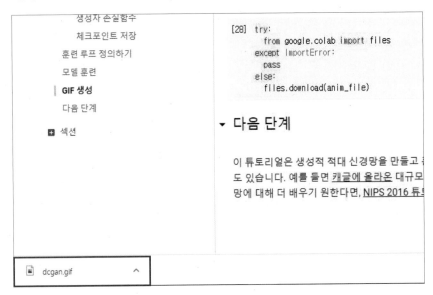

➜ 50회 학습하여 얻은 이미지 파일로 GIF를 만들어 파일로 저장한다. GIF 파일을 열어 보면 1회부터 50회까지 학습하면서 점차 손글씨의 모습과 비슷해지는 것을 확인할 수 있다.

About AI

적대적 학습

처음 GAN을 제안한 이안 굿펠로(Ian Goodfellow)는 GAN을 경찰과 위조지폐범 사이의 게임에 비유했다. 위조지폐범은 최대한 화폐와 같은 위조지폐를 만들어 경찰을 속이려 하고, 경찰은 진짜 화폐와 위조지폐를 판별하여 화폐가 진짜인지 가짜인지를 구별한다. 이렇게 위조지폐범과 경찰이 경쟁적으로 학습을 지속하면 어느 순간 위조지폐범은 최대한 진짜와 비슷한 위조지폐를 만들 수 있게 되고, 경찰은 위조지폐와 진짜 지폐를 위조지폐와 실제 지폐를 구분할 수 없는 상태에 이르게 된다.

M 7

▲ 경찰과 위조지폐범

여기서 경찰은 감별 모델, 위조지폐범은 생성 모델을 의미한다. GAN은 최대한 진짜 같은 데이터를 생성하려는 모델과 진짜와 가짜를 분류하려는 감별 모델이 각각 존재하여 서로 적대적으로 학습한다.

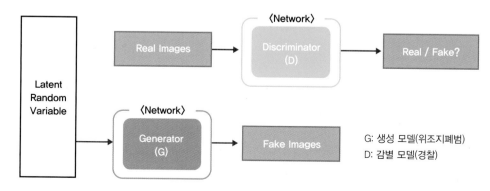

G: 생성 모델(위조지폐범)
D: 감별 모델(경찰)

GAN의 구조를 살펴보면 위조지폐범인 G와 경찰 D의 두 모델이 존재한다. G에서는 임의로 설정된 정보를 바탕으로 가상의 이미지를 만들고, D는 실제 이미지와 G에서 만들어진 이미지와 구분하여 진짜와 가짜를 구분한다. 두 모델은 상호 적대적인 학습을 통해 모두 발전하게 되고 결과적으로는 생성 모델은 진짜와 유사한 가짜 데이터를 만들 수 있게 된다. 이에 따라 감별 모델은 진짜 데이터와 가짜 데이터를 구분할 수 없게 된다.

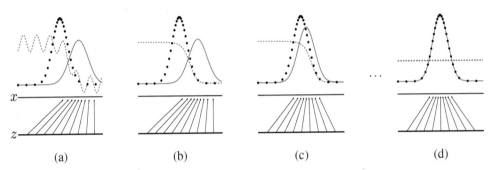

(a) (b) (c) (d)

※ 검은색 점선: 원 데이터의 확률 분포, 파란색 점선: D의 확률 분포, 녹색 실선: G의 확률 분포

▲ 출처: 이안. J. 굿펠로(Ian.J.Goodfellow)의 "Generative Adversarial Networks" 논문

GAN의 최적화 과정을 그래프로 보면서 G가 진짜에 가까운 이미지를 생성하는지 살펴보자. 검은색 점선은 원본 이미지 데이터이고, 녹색 실선은 G가 생성한 이미지의 분포이며, 파란색 점선은 D의 확률 분포(진짜/가짜)를 나타낸다. (a) 그래프를 보면 원 데이터의 확률 분포와 G의 확률 분포에 많은 차이가 발생하고, D의 확률 분포가 왼쪽보다는 오른쪽이 더 진짜로 감별하는 것을 알 수 있다. 그래프가 (a)에서 (d)로 학습이 진행됨에 따라 G의 확률 분포와 원 데이터의 확률 분포가 거의 같아지고, 두 확률 분포가 같아지면 분류 모델인 D는 더 이상 분류가 어려워져서 진짜를 감별할 확률이 0.5, 즉 50%가 되어 진짜와 가짜를 구별할 수 없게 되는 것이다. 더 이상 구분이 어려워질 정도로 실제와 비슷한 가짜를 생성하는 것이 GAN이라고 할 수 있다.

cycleGAN

cylcelGAN은 또 무엇일까? 우선 cylcelGAN이 어떤 이미지를 생성할 수 있는지 살펴보자.

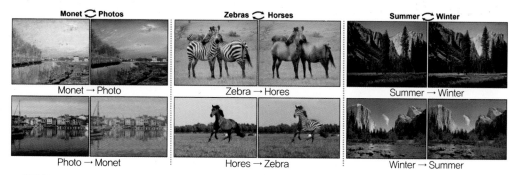

▲ 출처: 'UnpairedImage-to-Image Translation using Cycle-Consistent Adversarial Networks' 논문

첫 번째 그림은 프랑스 출신의 인상파 화가인 클로드 모네(Cloude Monet)의 작품을 사진 이미지로 변경하거나 사진을 모네가 그린 것처럼 바꿀 수 있다. 두 번째 예를 보면 얼룩말을 말로, 말을 얼룩말로 바꾸는 것이 가능하고 여름 사진을 겨울로, 겨울 사진을 여름으로 바꿀 수 있다. 이 밖에도 사진의 대상을 남겨둔 채 배경을 아웃포커싱하여 대상을 더욱 돋보이게 바꾸는 것도 가능하다. cycleGAN의 구조는 간단하다. 예를 들어 얼룩말을 말로 바꾸고 싶으면 얼룩말을 말로 변경하고, 변경한 말을 다시 얼룩말로 복원했을 때 원본의 얼룩말과 복원된 얼룩말의 이미지가 아주 비슷하게 될 수 있도록 생성자(Ganerrator)와 감별자(Discriminator)를 학습시키는 것이다.

심층 합성곱 생성적 적대 신경망(DCGAN)

DCGAN의 등장으로 성능이 향상된 GAN을 통해 더 완벽하게 가짜 데이터를 만들어내는 모델이 속속 연구됨에 따라 GAN의 활용 범위도 더욱 넓어지고 있다. 특히 2017년 위싱턴대학교 연구팀은 영상 합성에 GAN을 적용하여 만든 '오바마 전 미국대통령의 가짜 연설 영상'을 공개해 화제가 되기도 했다. 그들은 오바마 대통령의 실제 연설에서 음성을 추출한 후 음성에 맞게 입 모양을 생성하도록 GAN을 학습하여 가짜 영상을 만들어냈다. 진짜처럼 보이는 다음 사진들은 모두 GAN을 이용해 만들어낸 가짜 영상의 일부분이다.

다른 예로 이 이미지는 DCGAN으로 생성된 결과이다. DCGAN는 이미지가 갖는 의미를 바탕으로 Vector의 산술이 가능하다는 것을 알 수 있다. 안경을 쓴 남자와 안경을 쓰지 않은 남자 그리고 안경을 쓰지 않는 여자를 생성하게 하는 각각의 Vector를 빼고 더하면서 안경 쓴 여자를 생성할 수 있다는 것이다.

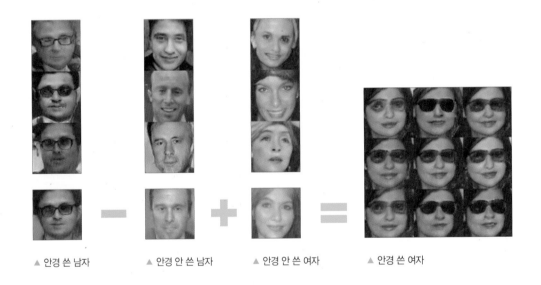

▲ 안경 쓴 남자　　▲ 안경 안 쓴 남자　　▲ 안경 안 쓴 여자　　▲ 안경 쓴 여자

즉 Latent Vector의 산술적 연산을 통해 안경을 새로 씌울 수 있는 GAN의 기본적인 개념과 마찬가지로 오바마의 얼굴을 만들어낸 Latent Vector에서 입술에 해당하는 부분만 백터 연산을 통해 산술적으로 대체해 주면 얼마든지 창조적으로 얼굴을 조작할 수 있다.

리얼아이오프너(Real-eye-opener(ExGAN))

최근 페이스북에서 개발한 '리얼아이오프너(Real-eye-opener)' 사진을 찍는 순간 실수로 눈을 감아 사진을 망친 경험이 있는 사람이라면 필요성을 느낄만한 기술이다. 리얼아이오프너는 눈을 감은 사진에 가짜로 눈을 생성하여 눈을 뜨고 있는 사진으로 만들어주는 기술로, GAN을 통해 얼굴에 눈을 합성해 준다. 리얼아이오프너에서 사용된 방식은 ExGAN으로, 예시 정보를 활용하여 고품질의 결과를 만들어 준다. 오바마 연설 동영상의 입 모양을 생성하는 것처럼 리얼아이오프너는 눈 모양을 새로운 얼굴에 합성하여 눈을 뜨고 있는 사진으로 바꾸어 준다.

(a)　　　　　(b)　　　　　(c)　　　　　(d)

(a) 사진은 사람들이 눈을 뜨고 있는 실제 사진이고 (b)는 사람들이 눈을 감고 있는 실제 사진이다. GAN의 목표는 눈을 감고 찍은 (b) 사진을 눈을 뜬 사진으로 바꾸는 것이다. (c)는 단순히 포토샵을 이용해 합성한 결과이며 (d)는 ExGAN을 이용해 합성한 결과이다. 물론 시간과 정성을 들인다면 포토샵으로 보다 자연스러운 합성물을 만들어낼 수는 있겠지만, GAN으로 자연스러운 결과물을 생성할 수 있다는 사실에 놀라울 따름이다.

01 눈을 감고 찍은 사진을 눈을 뜨고 있는 사진으로 만들어주는 최근 페이스북에서 개발한 리얼아이오프너는 어떤 AI 기술이 적용된 것인가?

① 픽스 투 픽스(Pix2Pix)

② DCGAN

③ ExGAN

④ cycleGAN

02 GAN에서 A는 어떤 단어의 약자인지 쓰고 GAN의 구조에 대해 기술해 보자.

MEMO

PART

2

Project
인공지능 만들기

Project 0

IBM 왓슨 인공지능 사용 준비하기

Part 1에서는 다양한 인공지능 관련 이론과 도구들을 살펴보았다. 이제 Part 2에서는 기계학습을 직접 시켜보고 이것을 프로그래밍에 활용해 보는 단계로 나아가려고 한다. 이 프로젝트에서는 그것을 준비하는 내용으로 우리가 사용할 '머신러닝 포 키즈(Machine Learning for Kids)'뿐만 아니라 가입 절차와 사용 방법에 대해 알아보려고 한다.

머신러닝 포 키즈(약칭 ML4KIDS)는 영국에서 학생들에게 기계학습의 원리를 가르치기 위해 개발된 교육적인 서비스이다. 이름에 '키즈(Kids)'가 붙어 있어 어린이를 위해 만들어졌다고 생각할 수 있으나, 여기서 키즈는 인공지능 초보자(Beginner)를 통칭한다고 보면 좋을 것이다. 초보자들도 누구나 쉽게 인공지능 모델을 만들고, 그 모델을 이용하여 내가 생각하는 프로그램을 만들 수 있다.

머신러닝 포 키즈는 기본적으로 IBM 왓슨의 기계학습 서비스를 사용하고 있다. 이것을 이용하기 위해서는 먼저 머신러닝 포 키즈에 가입한 후 IBM 왓슨 서비스에 가입해야 한다.

머신러닝 포 키즈 (ML 4Kids)는 영국의 IBM 개발자 데일 레인이 개발한 어린이를 위한 머신러닝 교육 서비스입니다. IBM 왓슨 디벨로퍼 클라우드 (Watson Developer Cloud) API를 사용합니다. 사실 IBM은 구글 보다 앞선 인공지능의 시조새라고 할 수 있죠. 1997년 IBM 딥블루와 체스 챔피언 가리 카스파로프 대결에서 딥블루가 이긴데 이어 IBM 왓슨이 2011년에는 미국 인기 TV 퀴즈쇼 제퍼디(Jeopardy)에 참가해 인간 대 컴퓨터의 대결을 펼쳤어요.

계정을 만들고 필요한 API를 설치해 보자.

왓슨 서비스에 가입되면 이미지와 텍스트 인식을 위해서 해당 서비스를 사용할 수 있는 키(Key)를 받아야 한다. 마지막으로 그 키를 머신러닝 포 키즈에 등록해 주면 사용 준비가 끝난다.

⚙ 머신러닝 포 키즈 사이트 둘러보기

ML4KIDS 사이트를 방문하여 메인 페이지부터 살펴보자.

[소개], [워크시트], [뉴스], [도움말], [로그인] 메뉴가 있고, '인공지능 게임을 만들어봐요.'라는 간결한 문장과 게임을 만드는 방법을 크게 3단계로 제시하고 있다.

[소개]에는 이 사이트를 만든 목적이 명확하게 나타나 있다. '아이들을 위한 머신러닝'이라는 목적에 맞게 데이터를 모아서 인공지능 훈련을 시키고 스크래치로 프로그래밍하여 머신러닝 학습을 진행한다.

무엇을?

이 도구는 머신 러닝 시스템을 훈련하는 만드는 실전적인 과정을 제공하며 아이들에게 머신 러닝을 소개합니다.

이 도구는 텍스트, 숫자 또는 이미지를 분류하는 머신 러닝 모델을 만들 수있는 환경을 제공합니다.

아이들에게 코딩을 소개하고있는 기위한 기존의 연구를 바탕으로, 이 모델을 스크래치 (코딩 교육에 주로 사용하는 플랫폼)에 추가하여 아이들이 만든 머신 러닝 모델을 바탕으로 프로젝트와 게임을 만들 수 있습니다.

자세한 내용은 다음을 참고하세요.

[워크 시트]

왜?

머신 러닝은 우리 주변에 있습니다. 우리는 스팸 필터, 추천 엔진, 언어 번역 서비스, 채팅 로봇 및 디지털 비서, 검색 엔진 및 사기 탐지 시스템과 같은 머신 러닝 시스템을 매일 사용합니다.

머지 않아 머신 러닝 시스템이 우리의 자동차를 운전하고, 의사가 우리의 질병을 진단하고 치료할 수 있도록 도와 줄 것입니다.

아이들이 우리의 세계가 어떻게 작동하는지 알고 있어야합니다. 기능과 의미를 이해하는 가장 좋은 방법은이 기술을 직접 구현해 보는 것입니다.

자세한 내용은 다음을 참고하세요.

['아이들을위한 머신 러닝 소개']

기술

이 도구는 설치 나 복잡한 설정이 필요하지 않습니다.

학교, 교실에서 자발적으로 코딩 그룹을 운영하도록 설계했습니다. 그리고 교사 또는 그룹 리더가 학생용을위한 액세스를 관리하고 관리할 수있는 관리자 페이지를 제공합니다.

IBM Watson Developer Cloud 의 API를 사용하여 Dale Lane 이 개발했습니다.

텍스트, 숫자, 이미지, 음성을 분류하는 머신러닝 모델을 만들 수 있고, 이 모델을 스크래치 블록으로 만들어 쉽고 재미있는 프로그램을 만들 수 있다. [워크시트]를 선택하면 다양한 머신 러닝 프로젝트를 확인해 보자.

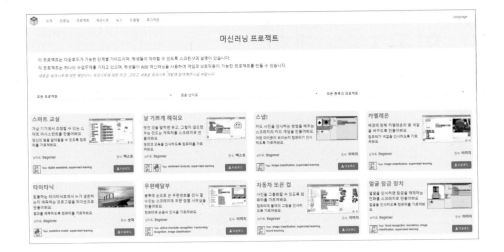

프로젝트 중 하나를 클릭하면 사용자가 따라할 수 있도록 스크린샷과 제작 방법이 제시되어 있다. 하나를 골라 [다운로드]를 클릭하면 교사용, 학생용 PDF 파일을 제공받을 수 있다.

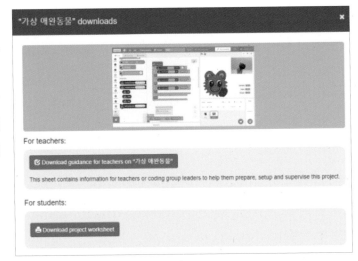

교사용 PDF 파일은 교사를 위한 수업 가이드이고, 학생용 PDF 파일은 프로젝트의 특성에 맞게 학생들의 활동을 자세하게 안내하고 있다. 아이들이 쉽게 접근할 수 있도록 단계별 설명과 그림이 자세하게 제시되어 있다.

각 프로젝트는 하나의 수업 주제를 가지고 있으며, 학생들이 머신러닝을 사용하여 게임과 상호작용이 가능한 프로젝트를 만들 수 있다.

⚙ 머신러닝 포 키즈로 프로그램 만들기

이제 본격적으로 ML4KIDS를 사용하는 방법에 대해서 알아보자. 계정 만들기부터 스크래치 3로 프로그래밍하는 방법까지 알아보겠다.

1 가입하기

(1) ML4KIDS 계정 만들기

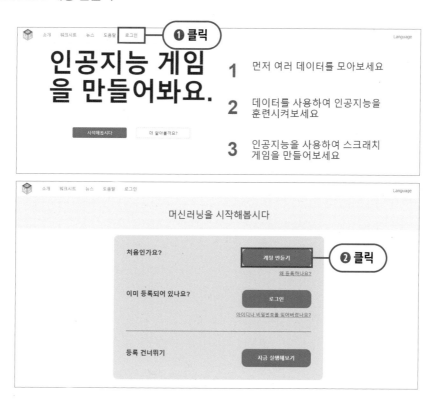

❶ [로그인]을 클릭하고 [계정 만들기]를 클릭해서 다음 페이지로 들어간다. 아래에 있는 [지금 실행해보기]를 클릭해도 기본적인 기능은 사용할 수 있으나 모델을 하나밖에 만들 수 없다. 또 이미지를 이용한 학습을 하기 위해서도 계정을 만드는 작업은 꼭 필요하다.

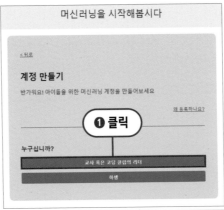

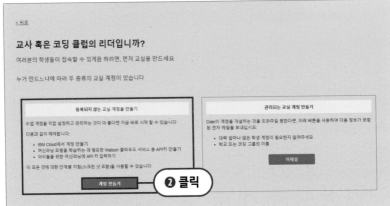

❷ 혹시 교사가 아니더라도 [교사 혹은 코딩 클럽의 리더]를 클릭해야 한다. 그리고 '등록되지 않는 교실 계정을 만들기'에서 [계정 만들기]를 클릭한다.

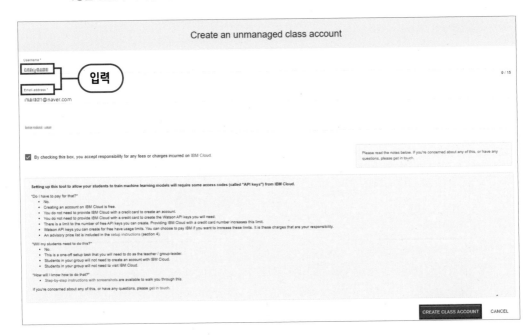

❸ 아이디와 이메일 주소를 입력하고 [CREATE CLASS ACCOUNT]를 클릭하면 계정과 임시 비밀번호가 만들어진다. 이제 가입할 때 입력한 이메일로 접속해 보면 인증 메일이 와 있을 것이다. 해당 메일을 열고 [VERIFY YOUR ACCOUNT]를 클릭하면 인증이 완료된다.

(2) 비밀번호 재설정하기

❶ 임시 비밀번호는 무작위로 생성되기 때문에 기억하기가 어려우므로 본인이 기억할 수 있는 비밀번호를 재설정하는 것이 좋다. 비밀번호를 재설정하려면 메인 페이지에서 다시 로그인 페이지로 들어가야 한다.

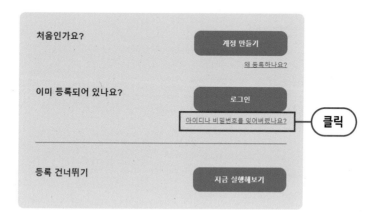

❷ [로그인] 아래에 있는 [아이디나 비밀번호를 잊어버렸나요?]를 클릭한다.

❸ 가입할 때 입력한 이메일 주소를 입력하고 [SEND EMAIL]을 클릭하면 비밀번호를 재설정할 수 있는 다음과 같은 메일이 도착한다.

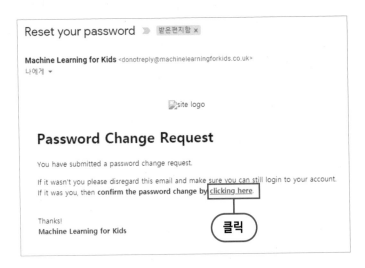

④ 메일에서 [clicking here]를 클릭하면 새로운 비밀번호를 입력하고 확인하는·절차를 거쳐서 새로운 비밀번호가 생성된다.

(3) IBM 클라우드 계정 만들기

API를 얻어서 등록하는 과정이 다소 복잡하여 텍스트 학습 모델을 저장해 두고 사용하는 경우가 아니라면 이 과정을 생략해도 된다. 대신 TIP을 참고하여 일회용으로 사용할 수 있다.

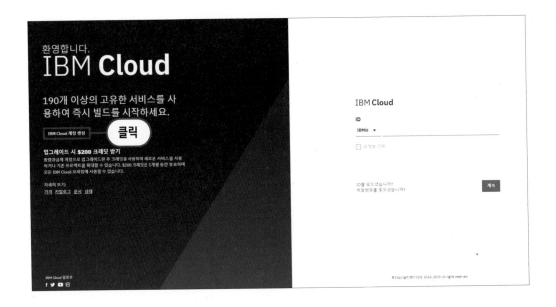

Tip

API 등록 없이 텍스트 학습 이용하기

시작 페이지에서 [등록 건너뛰기]를 선택하면 계정 없이도 서비스 이용이 가능하다. 다만 계정이 없으므로 데이터나 모델을 사용할 때 마다 만들어야 한다는 불편한 점이 있다.

❶ 먼저 'ttps://cloud.imb.com'으로 이동하여 왼쪽의 [IBMCloud 계정 생성]을 클릭한다.

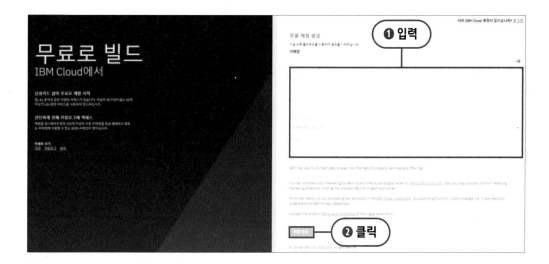

❷ 이메일, 이름, 성, 국가, 비밀번호를 입력하고 [계정 생성]을 클릭한다.

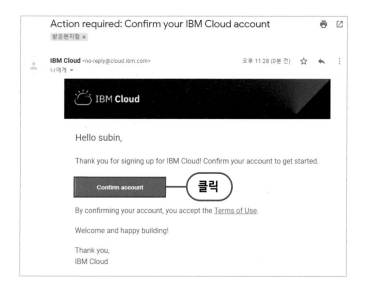

❸ 입력한 이메일로 이동하면 인증메일을 확인할 수 있고 [Confirm account]를 클릭하면 계정이 활성화된다. 이제 제일 중요한 API 키를 얻어서 등록하는 과정이 필요하다. API 키는 말 그대로 IBM 인공지능 서비스를 사용할 수 있게 만들어주는 열쇠와 같은 것이다.

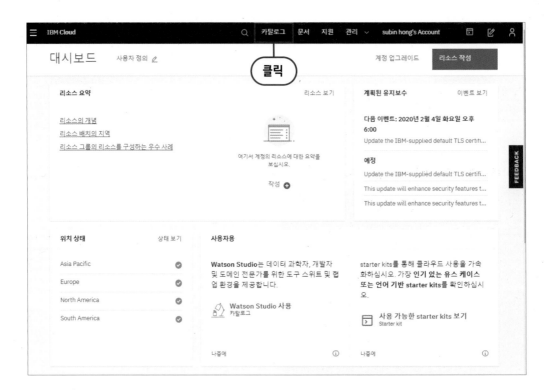

❹ 로그인하면 대시보드 페이지로 이동한다. 대시보드의 위쪽에 있는 [카탈로그]를 클릭한다.

⑤ 카탈로그는 IBM 클라우드에서 제공하는 여러 서비스를 제시해 놓은 곳이다. 우리는 두 가지 서비스가 필요한데, 먼저 [AI]의 [Watson Assistant]를 선택한다.

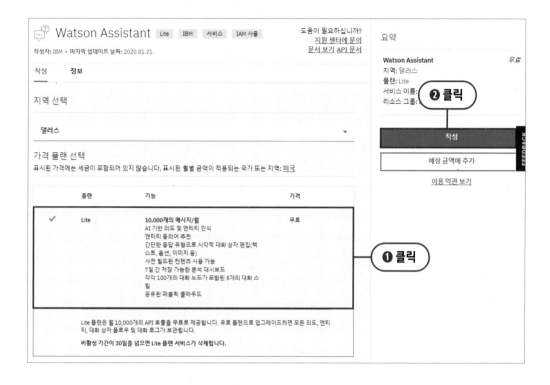

⑥ 가격 정책 페이지로 넘어가면 무료로 제공되는 [Lite] 플랜을 선택하고 [작성] 버튼을 클릭한다.

❼ 이미지 인식의 경우 API 키를 받은 방식이 조금 다르다. [서비스 인증 정보]의 [인증 정보 보기]를 클릭하고 위에 제시되는 글에서 키값('apikey' 다음에 나오는 숫자와 문자)을 찾아서 복사한 후 메모장에 저장한다.

❽ 이제 ML4KIDS로 이동해서 API를 등록하기 위해 [관리페이지로 이동]을 클릭한다.

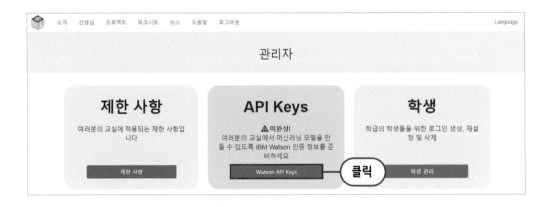

❾ 붉은색 바탕이 표시되는 부분에 있는 [Watson API Keys]를 클릭한다.

⑩ 메모장에 복사에 놓은 API키를 해당되는 곳에 붙여넣어 등록한다. 인증 절차가 완료되면 다음과 같이 텍스트를 이용할 수 있다.

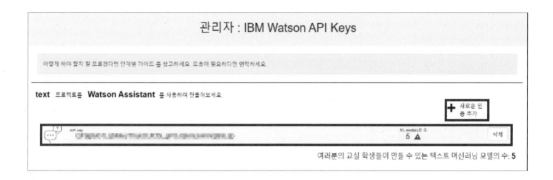

② ML4KIDS를 통해 지도학습 과정 살펴보기

ML4KIDS를 사용하여 '훈련', '학습&평가', '만들기'의 과정으로 지도학습을 체험해 보자.

나의 기분에 반응하는 캐릭터를 만들어 보자. 유쾌한 느낌의 말을 하면 같이 좋아해 주고, 부정적인 느낌의 말을 하면 칭찬해 주는 프로그램이다.

(1) 인공지능 모델 만들기

❶ [프로젝트]를 클릭한 후 [프로젝트 추가]를 클릭한다. '프로젝트 이름'은 영어로 입력해야 한다. 제목은 [Happy or Sad]로 정한다. '인식방법'은 [텍스트]를, '언어'는 여러 가지 선택지 중에 [Korean]을 선택한다.

❷ 프로젝트 이름을 클릭하고 훈련할 수 있는 데이트를 입력하기 위해 [훈련] 단계로 들어간다.

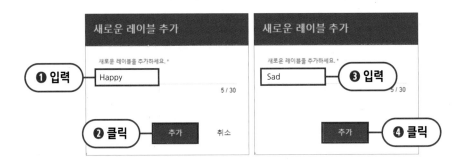

❸ [새로운 레이블 추가]를 클릭하고 'Happy'와 'Sad'로 레이블을 추가한다.

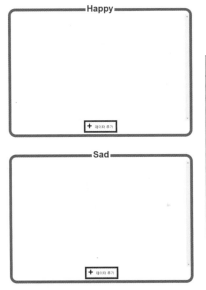

유쾌한 (긍정적인) 느낌			불쾌한 (부정적인) 느낌		
감동적인	짜릿한	설레는	걱정되는	안타까운	당황스러운
감사한	사랑하는	흐뭇한	의기소침한	겁나는	불안한
자랑스러운	고마운	충만한	난처한	창피한	슬픈
가슴 벅찬	기대되는	기쁜	의로운	허무한	혼란스러운
기운 나는	홀가분한	편안한	무기력한	피곤한	지친
즐거운	재미있는	상쾌한	놀란	초조한	우울한
흥미로운	반가운	활기찬	서운한	실망스러운	괴로운
뿌듯한	열정적인	만족스러운	지루한	서글픈	부끄러운
설레는	행복한	신나는	쓸쓸한	울적한	막막한
들뜬	당당한	평온한	절망스러운	묻한	허탈한
평화로운	친근한	안심되는	약 오르는	비참한	억울한

❹ 각 레이블에 [데이터 추가] 버튼을 클릭해서 레이블에 해당되는 감정 단어를 입력한다.

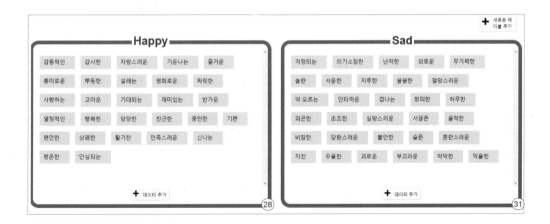

❺ 데이터를 충분히 입력했으면 [프로젝트로 돌아가기]를 클릭한 후 [학습 & 평가]로 들어간다.

❻ [새로운 머신 러닝 모델을 훈련시켜보세요.]를 클릭하고 기다리면 새로운 모델이 만들어지고 데이터를 입력해서 평가해 볼 수 있다.

여러분 교실 학생들의 머신러닝 모델이 완성되었으며, 다음을 인식할 수 있습니다:
Happy or Sad.

여러분이 인공지능 모델을 만든 시각: Monday, May 11, 2020 2:43 AM.

여러분 교실 친구들은 아래와 같이 데이터를 수집하였습니다:
- 28 examples of Happy,
- 31 examples of Sad

아래의 머신러닝 모델을 테스트 해보세요. 훈련에 사용한 예문에 포함시키지 않은 텍스트 예제를 입력하십시오. 이것이 어떻게 인식되는지, 어느 정도 정확한지 알려줍니다.

컴퓨터가 사물을 올바르게 인식하는 법을 배웠다면, 스크래치를 사용해서 컴퓨터가 배운 것을 게임에 사용해봅시다!

컴퓨터가 많은 실수를 한다면 훈련페이지로 가서 더 많은 예제 데이터를 모아봅시다.

일단 완료하면 아래의 버튼을 클릭하여 새로운 머신러닝 모델을 학습하고, 추가한 예제 데이터가 어떤 차이를 만드는지 확인해봅시다!

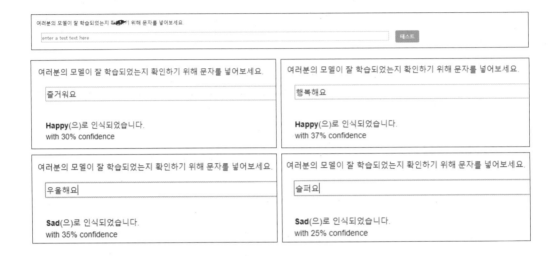

여러분의 모델이 잘 학습되었는지 확인하기 위해 문자를 넣어보세요.

즐거워요

Happy(으)로 인식되었습니다.
with 30% confidence

여러분의 모델이 잘 학습되었는지 확인하기 위해 문자를 넣어보세요.

행복해요

Happy(으)로 인식되었습니다.
with 37% confidence

여러분의 모델이 잘 학습되었는지 확인하기 위해 문자를 넣어보세요.

우울해요

Sad(으)로 인식되었습니다.
with 35% confidence

여러분의 모델이 잘 학습되었는지 확인하기 위해 문자를 넣어보세요.

슬퍼요

Sad(으)로 인식되었습니다.
with 25% confidence

---

❼ 감정을 표현하는 단어를 입력해서 인식 결과가 제대로 나온다면 [**프로젝트로 돌아가기**]를 클릭해서 [**만들기**]로 들어간다.

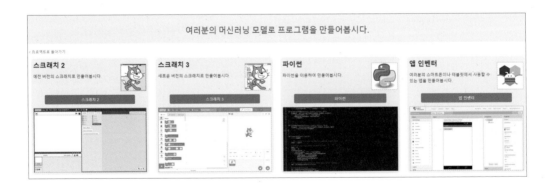

❽ 현재 ML4KIDS에서 사용할 수 있는 프로그래밍 언어인 '스크래치 2', '스크래치 3', '파이썬', '앱 인벤터'가 제시된다. 프로그래밍 경험이 없는 사용자들도 인공지능을 사용해 보는 것이 목표이기 때문에 블록형 언어 중 가장 대중적이고 최근에 개선된 '스크래치 3'를 사용할 것이다.

⑨ [스크래치 3 열기]를 클릭하여 스크래치를 실행한다.

(2) 프로그램 만들기

• 기분을 묻는 입력 창 만들기

[감지] 카테고리에서 'What's your name? 라고 묻고 기다리기' 블록을 가져와서 다음과
같이 바꿔준다.

- 기분 레이블 판단하기

[감지] 카테고리에서 '대답' 블록을 가지고 와서 [Happy or Sad] 카테고리에 있는 '텍스트 인식하기(레이블)' 블록에 넣는다.

- 레이블에 따라 다른 말 출력하기

[연산] 카테고리에서 비교 연산자를 가지고 와서 레이블이 'Happy'인지, 'Sad'인지 판단하고 출력하도록 [형태] 카테고리의 '몇 초 동안 말하기' 블록을 사용한다.

- 프로그램 실행하기

프로그램이 정상적으로 실행되는지 확인해 본다.

다양하게 입력해 보면서 프로그램을 사용해 본다.

▲ 녹색 깃발을 클릭했을 때

▲ '행복이상이야'라고 입력했을 때

▲ '슬픈일이있었어'라고 입력했을 때

▲ '울고싶어'라고 입력했을 때

색을 나타내는 표현 맞추기

색을 나타내는 표현을 입력받아 빨강, 노랑, 파랑 중 어느 색을 가리키는 표현인지 알아맞히는 프로그램을 만들어 보자.

학습 데이터 형식	텍스트, 색을 나타내는 표현
활동	• 색깔을 나타내는 낱말을 학습한 모델 만들기 • 학습 모델을 활용한 프로그램 만들기
목표	빨강, 노랑, 파랑과 관련된 색채어를 학습시켜서 이를 맞히는 프로그램을 만들 수 있다.
준비물	색을 나타내는 다양한 표현, 왓슨 어시스턴트(Watson Assistant) 사용이 가능한 계정
유의 사항	• 우리말의 다양한 색채어를 학습시키고 학습되지 않은 표현을 입력했을 때 어떤 결과가 나오는지 확인한다. • 출력된 결과가 실제와 다를 수 있다.

 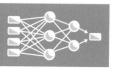

Intro

무지개와 색

　무지개 색을 말하라고 하면 '빨강, 주황, 노랑, 초록, 파랑, 남색, 보라', 이렇게 일곱 가지 색을 꼽을 것이다. 오늘날 무지개 색은 보편적으로 일곱 가지 색으로 받아들여지나, 무지개를 보면 일곱 가지 색의 경계가 명확하지 않다. 실제로 무지개의 색을 134~207색까지 구분할 수 있다고 한다. 무지개 색을 일곱 가지 색으로 기준을 만든 사람은 바로 뉴턴(Newton)이다. 뉴턴이 프리즘을 통해 빛을 분리했고 '빨강, 주황, 노랑, 초록, 파랑, 남색, 보라'로 표현한 것에서 시작되었다. 뉴턴이 무지개를 일곱 가지로 표현한 것에 대해서는 여러 가지 가설이 있다. 그중 하나는 성경에서 7은 완전수에 성스러운 숫자로 보는데, 당시 유럽은 절대적인 기독교의 영향 아래에 있었기 때문이라는 것이다. 7음계나 당시 태양계 별의 수(태양, 달, 화성, 수성, 목성, 금성, 토성)도 기독교의 영향을 받았다고 할 수 있다.

　뉴턴의 일곱 가지 색 무지개가 기독교의 영향을 받았듯이 무지개 색을 정하는 기준은 문화권마다 다르다. 예를 들어 우리나라를 비롯한 동양권에서는 예로부터 '오색 무지개'라는 표현을 사용해왔다. 무지개를 다섯 가지 색으로 본 것이다. 이는 '음양오행'과 관련지어 볼 수 있다. 여러 가지 색을 만들어낼 수 있는 기본색을 다섯 가지로 보았다. 동양에서의 오색은 기본색인 동시에 모든 색이기도 하다. 이와 관련하여 '오색찬란', '오색영롱' 등은 단순히 다섯 가지의 색을 의미하는 것이 아니라 여러가지 색을 의미한다.

▲ 출처: 픽사베이(pixabay.com)

이 외에도 영미권에서는 무지개를 여섯 가지 색으로 보고 있으며, 아프리카에서는 두세 가지의 색으로 보기도 한다. 이처럼 문화는 현상을 바라보는 관점에 영향을 미치며, 같은 현상을 보고도 기저 문화에 따라 다르게 받아들일 수 있다.

⚙️ 한국어와 색채어

색은 앞에서 살펴보았듯이 경계가 명확한 개념이 아닌 연속적인 개념이다. 어떤 특정 색채 어휘를 어느 범위까지로 영역을 정해줄지는 절대적으로 문화권의 영향을 받는다. 예를 들어 우리는 흔히 신호등의 초록불을 '파란불'이라고 표현한다. 한국어 화자에게는 초록불과 파란불 모두 자연스러울 것이다. 하지만 한자어로 표현할 경우 청색불이 아닌 녹색불이라고 표현하는 것이 자연스럽다. 뿐만 아니라 '푸르다'라는 표현도 의미가 비슷하다. 청색 계열의 하늘과 바다도 푸른색으로 표현하며 녹색 계열의 산과 들판도 '푸르다'고 표현한다. 이는 한국의 기본색인 오방색과 관련지어 설명할 수 있을 것이다.

이렇게 색의 개념은 어휘에도 영향을 미친다. 다른 언어와 비교했을 때 한국어의 특징 중 한 가지는 색채어가 발달했다는 것이다. 한국어의 기본 색채어는 '검다', '희다', '붉다', '푸르다', '누르다'로 볼 수 있다. 여기에 다양한 접미사와 접두사가 붙어 다채로운 색채어를 만들어낸다.

예를 들어 붉은색 계열의 '빨갛다'와 '뻘겋다', 푸른색 계열의 '파랗다'와 '퍼렇다', 누런색 계열의 '노랗다'와 '누렇다'는 밝고 맑은 느낌과 어둡고 탁한 느낌을 나타낸다. 그리고 여기에 접두사인 '샛(싯)'과 결합할 경우 해당하는 색의 느낌을 더욱 강하게 나타낸다.

그 외에도 '-(으)스름하-', '-께하-', '-끔하-', '-(으)무레하-', '-칙칙하-', '-잡잡하-', '-죽죽하-' 등과 결합하여 조금씩 다른 느낌의 색을 표현할 수 있다.

청	동	목	청룡	봄
적	남	화	주작	여름
황	중앙	토	황웅	
백	서	금	백호	가을
흑	북	수	현무	겨울

▲ 오방색과 관련된 것들

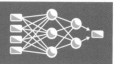
데이터 마이닝

앞에서 살펴봤듯이 우리말의 색깔 표현은 정말 다양하다. 우리가 떠올릴 수 있는 색채어들이 이번 프로젝트에서 중요한 학습 데이터가 될 것이다. 몇 가지를 떠올려보면 오른쪽 표와 같고 색채어들은 빨강, 파랑, 노랑 계열로 미리 구분해서 정리했다.

빨갛다	파랗다	노랗다
시뻘겋다	파릇파릇하다	누르스레하다
발그레하다	파래지다	노르무레하다
불긋불긋하다	파르께하다	노릇하다
벌겋다	파르무레하다	감노랗다
불그죽죽하다	파릇하다	검누렇다
벌그데데하다	푸르퉁퉁하다	누르무레하다
새빨갛다	코발트색이다	호박빛이다
빨긋빨긋하다	사파이어색이다	겨자색이다
빨그스름하다	쪽빛이다	누르퉁퉁하다
발그우리하다	새파랗다	누릇하다
벌거우리하다	파르스름하다	노래지다
장밋빛이다	푸르다	누르디누르다
붉다	감파랗다	누렇다
핏빛이다	검파랗다	샛노랗다
발갛다	짙푸르다	싯누렇다
붉디붉다	파르족족하다	노르께하다
발그스레하다	푸르스름하다	누르께하다
벌그스레하다	퍼르죽죽하다	노르끼하다
불그스레하다	퍼렇다	누리끼하다
검붉다	푸르죽죽하다	노르스름하다
발그무레하다	시퍼렇다	누르스름하다
희붉다	퍼릇하다	누레지다
희불그레하다	하늘빛이다	노르스레하다
배뚝발긋하다	바닷빛이다	노릇노릇하다
뻘겋다	푸르디푸르다	희누렇다

▲ 빨강, 파랑, 노랑 계열의 색채어

 1. 왜 빨강, 파랑, 노랑을 기준으로 잡을까?

세 가지 색을 정한다면 빛의 삼원색(빨강, 초록, 파랑) 혹은 색의 삼원색(사이언(Cyan), 마젠타(Magenta), 노랑(Yellow))을 떠올릴 수 있을 것이다. 빛의 삼원색은 한국 색채어의 특성상 초록과 파랑의 경계가 명확하지 않다. 따라서 오방색과 유사한 빨강, 파랑, 노랑으로 정했다.

2. 어떤 기준으로 색채어를 선정했나?

기본적인 데이터는 사전에 수록된 단어를 기준으로 한다. 학습 데이터를 시험해 보면서 색채어에 대한 예측과 ML4KIDS의 결과가 다르다면, 왜 그 단어에 대해 특정 색의 느낌을 갖게 되었는지를 생각하며 연결고리가 된 단어를 떠올려 단어를 추가할 수 있다.

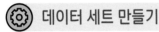 데이터 세트 만들기

이제 색채어 데이터를 입력해서 학습 데이터 세트를 만들어 보자. 이를 위해 새로운 프로젝트와 레이블을 만들어 주어야 한다.

① 새로운 머신러닝 프로젝트를 시작하기 위해 [프로젝트 추가]를 클릭한다.

② '프로젝트 이름'은 색깔과 관련된 프로젝트의 특성이 나타나게 [Color]로 정한다.
③ 색채어는 텍스트 데이터이므로 '인식방법'은 [텍스트]를, 언어는 [Korean]을 선택한다.
④ 모든 설정이 완료되면 [만들기]를 클릭한다.

⑤ 새롭게 만든 'Color' 프로젝트를 선택한 후 [훈련]을 클릭한다.

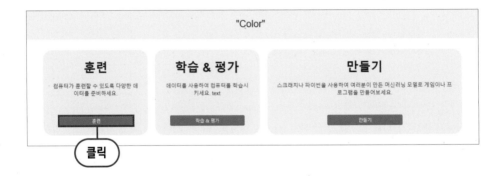

⑥ 데이터를 입력할 레이블을 만든다. **[새로운 레이블 추가]**를 클릭해서 'Red', 'Blue'와 'Yellow', 3개의 레이블을 만든다.

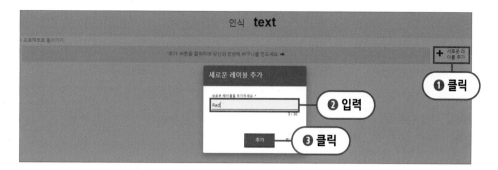

⑦ 3개의 레이블을 추가한 후 앞서 찾은 색채어 데이터를 참고하여 각 레이블에 데이터를 입력한다.

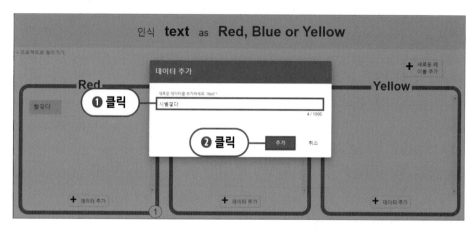

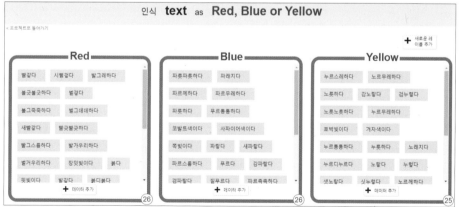

⚙️ 데이터 학습과 평가

① **[프로젝트로 돌아가기]**를 클릭하고 **[학습&평가]**를 클릭한다.

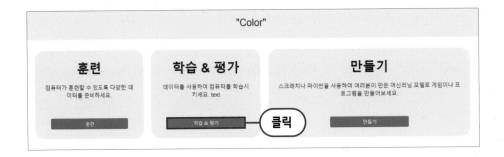

❷ [새로운 머신러닝 모델을 훈련시켜보세요.]를 클릭하여 학습 데이터를 훈련시킨다.

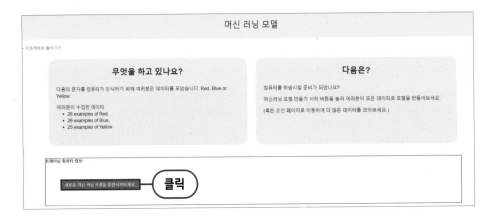

❸ 훈련이 완료되면 텍스트를 입력해서 확인할 수 있다.

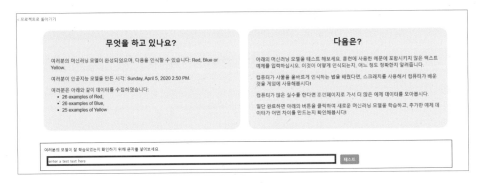

❹ 텍스트를 넣어 테스트해보면 어떤 레이블에 속하는지와 백분율로 표시되는 정확도(Confidence)를 확인할 수 있다. 테스트를 할 때 입력한 학습 데이터와 약간 다른 표현을 입력해 보자. 내가 '빨강', '노랑', '파랑'과 관련된 표현을 만들어 보고 나의 생각과 인공지능의 판단이 일치하는지 확인해 보자. 만약 일치하지 않는다면 다시 훈련으로 되돌아가서 데이터를 추가 입력하여 정확도를 높일 수 있다.

인공지능 프로그래밍

프로그램 Preview

우리가 만들 프로그램이 어떻게 구성되어 있는지 살펴보고 제작 계획을 세워보자.

1 무대와 스프라이트

무대	원하는 이미지를 선택한다.
Fairy	프로그램이 시작되면 질문을 한다.
Arrow	입력된 표현에 해당하는 색깔을 가리킨다.
룰렛	인터넷에서 룰렛 이미지를 다운로드해서 사용한다.

2 핵심 알고리즘 살펴보기

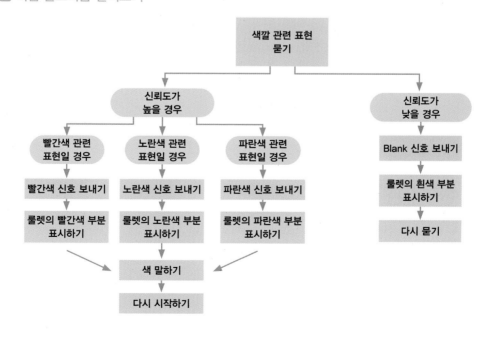

각 스프라이트와 배경에 어떤 명령어들이 들어가 있는지 확인해 보자.

● 'Fairy' 스프라이트

● 'Arrow' 스프라이트

이 스프라이트를 클릭했을 때
　start ▾ 신호 보내기
　　0 도 방향 보기

Red ▾ 신호를 받았을 때
　1 부터 10 사이의 난수 × 8 + 7 번 반복하기
　방향으로 22.5 도 회전하기
　Result ▾ 신호 보내기

Blue ▾ 신호를 받았을 때
　1 부터 10 사이의 난수 × 8 + 1 번 반복하기
　방향으로 22.5 도 회전하기
　Result ▾ 신호 보내기

Yellow ▾ 신호를 받았을 때
　1 부터 10 사이의 난수 × 8 + 5 번 반복하기
　방향으로 22.5 도 회전하기
　Result ▾ 신호 보내기

Blank ▾ 신호를 받았을 때
　1 부터 10 사이의 난수 × 8 + 3 번 반복하기
　방향으로 22.5 도 회전하기
　R-Blank ▾ 신호 보내기

⚙ 프로그래밍 준비하기

1 모델 불러오기

학습이 완료된 모델을 가지고 와서 프로그래밍에 활용한다.

❶ 먼저 'Color' 프로젝트를 선택한 후 **[만들기]**를 클릭한다.

"Color"

훈련
컴퓨터가 훈련할 수 있도록 다양한 데이터를 준비하세요.
[훈련]

학습 & 평가
데이터를 사용하여 컴퓨터를 학습시키세요. text
[학습 & 평가]

만들기
스크래치나 파이썬을 사용하여 여러분이 만든 머신러닝 모델로 게임이나 프로그램을 만들어보세요.
[만들기] — 클릭

2 스크래치 3에서 머신러닝 사용하기

❶ [스크래치 3]를 클릭한 후 [스크래치 3 열기]를 클릭한다.

❷ 스크래치 3 페이지가 열리면 'Color' 모델이 적용된 블록들을 확인할 수 있다.

❶ 'text' 칸에 이미지를 입력하면 'Color' 모
델에서 어떤 종류의 색인지 알려준다.

❷ 'Color' 모델에서 text를 인식한 정확도를
알려준다.

❸ 학습시킨 세 가지 색의 레이블

❹ 새로운 데이터를 원하는 레이블에 추가로
입력할 수 있다.

❺ 추가된 훈련 데이터를 바탕으로 만들어진
머신러닝 모델을 학습한다.

❻ 머신러닝 모델이 훈련 완료되어 사용 가능
한지 확인한다.

스프라이트 불러오기

'색채어 학습 프로그램' 모델을 모두 확인했으면 스프라이트를 불러온다. 기존 스프라이트는 삭제하고 'arrow'와 'fairy' 스프라이트를 불러온다. 룰렛 스프라이트는 별도로 업로드한다.

P 1

Tip 'www.thenounproject.com'에서는 다양한 아이콘들을 제공하므로 'roulette' 이미지를 찾아 다운로드하여 사용할 수 있다.

---

① 오른쪽 아래의 [스프라이트 업로드하기]를 클릭한 후 다운로드한 룰렛 이미지를 업로드한다.

② 스프라이트의 크기는 '100'으로 설정하고 위치는 'x: 70', 'y: −20'으로 이동시킨다.

③ [모양] 탭에서 [채우기 색]을 바꾼 후 스프라이트를 다음과 같이 색을 채워준다.

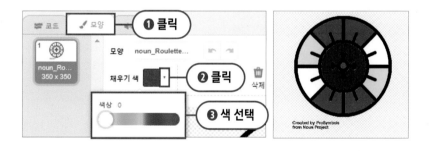

④ 오른쪽 아래의 [스프라이트 고르기]를 클릭한 후 [모두]에서 [Arrow1]을 선택한다.

⑤ 스프라이트의 크기는 '200'으로 설정하고 위치는 'x: 70', 'y: 10'으로 이동시킨다.

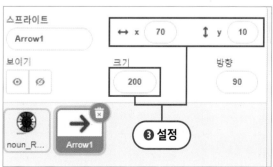

⑥ 왼쪽 위의 [모양] 탭을 선택하여 중심점을 화살표 끝으로 바꾼다.

⑦ [스프라이트 고르기]를 클릭한 후, [판타지]에서 [Fairy]를 선택한다. 스프라이트의 크기는 '100'으로 설정하고 위치는 'x: −150', 'y: 30'으로 이동시킨다.

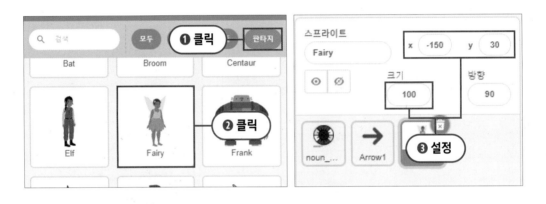

4 배경 불러오기

① 오른쪽 아래의 [배경 고르기]를 클릭하여 [실외]에 있는 [Wall 1] 배경을 불러온다.

5 신호 만들기

① [이벤트]에서 [새로운 메시지]를 클릭하여 새로운 신호를 만든다. 새로운 신호의 이름은 [Start], [Red], [Blue], [Yellow], [Blank], [Result], [R-Blank]로,총 7개의 신호를 만든다.

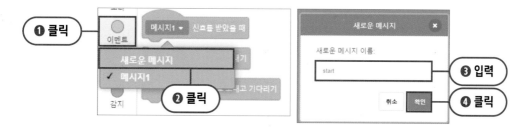

⚙️ 프로그래밍하기

1 Fairy 코딩하기

● 시작 안내하기

① 이벤트를 시작하면 "안녕하세요?"라고 인사한다.
② "화살표를 눌러주세요"라고 말한다.

● 'Arrow1'로부터 'start' 신호를 받은 경우

'start' 신호를 받았을 때
① "어떤 표현이 궁금한가요?"라고 묻고 대답을 기다린다.
② 대답의 정확도가 20을 넘고 대답이 'Red'일 경우라면 'Arrow'에 'Red' 신호를 보낸다.
③ 대답의 정확도가 20을 넘고 대답이 'Yellow'일 경우라면 'Arrow'에 'Yellow' 신호를 보낸다.
④ 대답의 정확도가 20을 넘고 대답이 'Blue'일 경우라면 'Arrow'에 'Blue' 신호를 보낸다.
⑤ 대답의 정확도가 20 이하이면 'Arrow'에 'Blank' 신호를 보낸다.

● Arrow로부터 'Result' 신호를 받은 경우

Result 신호를 받았을 때
❶ '대답의 레이블'을 한국어로 번역한 후, '색입니다'와 결합하여 3초간 말한다.
❷ '화살표를 눌러주세요~'라고 2초간 말한다.

● Arrow로부터 'R–Blank' 신호를 받은 경우

'R–Blank' 신호를 받았을 경우
❶ '다른표현을 말해주세요!'를 2초 동안 말한다.
❷ '화살표를 눌러주세요~'를 2초 동안 말한다.

2 Arrow1 코딩하기

'Arrow1' 스프라이트를 클릭하였을 때
❶ 'Fairy'에 'start' 신호를 보낸다.
❷ 방향을 0도로 움직인다.

'Fairy'로부터 'Blue' 신호를 받았을 때
❶ 180(22.5 * 8번)도를 무작위수만큼 회전한 후 22.5를 더 회전한다.
❷ 회전이 멈추면 'Result' 신호를 'Fairy'에 보낸다.

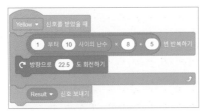

'Fairy'로부터 'Yellow' 신호를 받았을 때
❶ 180(22.5 * 8번)도를 무작위수만큼 회전한 후 112.5를 더 회전한다.
❷ 회전이 멈추면 'Result' 신호를 'Fairy'에 보낸다.

'Fairy'로부터 'Red' 신호를 받았을 때
❶ 180(22.5 * 8번)도를 무작위수만큼 회전한 후 157.5를 더 회전한다.
❸ 회전이 멈추면 'Result' 신호를 'Fairy'에 보낸다.

'Fairy'로부터 'Red' 신호를 받았을 때

① 180(22.5 * 8번)도를 무작위수만큼 회전 한 후 157.5를 더 회전한다.

② 회전이 멈추면 'Result' 신호를 'Fairy'에 보낸다.

 화살표는 얼마만큼 움직여야 할까?

① 한 칸의 가운데를 가리키려면 얼마나 움직여야 할까?
- 원을 8칸으로 나눴으므로 한 칸의 크기는 45°이다.
- 칸의 중앙을 가리키려면 $45° \times n + 22.5°$이다.
- $22.5° \times 2n + 22.5° = 22.5 \times (2n + 1)$

② 각 칸의 회전각은 얼마일까?
- 파랑: $22.5°$, $202.5(180 + 22.5)°$
- 흰색: $67.5(22.5 \times 3)°$, $247.5(180 + 22.5 \times 3)°$
- 노랑: $112.5(22.5 \times 5)°$, $292.5(180 + 22.5 \times 5)°$
- 빨강: $157.5(22.5 \times 7)°$, $337.5(180 + 22.5 \times 7)°$

프로그램 사용해 보기

이번 프로젝트에서 만든 '색깔 학습 프로그램'은 세 가지 색깔만 구별해 주었다. 세 가지 색 외에도 '검다'와 '희다'를 추가하여 오방색을 구별하는 프로그램을 만들 수 있다.

검다	희다
까맣다	하얗다
새까맣다	새하얗다
꺼멓다	허옇다
시꺼멓다	시허옇다
거무죽죽하다	희끄무레하다
거무튀튀하다	하야말갛다
거뭇거뭇하다	희끗희끗하나
거무스름하다	하얗디하얗다
까매지다	보얗다
검디검다	뽀얗다
가맣다	부허옇다
거멓다	허여스름하다
가무스름하다	희디희다
꺼무스름하다	해끔하다
까무스름하다	희끔하다
가무레하다	해읍스레하다
가뭇하다	해읍스름하다
가무잡잡하다	
거무잡잡하다	
까무잡잡하다	
꺼무잡잡하다	
거무충충하다	
까무충충하다	
꺼무충충하다	
가무칙칙하다	
까무칙칙하다	

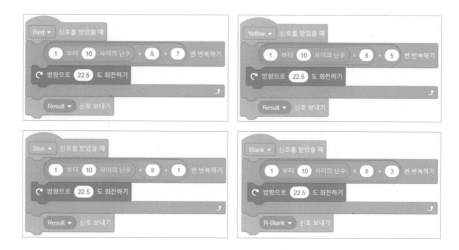

생각 확인하기

01 '색깔 학습 프로그램'에서 파란색 표현을 입력했을 때 회전한 각도로 알맞은 것은?

① 157.5 ② 247.5 ③ 382.5 ④ 472.5 ⑤ 517.5

02 빨강, 파랑, 노랑과 관련 없는 표현의 경우 특정 레이블로 표현된다. 이 경우 오차를 줄이기 위해 어떻게 설계하면 좋을지 생각해 보자.

Project **2**

인기 드라마의
제목 만들기

드라마 제목을 입력받아 드라마의 성공 여부를 예측하는 프로그램을 만들어 보자.

학습 데이터 형식	텍스트, 드라마 제목
활동	• 성공한 드라마 제목을 학습시켜서 인기 드라마의 제목을 판별하는 모델 만들기 • 학습 모델을 활용한 프로그램 만들기
목표	성공한 드라마 제목과 실패한 드라마 제목을 학습시켜서 모델을 만들고 인기 드라마 제목 판별기를 만들어 본다.
준비물	드라마 시청률 자료, 왓슨 어시스턴트(Watson Assistant) 사용이 가능한 계정
유의 사항	단순히 시청률을 기준으로 한 것이기 때문에 정확하지 않을 수 있다.

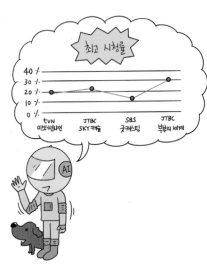

Intro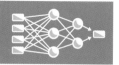

드라마 제목과 드라마

    드라마 등의 성패를 좌우하는 요소는 시나리오, 배우, 방영 시간대 등 매우 다양하다. 드라마의 성공 요인 혹은 실패 요인을 살펴보면 실질적으로는 여러 가지 요소의 복합적인 결과 때문이다. 따라서 드라마가 성공한 직접적인 원인은 드라마마다 다를 것이며, 실패한 요인도 그럴 것이다. 오히려 드라마가 성공하거나 실패한 요인이 제목 때문이라고 보는 것은 지나친 비약이다. 그럼에도 불구하고 공공연하게 드라마 제목과 드라마 성공을 연결지어 생각하는 경우가 많다.

제목을 보면 드라마 성패 보인다?…'흥행의 법칙'
SBS   2010.10.20.   네이버뉴스
최근 방영 중인 **드라마**를 살펴보면 제목에 따라 성공과 실패가 엇갈리는 경우를 발견할 수 있는데요.… 이렇다보니 **제목**은 **드라마**의 **성패**를 결정짓는 중요한 요소로 자리잡고 있는데요. 물론 탄탄한 구성의 대본과…
└ 제목을 보면 드라마 성패 보인다?… SBS(text)   2010.10.20.   네이버뉴스

MBC '주홍글씨', '대박 제목' 전통 이을까
연합뉴스   2010.08.08.   네이버뉴스
김정호 CP(책임 프로듀서)는 "다섯글자 **제목**의 드라마가 **전통**적으로 잘 된 것은 사실이지만 **제목**을 짓는 데 이런 부분을 신경쓰지는 않았다"면서도 "그동안 색깔이 들어간 **제목**의 성적이 괜찮았던 만큼 이번에도 좋은…

제목이 통해야 대박 난다 서울신문 25면 TOP 2018.04.20. 네이버뉴스
남녀가 친해지는 계기가 되는 '밥 사준다'는 말의 중의적 뉘앙스와 두 주인공의 **캐릭터**를 함축적으로… 위트가 **있다**고 생각했다"며 **제목**에 얽힌 뒷얘기를 소개했다. **드라마**는 지난 14일 방송 6회 만에 지상파 포함…

'최고다 이순신' 논란을 통해 본 **드라마** 제목의 중요성 미디어스 2013.03.11.
않는다면 **제목** 변경이라는 강수를 둬서라도 시청자의 지적과 비판을 겸허히 수용해야 하는 모습을 보여야 한다. 그렇지 않다면 제 아무리 극중 **캐릭터** 이순신이 **성공**해서 최고가 된다하더라도 이 **드라마**는 끝내 최고가 될…

[XP초점] 성공한 드라마 제목에는 캐릭터가 있다
엑스포츠뉴스   2016.03.04.   네이버뉴스
어려운 **제목**보다는 익숙해지기 쉽고 기억하기 쉽다. 다른 **드라마**보다 인물에 대한 집중도를 높이고 호기심을 자극한다. 줄거리를 미리 엿볼 수 있는 장점도 **있다**. '제빵왕 김탁구'의 경우 김탁구가 제빵왕으로 **성공한**…

그렇다면 왜 제목에 주목할까? 드라마의 첫인상은 제목이 결정짓는다. 제목이 드라마의 흥행을 보증할 수는 없지만, 드라마 초기에 시청자의 흥미와 관심을 끌 수 있다. 따라서 흥미와 관심을 불러일으키는 제목으로 시작 전부터 기대감을 불러일으키는 드라마도 있고, 불쾌감을 주어 논란이 되는 드라마도 있다.

물론 좋은 드라마 제목이란, 드라마의 내용과 분위기를 잘 담아내야 함은 기본일 것이다. 드라마 흥행과 관련해서 '글자 수가 홀수여야 한다.', '인물의 이름이 들어가야 한다.' 등 여러 가지 속설이 있지만 증명하는 것이 쉽지 않다. 우선 드라마의 제목 법칙도 글자 수, 사용되는 어휘 등 여러 가지 요소들이 들어가 있다. 또한 드라마 제목의 효과를 살펴보려면 비슷한 완성도의 시나리오, 같은 시기, 비슷한 인지도의 배우 등 다른 요소들을 통제하면 정확한 결과를 알아볼 수 있겠으나 실질적으로 불가능한 일이다.

그렇지만 드라마의 다른 요소들이 같다고 보았을 때 좋은 제목은 흥행에 영향을 미칠 수 있을 것이다. 데이터와 인공지능 모델을 활용하여 명확한 법칙을 밝힐 수는 없으나, 다른 요소는 배제하고 제목을 추천하려고 한다.

⚙️ 드라마의 성패

어떤 드라마가 성공한 드라마일까?

드라마의 성공을 판별할 수 있는 기준에는 시청률과 화제성을 함께 고려해 볼 수 있다. 시청률이란, 주어진 시간 동안 모집단 전체에서 TV를 시청하는 가구나 사람들을 백분율로 나타내는 것을 말한다. 화제성 분석은 본 방송 이후 VOD, 재방송 등 여러 수단을 통하여 시간차를 두고 이 방송을 본 시청자의 반응까지 살피는 것으로, TV뿐만 아니라 다양한 수단을 통해 콘텐츠를 접하는 사람들의 의견까지 수집 분석하기 위한 것이다. 보통 화제성 조사는 본 방송 직후 다음 편이 방송되는 일주일 간의 누적된 결과를 분석한다.

화제성을 몰고 온 드라마의 경우 대부분 시청률도 높게 나오는 경우가 많지만, 몇몇 드라마는 화제성을 갖고 있어도 높은 시청률로 이어지지 않는 경우도 있다. 화제성의 경우 비교적 최근의 데이터만 수집하는 데 적합하고 화제성이 PR에 의해 좌우되는 경우를 판별하기 어려우므로 시청률을 기준으로 데이터를 분석하려고 한다.

인공지능 모델 만들기

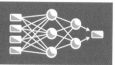

⚙️ 데이터 마이닝

최근 4년간 시청률을 기준으로 성공한 드라마 제목을 뽑아봤다. 얼핏 보기에 특별한 규칙성이 보이지 않지만, 이번 프로젝트에 중요한 데이터가 될 수 있을 것이다.

⁘ 2019년 드라마 최고 시청률

지상파 드라마			케이블 종편 드라마		
순위	드라마 제목	시청률(%)	순위	드라마 제목	시청률(%)
1	동백꽃 필 무렵	23.8	1	SKY 캐슬	23.8
2	왜 그래 풍상씨	22.7	2	호텔 델루나	12.0
3	열혈사제	22.0	3	왕이 된 남자	10.9
4	황후의 품격	17.9	4	남자친구	10.3
5	닥터 프리즈너	15.8	5	알함브라 궁전의 추억	10.0
⋮	⋮	⋮	⋮	⋮	⋮
33	봄이 오나 봄	4.3	56	평일 오후 세 시의 연인들	2.1
34	어쩌다 발견한 하루	4.1	57	조선생존기	1.7
35	너의 노래를 들려줘	4.0	58	레벨업	1.4
35	하자있는 인간들	4.0	59	달리는 조사관	1.3
37	절대그이	3.5	59	최고의 치킨	1.3

⁘ 2018년 드라마 최고 시청률

지상파 드라마			케이블 종편 드라마		
순위	드라마 제목	시청률(%)	순위	드라마 제목	시청률(%)
1	리턴	17.4	1	미스터 션샤인	18.1
2	흑기사	13.9	2	백일의 낭군님	14.4
3	우리가 만난 기적	13.1	3	슬기로운 감빵 생활	11.2
4	키스 먼저 할까요?	12.5	4	무법 변호사	8.9
5	서른이지만 열일곱입니다	11.0	5	김비서가 왜 그럴까	8.7
⋮	⋮	⋮	⋮	⋮	⋮
30	사생결단 로맨스	4.1	44	시를 잊은 그대에게	1.4
31	배드파파	4.0	45	커피야 부탁해	0.6
32	죽어도 좋아	4.0	45	열두 밤	0.6
33	위대한 유혹자	3.6	47	그 남자 오수	0.4
34	땜뽀걸즈	3.5	47	애간장	0.4

2017년 드라마 최고 시청률

지상파 드라마			케이블 종편 드라마		
순위	드라마 제목	시청률(%)	순위	드라마 제목	시청률(%)
1	피고인	28.3	1	도깨비	20.5
2	귓속말	20.3	2	품위 있는 그녀	12.1
3	김과장	18.4	3	힘쎈 여자 도봉순	9.7
4	사임당 빛의 일기	16.3	4	비밀의 숲	7.1
5	군주−가면의 주인	14.9	5	명불허전	6.9
⋮	⋮	⋮	⋮	⋮	⋮
30	최고의 한방	5.5	44	시카고 타자기	2.8
31	란제리 소녀시대	4.8	45	더 패키지	2.4
32	보그맘	4.6	45	듀얼	2.2
33	20세기 소년 소녀	4.3	47	그녀는 거짓말을 너무 사랑해	1.8
34	맨홀−이상한 나라의 필	3.1	47	애타는 로맨스	0.5

2016년 드라마 최고 시청률

지상파 드라마			케이블 종편 드라마		
순위	드라마 제목	시청률(%)	순위	드라마 제목	시청률(%)
1	태양의 후예	38.8	1	응답하라 1988	18.8
2	낭만닥터 김사부	27.6	2	시그널	12.5
3	구르미 그린 달빛	23.3	3	또 오해영	10.0
4	닥터스	21.3	4	디어마이프렌즈	8.1
5	리멤버	20.3	5	치즈 인더트랩	7.1
⋮	⋮	⋮	⋮	⋮	⋮
30	한 번 더 해피엔딩	6.9	⋮	안투라지	2.3
31	돌아와요 아저씨	7.6	⋮	동네의 영웅	1.8
32	역도요정 김복주	5.4	⋮	솔로몬의 위증	1.7
33	무림학교	5.1	⋮	뱀파이어 탐정	1.3
34	뷰티풀 마인드	4.7	⋮	마담 앙트완	1.1

역대 최고/최저 시청률 순위(2015년 이전)

역대 최고 시청률 순위			역대 최저 시청률 순위		
순위	드라마 제목	시청률(%)	순위	드라마 제목	시청률(%)
1	첫사랑	65.8	1	바보 같은 사랑	1.8
2	사랑이 뭐길래	64.9	2	사육신	1.9
3	모래시계	64.5	3	내 마음 반짝반짝	2.0
4	허준	63.7	4	태양은 가득히	2.2
5	젊은이의 양지	62.7	5	발칙하게 고고	2.2
6	그대 그리고 나	62.4	6	가을소나기	2.3
7	아들과 딸	61.1	7	나는 그녀가 좋다	2.7
8	태조 왕건	60.2	8	성난 얼굴로 돌아보라	2.7
9	여명의 눈동자	58.4	9	도둑의 딸	2.7
10	대장금	57.8	10	천국보다 낯선	3.2

지상파 드라마			역대 최저 시청률 순위		
순위	드라마 제목	시청률(%)	순위	드라마 제목	시청률(%)
11	파리의 연인	57.6	11	불한당	3.3
12	보고 또 보고	57.3	12	드림	3.3
13	진실	56.5	13	90일 사랑할 시간	3.4
14	질투	56.1	14	장난스런 키스	3.4
15	바람은 불어도	55.8	15	얼렁뚱땅 흥신소	3.7
16	목욕탕집 남자들	53.4	16	아직도 결혼하고 싶은 여자	4.2
17	청춘의 덫	53.1	17	맨 땅에 헤딩	4.3
18	국희	53.1	18	히어로	4.5
19	토마토	52.7	19	꽃 찾으러 왔단다	4.7
20	엠(M)	52.2	20	구름 계단	4.9
21	폭풍의 계절	52.1			
22	주몽	51.9			
23	야인시대	51.8			
24	엄마의 바다	51.6			
25	제빵왕 김탁구	50.8			
26	내 이름은 김삼순	50.0			

▲ 출처: 닐슨코리아 제공

Tip

· 최고 시청률
특정 프로그램의 방영 중 가장 높게 나온 분당 시청률을 말한다.

· 평균 시청률
프로그램의 방영 중 나온 시청률의 평균값을 말한다.

· 애국가 시청률
저조한 시청률을 보이는 현상을 '애국가 시청률'이라고 한다. 정규방송의 시작 전과 종료 후에 애국가가 방영되는데, 이 경우 애국가를 보기 위해 틀었다기보다는 방송을 기다리며, 혹은 방송 종료 뒤까지 켜져 있다고 보는 것이 적합하다. 이와 같이 특정 프로그램의 시청의 목적이 아니라 켜져 있는 상태를 비유하여 '애국가 시청률'이라고 한다. 보통 '애국가 시청률'이라고 하는 경우는 4% 정도일 때를 말한다.

2010년 이전의 경우 시청률이 50%에 육박하는 프로그램들이 종종 등장하였으나, 최근에는 그런 현상을 보기 어렵다. 20%만 넘겨도 흥행에 성공했다고 볼 수 있다. 이러한 현상의 첫 번째 원인으로는 종합편성 채널의 등장으로 시청자의 채널 선택권이 다양해졌기 때문에 여러 채널에 분산되어 한 채널에 높은 시청률이 나오기 어렵다. 두 번째 원인으로는 사람들이 즐길 수 있는 오락거리가 다양화되어 TV 시청률이 전반적으로 낮아졌기 때문이다.

따라서 낮은 시청률의 기준이던 4%도 변해야 하며, 높은 시청률의 기준도 과거와 지금을 동일하게 보아서는 안 된다. 또한 우리가 익숙하게 접해왔던 지상파 채널과 새로 생겨난 종합편성 채널은 분명 접근성에서 차이가 날 것이다. 따라서 같은 기준으로 바라보기에는 무리가 있으므로 시청률을 살펴볼 때 다음과 같은 것들을 고려해야 한다.

➡ 드라마의 시청률의 수치를 어떤 기준으로 '높다' 혹은 '낮다'라고 표현할 수 있을까?

➡ 지상파의 시청률 기준과 종합편성 채널의 시청률 기준을 어떻게 정하면 좋을까?

⚙ 데이터 세트 만들기

이제 드라마 제목 데이터를 입력해서 학습 데이터 세트를 만들어 보자. 이를 위해 새로운 프로젝트와 레이블을 만들어 주어야 한다.

❶ 새로운 머신러닝 프로젝트를 시작하기 위해 [**프로젝트 추가**]를 클릭한다.

❷ '프로젝트 이름'은 드라마 제목을 기준으로 했기 때문에 [Drama title]로 정한다.

❸ 드라마 제목의 데이터는 텍스트이므로 '인식방법'은 [**텍스트**]를, 언어는 [Korean]을 선택한다.

❹ 모든 설정이 완료되면 [**만들기**]를 클릭한다.

❺ 새롭게 만든 'Drama title' 프로젝트를 선택한 후 [**훈련**]을 클릭한다.

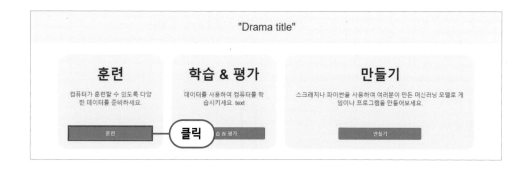

⑥ 데이터를 입력할 레이블을 만든다. **[새로운 레이블 추가]**를 클릭해서 'Success'와 'Fail', 두 개의 레이블만 만든다.

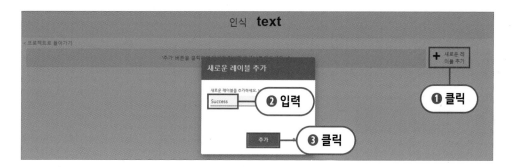

⑦ 2개의 레이블을 추가한 후 각 레이블에 데이터를 입력한다. 방영 시기와 방영 채널에 따라 시청률의 결과는 다를 수 있으므로 어떠한 데이터를 사용할지 기준을 정해야 한다. 예를 들어 지상파 채널은 15% 이상의 시청률을 기록한 경우 'Success'로 본다면 종합편성 채널은 10퍼센트 이상의 시청률을 기록했을 때 'Success'로 보아도 될 것이다. 마찬가지로 지상파 채널은 4퍼센트 이하의 시청률을 기록한 경우 'Fail'로 본다면 종합편성 채널은 2퍼센트 이하의 시청률을 기록했을 때 'Fail'로 분류한다.

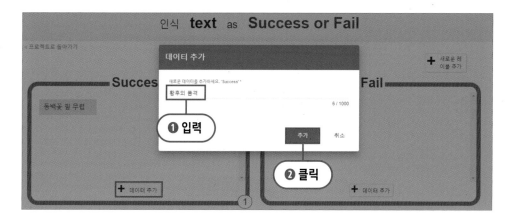

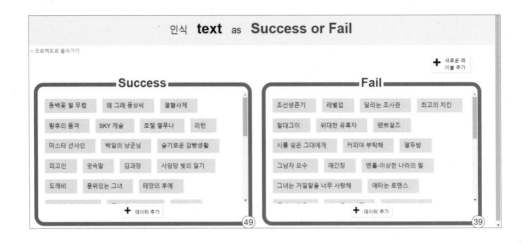

데이터 학습과 평가

① [프로젝트로 돌아가기]를 클릭하고 [학습 & 평가]를 클릭한다.

② [새로운 머신러닝 모델을 훈련시켜보세요.]를 클릭하여 모델을 훈련시킨다.

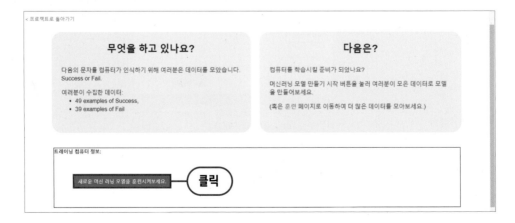

❸ 훈련이 완료되면 텍스트를 입력해서 확인할 수 있다.

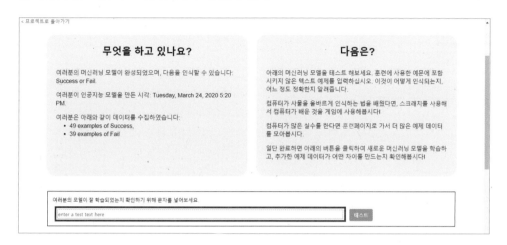

❹ 텍스트를 넣어 테스트해 보면 어떤 레이블에 속하는지와 백분율로 표시되는 정확도(Confidence)를 확인
할 수 있다. 입력된 데이터를 기반으로 하기 때문에 실제 드라마의 성공과 실패와 정확하게 일치하지 않
을 수 있다. 이 경우에는 다시 훈련으로 되돌아가서 데이터를 추가 입력하여 정확도를 높일 수 있다.

인공지능 프로그래밍

⚙️ 프로그램 Preview

우리가 만들 프로그램이 어떻게 구성되어 있는지 살펴보고 제작 계획을 세워보자.

1 무대와 스프라이트

무대		원하는 이미지를 선택한다.
Pico		제목을 물어보고 데이터를 입력받아 성공 가능 여부를 판단한다.
Laptop		성공으로 판단될 경우 모양을 바꿔 화면에 표시한다.

2 핵심 알고리즘 살펴보기

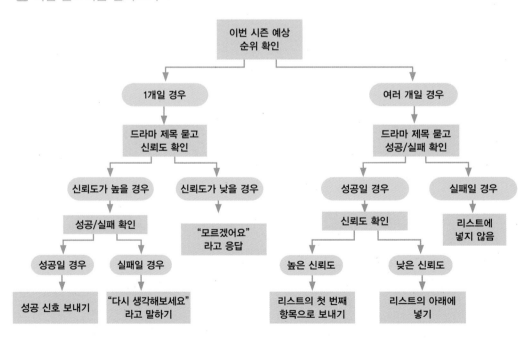

각 스프라이트와 배경에 어떤 명령어들이 들어가 있는지 확인해 보자.

- 'Pico' 스프라이트

```
클릭했을 때
  드라마 제목 추천 순위 ▼ 의 항목을 모두 삭제하기
  모양을 pico-a ▼ (으)로 바꾸기
  생각한 드라마 제목이 몇개인가요? 라고 묻고 기다리기
  만약  대답 = 1 (이)라면
    생각한 드라마 제목은 무엇인가요? 라고 묻고 기다리기
    음... 을(를) 2 초 동안 생각하기
    만약  ML 대답 텍스트 인식하기(정확도) > 30 (이)라면
      만약  ML 대답 텍스트 인식하기(레이블) = ML Success (이)라면
        모양을 pico-c ▼ (으)로 바꾸기
        느낌이 좋아요. 을(를) 2 초 동안 말하기
        성공 ▼ 신호 보내기
      아니면
        다른 제목을 생각해보세요! 을(를) 2 초 동안 말하기
    아니면
      잘 모르겠어요. 을(를) 1 초 동안 말하기
  아니면
    대답 번 반복하기
      생각한 드라마 제목은 무엇인가요? 라고 묻고 기다리기
      만약  ML 대답 텍스트 인식하기(레이블) = ML Success (이)라면
        만약  ML 대답 텍스트 인식하기(정확도) > ML 드라마 제목 추천 순위 ▼ 리스트의 1 번째 항목 텍스트 인식하기(정확도) (이)라면
          대답 을(를) 드라마 제목 추천 순위 ▼ 리스트의 1 번째에 넣기
        아니면
          만약  ML 대답 텍스트 인식하기(정확도) > ML 드라마 제목 추천 순위 ▼ 리스트의 2 번째 항목 텍스트 인식하기(정확도) (이)라면
            대답 을(를) 드라마 제목 추천 순위 ▼ 리스트의 2 번째에 넣기
          아니면
            만약  ML 대답 텍스트 인식하기(정확도) > ML 드라마 제목 추천 순위 ▼ 리스트의 3 번째 항목 텍스트 인식하기(정확도) (이)라면
              대답 을(를) 드라마 제목 추천 순위 ▼ 리스트의 3 번째에 넣기
            아니면
              대답 을(를) 드라마 제목 추천 순위 ▼ 에 추가하기
```

● 'Laptop' 스프라이트

⚙ 프로그래밍 준비하기

1 모델 불러오기

학습이 완료된 모델을 가지고 와서 프로그래밍에 활용한다.

❶ 먼저 'Drama title' 프로젝트를 선택한 후 **[만들기]**를 클릭한다.

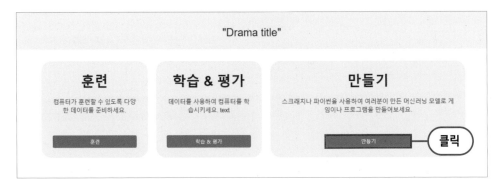

❷ [스크래치 3]를 클릭한 후 [스크래치 3 열기]를 클릭한다.

❸ 스크래치 3 페이지가 열리면 'Drama title' 모델이 적용된 블록들을 확인할 수 있다.

④ 먼저 프로그램의 이름을 [드라마 제목 추천 프로그램]으로 바꾼 후 [파일]→[컴퓨터에 저장하기] 메뉴
를 선택하여 저장한다.

 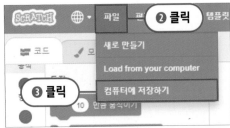

② 스프라이트 불러오기

① '드라마 추천 프로그램' 모델을 모두 확인했으면 스
프라이트를 불러온다. 기존 스프라이트는 삭제하고
'pico'와 'Laptop' 스프라이트를 불러온다.

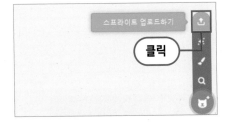

② 오른쪽 아래의 [스프라이트 고르기]를 클릭한 후 [판타지]에서 [Pico]를 선택한다.

③ 스프라이트의 크기는 '100'으로 설정하고 위치는 'x: −70', 'y: −30'으로 이동시킨다.

 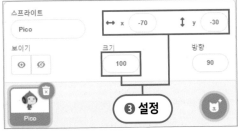

④ [스프라이트 고르기]를 클릭한 후 [모두]에서 [Laptop]을 선택한다. 스프라이트 크기는 '200'으로 설
정하고 위치는 'x: 150', 'y: −50'으로 이동시킨다.

 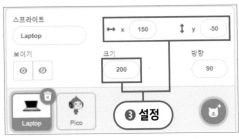

⑤ 'Laptop' 스프라이트를 선택하고 왼쪽 위의 [모양] 탭에서 [모양 고르기]를 클릭한다. [Laptop]을 선택하여 한 개 더 추가한다.

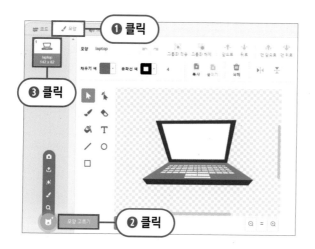

⑥ 'Laptop' 스프라이트 모양 중 하나는 'Laptop-on'으로 다른 하나는 'Laptop-off'로 이름을 바꾼다.

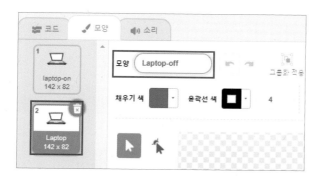

⑦ [채우기 색]을 검정으로 선택하고 [채우기 색] 도구를 클릭한 후 [Laptop]의 화면을 클릭하여 화면색을 검정으로 바꾼다. [채우기 색]을 흰색으로 선택하고 [글상자]를 추가하여 'On-Air'라고 적는다.

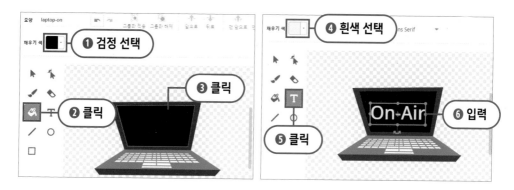

⑧ 이와 같은 방법으로 [Laptop-off]도 화면 색을 검정으로 바꾼다.

❸ 배경 불러오기

① 오른쪽 아래의 [**배경 고르기**]를 클릭하여 [**실내**]에 있는 [**Room 1**]의 배경을 불러온다.

❹ 리스트와 신호 만들기

① [**변수**]에서 [**리스트 만들기**]를 클릭하여 새로운 변수를 만든다. 리스트 이름은 [**드라마 제목 추천 리스트**]라고 입력한다.

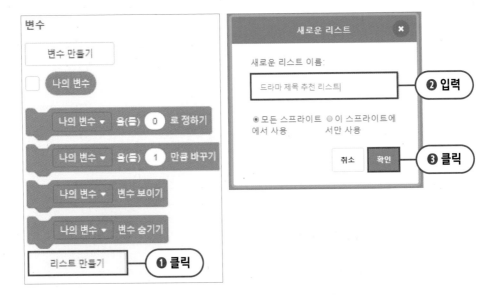

❷ [이벤트]에서 [새로운 메시지]를 클릭하여 새로운 메시지를 만든다. 새로운 메시지 이름은 [성공]으로 한다.

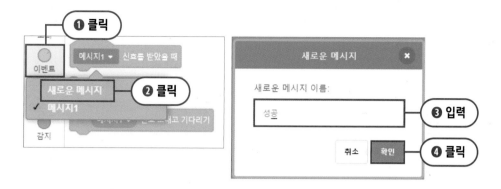

⚙ 프로그래밍하기

1 Pico 코딩하기

● 선택 구조 만들기

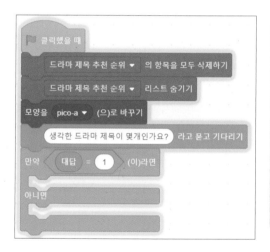

❶ 이벤트를 시작하면 '드라마 제목 추천 순위'의 항목을 모두 삭제하고 숨긴다.

❷ 'pico'는 'pico-a'의 모습으로 바꾼다.

❸ '생각한 드라마 제목이 모두 몇 개인가요?'라고 묻고 기다린다.

❹ 대답이 1일 경우 '드라마 제목이 한 개인 경우'를 실행한다.

❺ 대답이 1이 아닐 경우 '드라마 제목이 여러 개인 경우'를 실행한다.

● 드라마 제목이 한 개인 경우

① '생각한 드라마 제목은 무엇인가요?'라고 묻고 대답을 기다린다.

② '음…'을 2초간 생각한다.

③ 만약 대답의 정확도가 30을 넘고 대답 레이블이 '성공'이라면, 'pico'의 모양이 바뀌고, '느낌이 좋아요'라고 2초간 말한 후, 'Laptop'에 성공 신호를 보낸다.

④ 만약 대답의 정확도가 30을 넘고 대답 레이블이 '성공'이라면 '다른 제목을 생각해 보세요.'라고 말한다.

⑤ 대답의 정확도가 30 이하이면 '잘 모르겠어요.'라고 말한다.

● 드라마 제목이 여러 개인 경우

① 생각한 드라마 제목이 무엇인지 묻고 기다린다.

② 제목의 레이블이 '성공'이고 첫 번째 리스트보다 정확도가 높은 경우 드라마 제목 추천 리스트의 첫 번째 항목에 넣는다.

③ 제목의 레이블이 '성공'이고 첫 번째 리스트보다 정확도가 낮은 경우 드라마 제목 추천 리스트의 아래 항목에 넣는다.

④ 생각한 드라마 개수만큼 반복한다.

⑤ '드라마 제목 추천 순위의 1번째 항목을(를) 추천해요.'라고 말하고 성공 신호를 보낸다.

① 이벤트를 시작하면 'Laptop'의 모양을 'Laptop-off'로 바꾼다.
② 성공 신호를 받으면 '다음 모양으로 바꾸기'를 5번 반복하고 'Laptop'의 모양을 'Laptop-on'으로 바꾼다.

P2

프로그램 사용해 보기

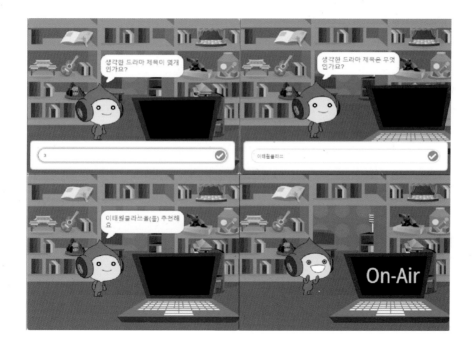

이번 프로젝트에서 만든 '드라마 제목 추천 프로그램'은 드라마 제목을 한 개만 추천해 주었다. 여러 개의 드라마 제목을 고민하고 있을 경우 드라마 제목이 성공으로 판단될 경우 정확도가 높은 것부터 순서대로 원하는 개수만큼 추천해 줄 수 있다. 다음은 드라마 제목 중 성공의 정확도가 높은 순서대로 세 개의 드라마 제목을 추천한 예이다.

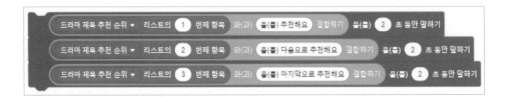

01 '드라마 제목 추천 프로그램'을 만들기 위해 데이터의 학습과 훈련 후 테스트했다. 이 과정에 대한 설명으로 옳은 것은?

① 드라마 시청률에 대한 기준은 항상 같아야 한다.

② 평균 시청률과 최고 시청률 중 어느 것을 선택해도 결과는 같다.

③ 최소한의 데이터만 입력하였을 때 정확한 결과를 얻을 수 있다.

④ 학습시킨 데이터 외 다른 데이터를 넣었을 때 실제 결과와 다르게 나온다고 해서 데이터를 보강해서는 안 된다.

⑤ 'success로 인식되었습니다. with 75% confidence'는 '성공으로 인식되었습니다.'의 말에 대한 신뢰도가 75%라는 뜻이다.

02 드라마나 영화 제목을 보고 인기 있을 대상 연령층이나 성별을 알아내는 프로그램을 만들어 보자.

댕댕이를 구분하는 AI

다양한 품종의 개 이미지를 인공지능에 학습시켜서 이미지로 개의 품종을 알아맞히는 프로그램을 만들어 보자.

학습 데이터 형식	이미지, 다양한 품종의 개 사진
활동	• 여러 품종의 개 이미지 학습시키기 • 새로운 개 이미지를 입력했을 때 품종을 알아맞히는 프로그램 만들기
목표	여러 개 이미지를 학습시켜서 모델을 만들고 개 이미지로 그 품종을 맞히는 프로그램을 만들 수 있다.
준비물	다양한 품종의 개 이미지, 왓슨 비디오 레코그니션(Watson Visual Recognition) 사용이 가능한 계정
유의 사항	많은 이미지로 학습을 시키면 보다 정확하게 이미지를 인식할 수 있겠지만 학습시키는 시간이 오래 소요될 수 있어 적은 양의 이미지를 사용했다. 따라서 다소 정확하지 않은 결과가 출력될 수 있다.

▲ 여러 품종의 개 사진을 보고 어떤 개인지 생각하는 로봇 또는 AI의 그림

Intro

AI의 이미지 인식

● 개 VS 고양이

인간은 언제쯤 개와 고양이를 구분할 수 있을까? 개인적인 차이는 있겠지만 만 3세가 되면 개와 고양이를 구분할 수 있다. 하지만 컴퓨터, 인공지능은 개와 고양이를 구분할 수 있을까? 지금의 AI 기술의 발달 정도를 생각한다면 이 질문에 대한 답은 쉽게 알 수 있을 것이다. 하지만 인공지능이 개와 고양이를 구분할 수 있게 되기까지 오랜 시간이 걸렸다. 50년 넘는 연구에도 불구하고 세계 최고의 슈퍼컴퓨터조차 '강아지'와 '고양이'를 제대로 구별할 수 없었기 때문이다.

컴퓨터에게는 개와 고양이를 구분하는 일은 매우 어려운 문제이다. 사람은 개나 고양이를 실체가 있는 물체로 인식하지만, 컴퓨터에게는 0~255 사이의 숫자로 표현되기 때문에 이미지를 분류하는 문제는 이러한 사람과 컴퓨터의 차이에서 발생한다.

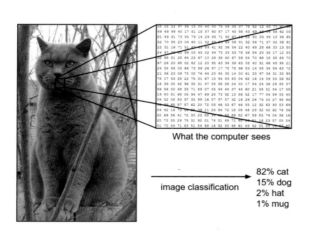

What the computer sees

image classification

82% cat
15% dog
2% hat
1% mug

예를 들어 위의 이미지에서 볼 수 있듯이 컴퓨터에서는 이미지가 하나의 큰 3차원 숫자의 배열로 표시된다. 이 고양이 이미지는 너비 248픽셀, 높이 400픽셀이며 빨간색, 녹색, 파란색의 세 가지 색상을 갖게 되어 이미지는 $248 \times 400 \times 3$의 숫자로 구성된다.

 AI의 이미지 인식에 대한 관심이 증가되면서 아래와 같이 사람이 봐도 헷갈리는 사진을 인공지능에게 판별하도록 하는 시도가 늘고 있다. 다음 사진은 개일까, 베이글일까, 머핀일까? 사람이라면 시간이 조금 걸리겠지만 개와 빵을 모두 구분할 수 있을 것이다. 과연 AI는 개와 빵을 구분할 수 있을까?

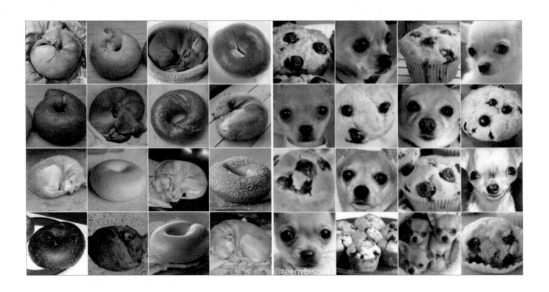

 인간의 능력을 테스트해 보자. 다음 사진 중 개는 몇 마리일까?

 정답은 여덟 마리이다. 혹시 놓친 것이 있다면 다시 한 번 눈을 크게 뜨고 찾아보길 바란다. 그렇다면 여러분이 개라고 판단하게 된 결정적인 특징(Feature)은 무엇인가?

언뜻 보면 개인지, 빵인지 사람들도 구분하기 어려운 이미지를 분류하기 위해서는 좋은 이미지 분류 모델이 필요하다. 좋은 이미지 분류 모델은 다음 그림처럼 다양하게 변형된 이미지도 같은 이미지로 분류할 수 있어야 한다.

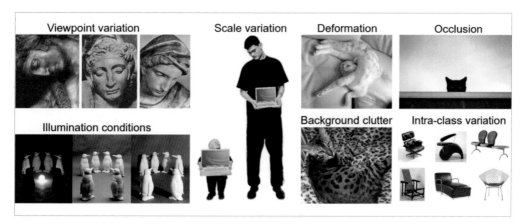

▲ 출처: 스탠포드 대학교의 비전과 러닝 랩(Stanford Vision and Learning Lab(SVL))(https://cs231n.github.io/classification/)

같은 대상의 이미지라도 카메라 각도, 크기, 조명, 종류 등에 따라 다른 대상으로 인식될 가능성이 높기 때문이다. 좋은 이미지 분류 모델을 만들기 위해서는 사람이 분류하는 것처럼 인공지능이 이 사진을 기반으로 판단할 때도 마찬가지이다. 사람이 사진을 잘 구분해서 레이블(Label)을 달아주고 충분히 많은 양의 데이터를 넣어준다면, 인공지능은 거기에서 특징을 찾아 개를 구분해 낼 수 있게 되는 것이다.

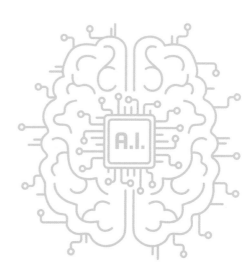

인공지능 모델 만들기

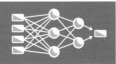

데이터 마이닝

좋은 인공지능 모델을 만들기 위해서는 많은 개 이미지가 필요하다. 구글이나 네이버 등의 검색 사이트에서 자신이 좋아하는 품종의 개 이미지를 검색하여 보자. 같은 품종이더라도 다양한 모습의 개 이미지를 검색할 수 있다. 검색된 다양한 개 이미지는 앞으로 학습시킬 인공지능 모델의 좋은 데이터가 될 것이다.

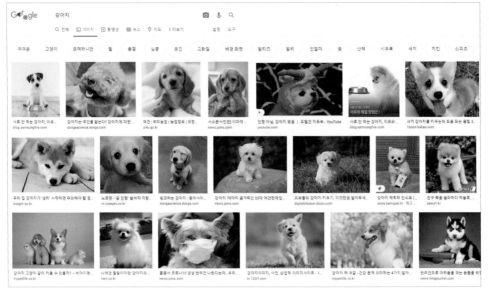

▲ 구글(Google)

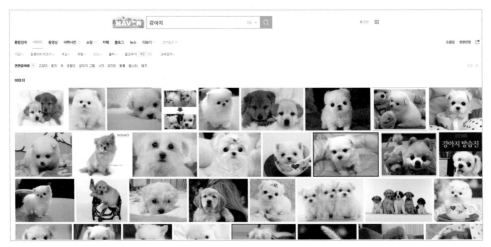

▲ 네이버(Naver)

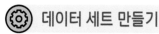 **데이터 세트 만들기**

이제 다양한 품종의 개 이미지를 입력해서 학습 데이터 세트를 만들어 보자. 이를 위해 새로운 프로젝트와 레이블을 만들어 주어야 한다.

P 3

❶ 새로운 머신러닝 프로젝트를 시작하기 위해 **[프로젝트 추가]**를 클릭한다.

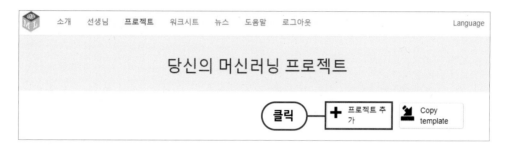

❷ '프로젝트 이름'은 개의 품종을 판별하는 것이므로 **[DOG]**로 정한다.

❸ 다양한 개의 이미지를 학습시켜야 하기 때문에 '인식방법'을 **[이미지]**로 선택한다.

❹ 모든 설정이 완료되면 **[만들기]**를 클릭한다.

❺ '인식방법'을 **[이미지]**로 선택하면 변수(Value)를 추가하지 않아도 프로젝트를 만들 수 있다. 다음 그림과 같이 'DOG'란 프로젝트가 만들어지면 **[훈련]**을 클릭하여 이미지를 학습시켜 보자.

⑥ **[새로운 레이블 추가]**를 선택하여 레이블을 만든다.

⑦ 개의 품종인 말티즈(Maltese), 리트리버(Retriever), 웰시 코기(Welsh Corgi), 허스키(Husky), 퍼그(Pug),
5개의 레이블을 만든다.

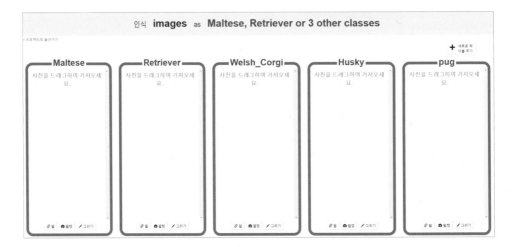

⑧ 각 레이블에 개의 이미지 데이터를 학습시킨다. 개의 이미지를 레이블에 넣을 때는 '웹에서 불러오기', '웹캠으로 사진 찍기', '그림을 그리기' 방법을 사용할 수 있는데, 이번 활동에는 '웹에서 불러오기' 방법을 사용해 보자. 검색 사이트에서 개의 품종 이름으로 검색해보는데, 'Maltese'로 이미지를 검색하면 말티즈의 사진을 검색할 수 있다.

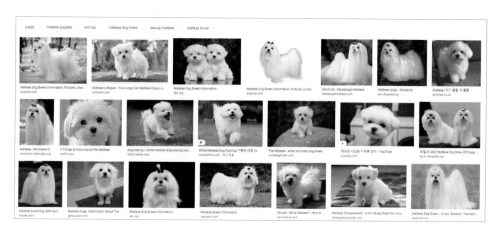

⑨ 말티즈 이미지를 검색하였으면 검색한 말티즈 사진 중 하나만 선택하여 드래그 앤 드롭하여 'Maltese' 레이블에 옮겨 놓는다.

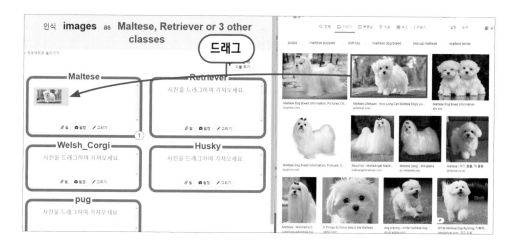

⑩ 개의 품종에 맞게 각 레이블에 10개의 이미지를 입력한다. 이미지를 정확하게 학습시키기 위해 개는 한 마리, 배경은 최대한 단순한 이미지를 사용한다.

⚙ 데이터 학습과 평가

1 이미지 모두 입력했으면 [**프로젝트 돌아가기**]를 클릭하여 앞으로 되돌아간 후 [**학습 & 평가**]를 클릭한다.

2 [**새로운 머신 러닝 모델을 훈련시켜보세요.**]를 클릭하여 훈련하여 시작한다.

❸ 이미지 학습의 경우 학습하는 데 비교적 많은 시간이 소요된다. 페이지를 '새로 고침'해서 학습이 완료되었는지 확인해 보자.

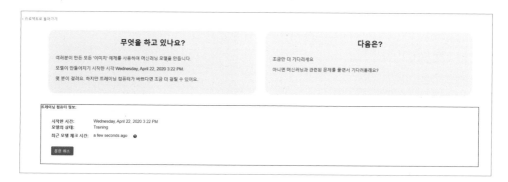

❹ 학습이 완료되면 웹캠, 그림 그리기, 인터넷 자료 등의 세 가지 방법으로 학습이 잘 되었는지 확인할 수 있다. 우리는 인터넷 자료로 테스트해 보자. 학습시킨 개의 품종과 같은 품종의 개 사진을 찾아 이미지 URL을 복사하고 [인터넷 자료로 테스트하기]를 클릭한다.

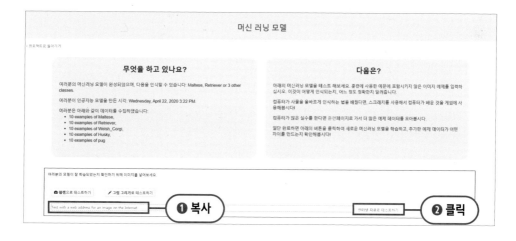

⑤ 테스트하면 개의 품종과 정확도가 같이 결과로 나오는 것을 확인할 수 있다.

여러분의 모델이 잘 학습되었는지 확인하기 위해 이미지

📷 웹캠으로 테스트하기   ✏️ 그림 그리기로

https://lh3.googleusercontent.com/proxy/n6RQq3Sl

Welsh_Corgi(으)로 인식되었습니다.
with 90% confidence

▲ 위의 이미지를 찾아 테스트해 보면 90%의 정확도로 웰시 코기(Welsh Corgi)로 인식된 것을 확인할 수 있다.

인공지능 프로그래밍

P 3

⚙️ 프로그램 Preview

우리가 만들 프로그램이 어떻게 구성되어 있는지 살펴보고 제작 계획을 세워보자.

1 무대와 스프라이트

무대	이미지, 정확도, 품종을 표시할 창을 만든다.
Dog	판별할 개 이미지를 모양에 입력해서 스프라이트를 만든다.
Breeds (품종)	품종 이름을 모양에 입력해서 스프라이트를 만든다.
10의 자리	정확도의 10의 자리를 표시할 숫자를 모양에 입력해서 스프라이트를 만든다.
1의 자리	정확도에서 1의 자리를 표시할 숫자를 모양에 입력해서 스프라이트를 만든다.

2 핵심 알고리즘 살펴보기

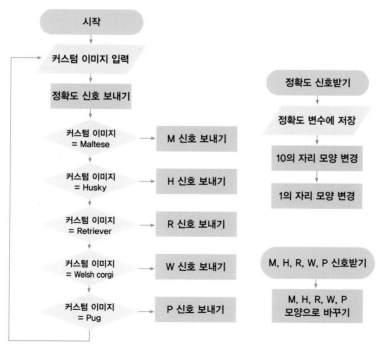

3 명령어 블록 살펴보기

각 스프라이트와 배경에 어떤 명령어들이 들어가 있는지 확인해 보자.

- 'dog' 스프라이트

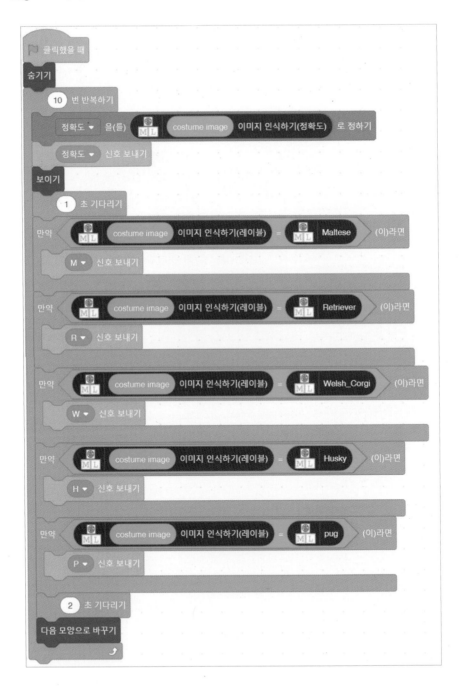

● 'breeds' 스프라이트

● '10의 자리' 스프라이트

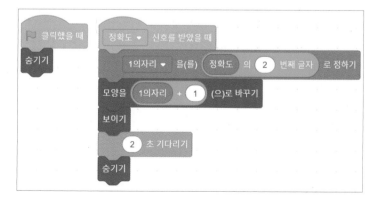

● '1의 자리' 스프라이트

1 모델 불러오기

학습이 완료된 모델을 가지고 와서 프로그래밍에 활용한다.

❶ 먼저 'DOG' 프로젝트를 선택한 후 **[만들기]**를 클릭한다.

2 스크래치 3에서 머신러닝 사용하기

❶ [스크래치 3]를 클릭한 후 [스크래치 3 열기]를 클릭한다.

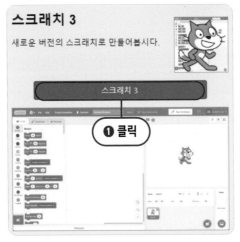

❷ 스크래치 3 페이지가 열리면 다음과 같은 블록들을 사용할 수 있다.

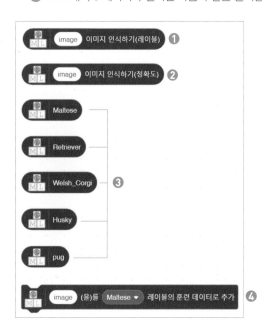

❶ 'image' 칸에 이미지를 입력하면 'DOG' 모델에서 어떤 품종의 개인지 알려준다.

❷ 'DOG' 모델에서 image를 인식한 정확도를 알려준다.

❸ 학습시킨 다섯 가지 품종의 개의 레이블

❹ 새로운 데이터를 원하는 레이블에 추가로 입력할 수 있다.

P 3

🔳 배경 불러오기

❶ 오른쪽 아래의 **[배경 고르기]→[배경 업로드하기]**를 클릭하여 배경 파일을 불러온다.

▲ 배경 이미지

> **Tip** 배경 이미지는 ㈜성안당 홈페이지(www.cyber.co.kr)에 회원 가입 후 로그인한 상태에서 [자료실]–[자료실]에서 '인공지능' 등으로 검색하여 해당 도서명 부분을 클릭하고 [자료 다운로드 바로가기] 버튼을 클릭해서 다운로드할 수있다.

● dog 스프라이트 만들기

❶ 'dog' 스프라이트를 만들기 위해서는 품종이 서로 다른 10장의 개 이미지가 필요하다. 10장의 이미지를 검색하여 파일로 저장해 놓는다.

DOG 모델에 학습시킨 개의 품종 이미지	DOG 모델에 학습시키지 않은 개의 이미지
웰시 코기, 허스키, 퍼그, 말티즈, 리트리버	진돗개, 달마시안, 세인트 버나드, 시바견, 포메라니안

▲ 인공지능에게 학습시키지 않은 이미지를 준비한다.

❷ 필요한 이미지를 준비했으면 기존 스프라이트는 삭제하고 'dog' 스프라이트를 만들어 보자. [**스프라이트 고르기**]에서 [**그리기**]를 선택한다.

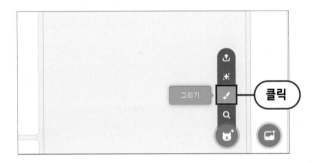

❸ [**모양 고르기**]에서 [**모양 업로드하기**]를 클릭하여 미리 준비해 놓은 10장의 개 이미지를 불러온다.

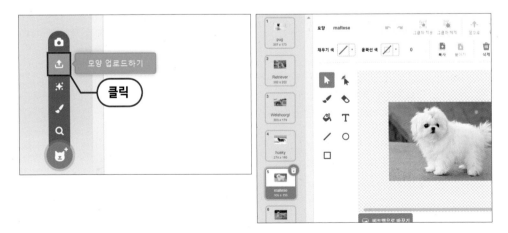

5 'breeds' 스프라이트 만들기

❶ [스프라이트 고르기]에서 [그리기]를 선택한 후 [모양 고르기]에서 [그리기]를 선택한다.

❷ 다음과 같이 그리기 창을 확인할 수 있다. 그리기 창에서 [텍스트]를 선택하여 개 품종 이름을 적어준 다(Maltese, Retriever, Welsh Corgi, Husky, Pug).

Tip 다수의 텍스트 모양을 만들 때는 하나를 먼저 만들고 글자의 위치와 크기를 배경에 맞춘 후 여러 개의 모양을 복사하여 만들어 준다. 모양을 모두 만들고 수정할 경우에는 하나씩 위치와 크기를 일일이 맞추어야 해서 불편하다.

▲ 배경의 이름 칸에 크기와 위치를 맞추어 하나를 만든 후 복사하여 여러 개를 만든다.

정확도를 변수로 만들어 직접 무대에서 확인하는 방법도 있다. 하지만 그림처럼 숫자를 크고 잘 보이게 표현하기 위해 숫자 모양의 스프라이트를 만들어 표현해 보자.

❶ [스프라이트 고르기]에서 [그리기(✏)]를 선택한 후 [모양 고르기] → [모양 고르기(🔍)]를 선택하여 숫자 모양을 불러온다.

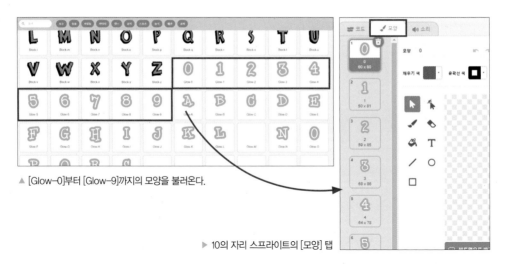

▲ [Glow–0]부터 [Glow–9]까지의 모양을 불러온다.

▶ 10의 자리 스프라이트의 [모양] 탭

❷ 스프라이트의 이름을 '10의 자리'로 변경하고 '10의 자리' 스프라이트를 복사한 후 이름을 '1의 자리'로 변경한다.

❸ '10의 자리', '1의 자리' 스프라이트를 모두 만들었으면 스프라이트의 크기와 위치를 배경에 맞게 옮긴다.

▲ '10의 자리', '1의 자리' 스프라이트의 크기를 '70'으로 바꾼다.

▲ 스프라이트의 위치를 배경 정확도의 위치에
맞게 옮긴다.

7 변수 만들기

프로그래밍하기 전에 필요한 변수를 만들어 보자.

> 정확도, 10의 자리, 1의 자리

❶ [**변수**]에서 [**변수 만들기**]를 클릭하여 새로운 변수를 만들어 준다.

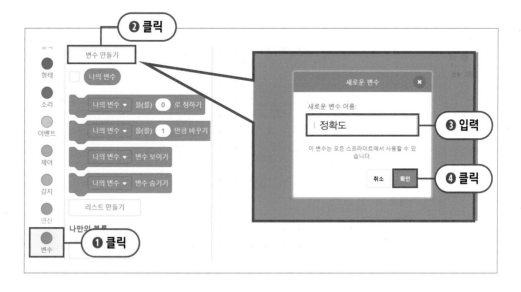

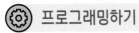

1 'dog' 코딩하기

● 'dog' 스프라이트 코딩 블록 (1)

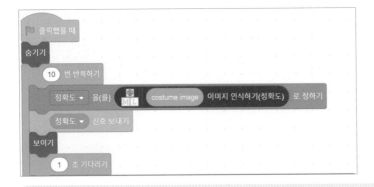

❶ 이미지를 숨기고 1초 뒤부터 스프라이트의 이미지가 보이게 한다.

❷ 스프라이트의 이미지 수가 10개이므로 10번 반복하기 블록으로 코딩한다.

❸ 커스텀 이미지의 정확도를 '정확도' 변수에 저장한다.

❹ '정확도' 신호를 보낸다.

❺ 커스텀 이미지를 보이게 하고 1초 동안 기다린다.

● 'dog' 스프라이트 코딩 블록 (2)

❶ 커스텀 이미지가 보이면 'DOG' 모델의 값과 비교하여 '정확도' 변수에 정확도를 저장한 후 '정확
도' 신호를 보낸다.

❷ 학습시킨 'DOG' 모델의 레이블 값과 커스텀 이미지와 비교하여 조건에 따라 'breeds' 스프라이
트로 신호를 보낸다(Retriever, Welsh Corgi, Husky, Pug도 같게 코딩함).

조건	신호
	M 신호 보내기

❸ 2초 후 다음 모양으로 바꾸어 다른 개 이미지로 변경한다.

② 'breeds' 코딩하기

● 'breeds' 스프라이트 코딩 블록

❶ 프로그램을 시작할 때 'breeds' 스프라이트가 보이지 않게 숨긴다.

신호	코딩 블록	내용
M 신호 받기	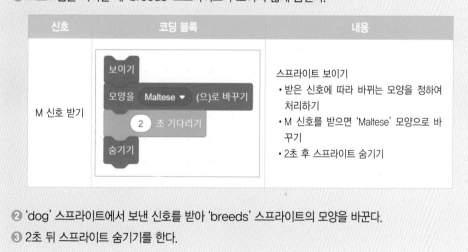	스프라이트 보이기 • 받은 신호에 따라 바뀌는 모양을 정하여 처리하기 • M 신호를 받으면 'Maltese' 모양으로 바꾸기 • 2초 후 스프라이트 숨기기

❷ 'dog' 스프라이트에서 보낸 신호를 받아 'breeds' 스프라이트의 모양을 바꾼다.

❸ 2초 뒤 스프라이트 숨기기를 한다.

● '10의 자리' 스프라이트 코딩 블록

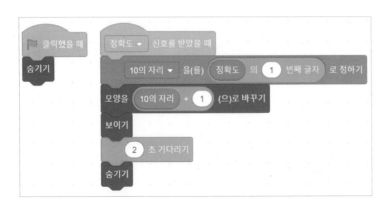

❶ 프로그램을 시작할 때 '10의 자리' 스프라이트가 보이지 않게 숨긴다.

❷ 정확도 신호를 받으면 '정확도' 변수의 값의 첫 번째 글자(즉 정확도의 10의 자리 수)를 '10의 자리 수' 변수에 저장한다.

❸ '10의 자리 수' 변수 값에 1을 더한 값의 번호인 모양으로 바꾼다.

정확도가 78%일 경우의 예
- 정확도 변수 값: 78
- 10의 자리 변수 값: 78의 첫 번째 글자→7
- 바뀌어야 할 모양: 여덟 번째 모양인 7로 변경되어야 하므로 10의 자릿수 값인 7에 1을 더하여 여덟 번째 모양인 8로 변경한다.

❹ 스프라이트를 2초간 보이게 하고 숨긴다.

● '1의 자리' 스프라이트 코딩 블록

```
[클릭했을 때]          [정확도 ▼] 신호를 받았을 때
숨기기                [1의자리 ▼] 을(를) (정확도 의 (2) 번째 글자) 로 정하기
                     모양을 (1의자리 + (1)) (으)로 바꾸기
                     보이기
                          (2) 초 기다리기
                     숨기기
```

P 3

❶ 프로그램을 시작할 때 '1의 자리' 스프라이트가 보이지 않게 숨긴다.
❷ 정확도 신호를 받으면 '정확도' 변수의 값의 두 번째 글자(즉 정확도의 1의 자리 수)를 '1의 자리
  수' 변수에 저장한다.
❸ '1의 자리수' 변수 값에 1을 더한 값의 번호인 [1의자리 1] 모양으로 바꾼다.
❹ 1을 더하는 이유는 '10의 자리' 스프라이트에서와 같다.
❺ 스프라이트를 2초간 보이게 하고 숨긴다.

⚙ 프로그램 사용해 보기

▲ 개의 이미지가 나타남

▲ 학습한 모델에 의해 정확도 나타내기

▲ 개의 종류 표시하기

▲ 다른 개의 정확도와 이름 표시하기

아이디어 확장하기

01 | 웰시 코기(Welsh Corgi)의 다른 사진을 넣었을 경우에도 정확도가 어떻게 변하는지 확인해 보고 어떤 이미지의 정확도가 높은지 알아보자.

비교할 이미지
학습시킨 사진과 같은 웰시 코기 이미지 학습시키지 않은 웰시 코기 이미지 웰시 코기의 얼굴만 나온 이미지 웰시 코기가 두 마리 이상 같이 있는 이미지 사람과 웰시 코기가 같이 있는 이미지 웰시 코기 모양의 일러스트나 이미지 옷 입은 웰시 코기 이미지 웰시 코기 인형 이미지 등

▲ 웰시 코기 일러스트 이미지의 정확도 45%

02 | 'dog' 스프라이트를 삭제하고 '웰시코기' 스프라이트를 만들어서 다음과 같이 코딩해 보자.
'웰시코기' 스프라이트에는 위에서 제시된 다양한 웰시 코기의 이미지 파일을 다운로드해서 추가한다.

▲ 웰시 코기의 정확도 알아보기

03 | 학습시킨 이미지가 10장뿐이므로 완벽하게 개의 이미지를 학습시켰다고 볼 수 없고, 더 많은 이미지를 학습시킨다면 정확도가 약간 다를 수 있다.

● 무대와 스프라이트 정보

◀ '웰시 코기' 스프라이트를 만든다.
'10의 자리', '1의 자리'의 스프라이트를 그대로 사용한다.

● 학습시킨 이미지에 따라 약간 다를 수 있겠지만 어떤 이미지의 정확도가 높게 나오는지 생각해 보자.

01 좋은 이미지 분류 모델에 고려해야 할 항목이 아닌 것은?

① Viewpoint Variation

② Illumination Conditions

③ Classification

④ Intra-Class Variation

02 ML for kids에서 이미지 유형의 프로젝트를 만드는 과정에 대한 설명으로 옳은 것은?

① 프로젝트를 만들 때 '인식방법'은 [텍스트]로 선택한다.

② 레이블은 '학습 & 평가' 과정에서 만들 수 있다.

③ 이미지의 레이블을 만든 뒤 Value를 추가해야 프로젝트를 만들 수 있다.

④ 레이블마다 학습시킬 이미지의 수는 10개 이상 필요하다.

03 일상생활에서 머신러닝을 통해 이미지를 학습시킨 AI를 활용할 수 있는 사례를 생각해 보자.

Project 4

'청기백기' 게임

사용자의 동작을 학습시켜 인공지능 모델을 만들고 이를 이용해 '청기백기' 게임을 만들어 보자.

학습 데이터 형식	이미지, 청기와 백기를 들고 있는 사진
활동	• 청기와 백기를 들어올리는 이미지를 학습시켜서 모델 만들기 • 학습 모델을 활용해서 프로그램 만들기
목표	청기와 백기 또는 오른손과 왼손을 들고 있는 상태를 구분할 수 있음을 이용해 스크래치로 '청기백기' 게임을 만들 수 있다.
준비물	나무젓가락, 색종이, 왓슨 비주얼 레코그니션(Watson Visual Recognition) 사용이 가능한 계정
유의 사항	사진을 찍을 때 물건이 있거나 배경색이 다양하면 이미지 인식률이 떨어지기 때문에 주변을 정리하거나 배경이 단색인 장소를 이용하는 것이 좋다.

Intro

동작 인식 게임기

키넥트(Kinect)는 사람의 신체와 음성을 감지해 TV 화면 안에 그대로 반영하는 동작 인식 게임이다. 많은 기업들이 제작해 판매하였고, 마이크로소프트에서 2010년 11월에 첫 출시한 엑스박스 360(Xbox 360)이 대표적이다. 사용자의 몸동작을 인식해 게임에 반영되고 이를 이용해서 플레이하는 게임이다. 양손과 두 발을 이용해 보트를 타고 정글을 경험할 수도 있고, 볼링부터 배구, 달리기 등의 다양한 스포츠도 체험할 수 있다. 오늘날에는 인공지능 기술이 눈부시게 발전하고 접근성도 좋아져 일반 카메라로도 동작 인식 게임을 만들 수 있게 되었다. 이번 모듈에서 직접 자신의 손으로 동작 인식 게임을 만들어 보자.

▲ 출처: 셔터스톡(키넥트는 2017년 10월 단종)

'청기백기' 게임

'청기백기' 게임은 어린 시절 누구나 경험해 보았을 것으로 예상된다. 명령에 따라 해당하는 깃발을 들거나 들지 않으면 이기는 게임이다. 순발력과 정확한 동작이 핵심인 게임인데, 이 게임을 하다 보면 종종 판정 시비가 일기도 한다. 이러한 판정 시비를 인공지능의 도움

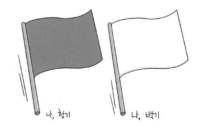

으로 해결할 수 있을 것이다. 이번 프로젝트에서는 단순한 명령으로 인공지능 모델을 훈련시켜 보고, 복잡한 명령을 추가해 보면서 스크래치로 '청기백기' 게임을 만들어 보자.

인공지능 모델 만들기

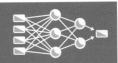

데이터 마이닝

우리가 만들 인공지능 모델은 사람이 어떤 깃발을 들고 있는지를 구분해야 한다. 따라서 학습 데이터로 사용할 '청기'와 '백기'를 들고 있는 사람의 사진이 필요하다.

청기와 백기   백기 올려!   청기 올려!

> **Tip** 인공지능 모델에 이미지(사진) 데이터를 입력할 때는 배경에 다른 사물이 없는 것이 좋다. 다른 사물이 있는 경우에 학습에 방해를 줄 수 있기 때문이다. 같은 이유로 배경색이 여러 가지인 경우도 학습에 방해가 요소가 될 수 있다.

데이터 세트 만들기

여러 장의 사진을 찍어서 학습 데이터 세트를 만들어 보자. 이를 위해 새로운 프로젝트와 레이블을 만들어 주어야 한다.

❶ 새로운 머신러닝 프로젝트를 시작하기 위해 **[프로젝트 추가]**를 클릭한다.

② '프로젝트 이름'은 영어로 정해야 하기 때문에 '청기백기' 게임과 관련지어 **[Flag Game]**으로 이름을 정한다.

③ '인식방법'은 수집할 데이터가 사진이기 때문에 **[이미지]**를 선택한 후 **[만들기]**를 클릭한다.

④ 새롭게 만든 'Flag Game' 프로젝트를 선택한 후 **[훈련]**을 클릭한다.

⑤ 데이터를 입력할 레이블을 만든다. **[새로운 레이블 추가]**를 클릭해서 'blue_flag'와 'white_flag' 레이블을 만든다.

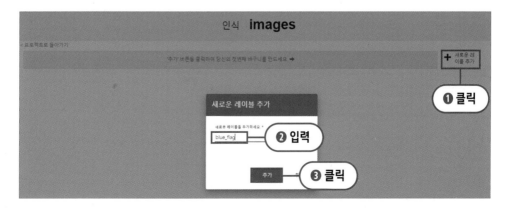

⑥ 각 레이블에 필요한 데이터를 추가한다. 이때 미리 찍어둔 사진을 추가하거나 웹캠을 이용해서 사진을 찍어 추가한다.

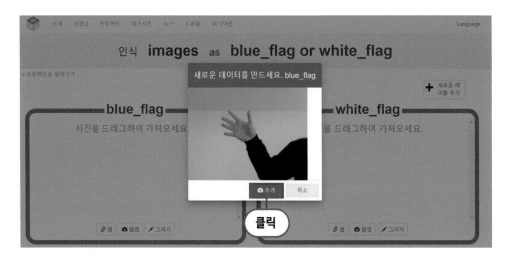

> **Tip** 적은 사진으로 정확한 인공지능 모델을 만들고 싶다면 '청기백기'를 들어 올리는 동작 이외에 나머지 변인은 모두 같게 해 주는 것이 중요하다. 그러기 위해서 게임을 할 장소와 동일한 곳에서 사진을 찍는 것이 좋다. 또 게임자의 옷과 카메라의 거리가 동일하다면 이미지 데이터를 효율적으로 활용할 수 있을 것이다.

추가한 레이블에 10개 이상의 데이터를 각각 입력한다. 인공지능 모델의 정확도를 높이기 위해서는 훈련 데이터가 많을수록 좋다. 다음 예시에서는 레이블마다 14개의 데이터를 입력하였다.

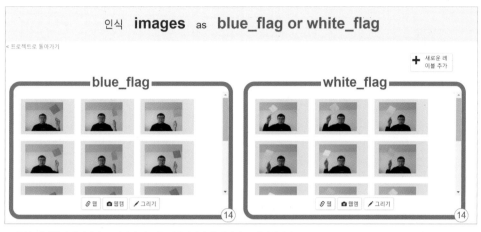

▲ 동일 레이블의 데이터라도 깃발의 각도를 변화시키면서 데이터를 입력하였다.

 오버피팅(Overfitting, 과적합)

오버피팅은 샘플 데이터가 필요 이상으로 균일할 때 발생하는데, 샘플 데이터와 조금 다른 데이터가 입력되면 정확도가 떨어지게 되는 것을 뜻한다. 따라서 훈련 데이터는 변화를 주면서 입력하는 것이 좋다. '청기백기' 게임에서는 같은 색의 깃발을 들고 있는 사진이라도 팔의 높이, 깃발의 각도, 카메라와의 거리 등을 조금씩 변화시키면서 훈련 데이터를 입력시켜야 한다.

데이터 학습과 평가

❶ [프로젝트로 돌아가기]를 클릭하고 [학습 & 평가]를 클릭한다.

❷ [새로운 머신러닝 모델을 훈련시켜보세요.]를 클릭하여 모델을 훈련시킨다. 학습에 소요되는 시간은 네트워크 상태와 머신러닝 서버 상태에 따라서 차이가 날 수 있다.

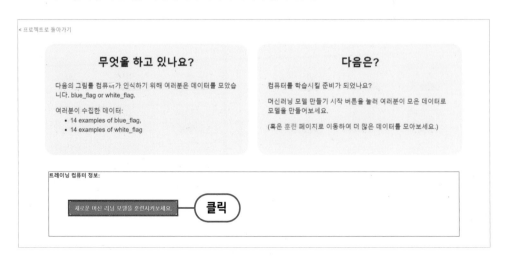

❸ 훈련이 완료되면 테스트할 수 있는 버튼이 활성화되고 아래 모델에 관한 설명이 추가된다. 이제 모델이 잘 학습되었는지 테스트해 보고 원하는 결과가 나오지 않는다면 다시 앞의 훈련 과정으로 돌아가 데이터를 추가하고, 입력 데이터 중에서 잘못 입력한 것이 있다면 삭제한다.

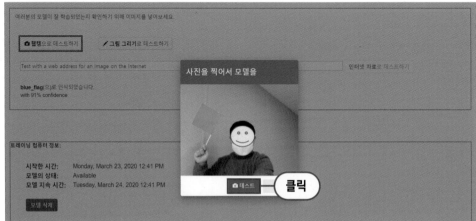

▲ 웹캠으로 테스트한 결과, 파란색 깃발을 인공지능 모델이 'blue flag'로 인식하고 있다.

인공지능 프로그래밍

 프로그램 Preview

우리가 만들 프로그램이 어떻게 구성되어 있는지 살펴보고 제작 계획을 세워보자.

1 무대와 스프라이트

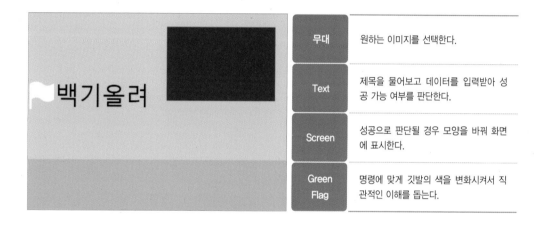

무대	원하는 이미지를 선택한다.
Text	제목을 물어보고 데이터를 입력받아 성공 가능 여부를 판단한다.
Screen	성공으로 판단될 경우 모양을 바꿔 화면에 표시한다.
Green Flag	명령에 맞게 깃발의 색을 변화시켜서 직관적인 이해를 돕는다.

2 핵심 알고리즘 살펴보기

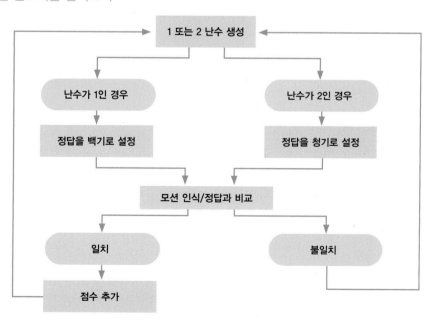

명령어 블록 살펴보기

각 스프라이트와 배경에 어떤 명령어들이 들어가 있는지 확인해 보자.

● 'Green Flag'와 'Text' 스프라이트

● 'Screen' 스프라이트

프로그래밍 준비하기

1 모델 불러오기

학습이 완료된 모델을 가지고 와서 프로그래밍에 활용한다.

❶ 먼저 'Flag Game' 프로젝트를 선택한 후 [만들기]를 클릭한다.

2 스크래치 3에서 머신러닝 사용하기

❶ [스크래치 3]를 클릭한 후 [스크래치 3 열기]를 클릭한다.

❷ 스크래치 3 페이지가 열리면 'Flag Game' 모델이 적용된 블록들을 확인할 수 있다.

❶ 'image' 칸에 이미지를 입력하면 'Flag Game' 모델에서 어떤 깃발인지 알려준다.
❷ 'Flag Game' 모델에서 image를 인식한 정확도를 알려준다.
❸ 학습시킨 2개의 레이블
❹ 새로운 데이터를 원하는 레이블에 추가로 입력할 수 있다.

❸ 스프라이트 불러오기

인공지능 모델을 모두 확인했으면 스프라이트를 준비한다. 기존 스프라이트는 삭제하고 새로운 스프라이트를 준비한다.

● 텍스트(스프라이트) 만들기

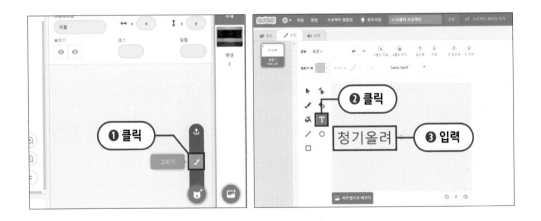

[스프라이트 추가]를 클릭하고 [그리기]를 클릭한 후 텍스트를 선택해 '청기올려', '백기올려' 텍스트를 입력한 모양을 추가한다.

● 깃발 스프라이트 추가하기

깃발 스프라이트를 추가한 후 '채우기' 기능을 이용해 '청기'와 '백기'를 만든다. 깃발 사진을 구해서 직접 추가하거나 그리는 것도 가능하다.

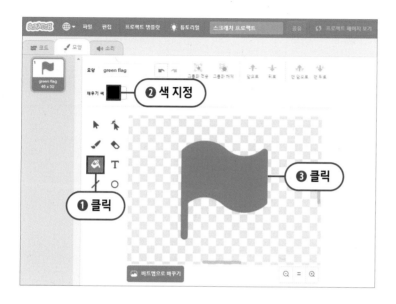

● 스크린(screen) 스프라이트 추가하기

카메라로 찍은 사진을 저장할 스프라이트를 추가한다. 이 스프라이트는 찍은 사진을 저장할 때만 쓰이고 프로그램을 실행할 때는 '숨기기' 상태이기 때문에 모양과 크기가 중요하지 않다.

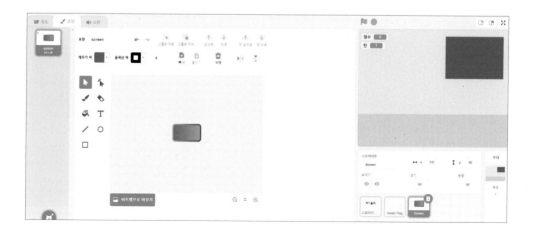

4 확장 기능(카메라 감지) 추가하기

① [확장 기능 추가하기]를 클릭해서 [비디오 감지]를 추가한다. 카메라를 이용해서 사용자의 움직임을 감
지하는 블록들을 활성화시킬 수 있다.

5 필요한 변수, 신호 만들기

① [변수]에서 [변수 만들기]를 클릭하여 새로운 변수를 만든다. 변수 이름은 [깃발], [점수], [정답], [턴]으
로 정한다.

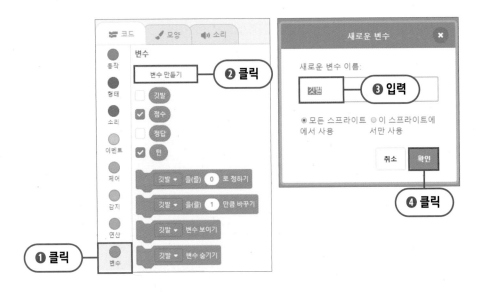

❷ [이벤트]에서 [새로운 메시지]를 클릭하여 새로운 메시지를 만든다. 메시지 이름은 [백기올려], [사진촬영], [청기올려]로 한다.

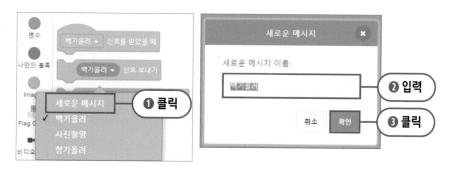

 프로그래밍하기

1 'Screen' 스프라이트 코딩하기

● 프로그램 시작하기

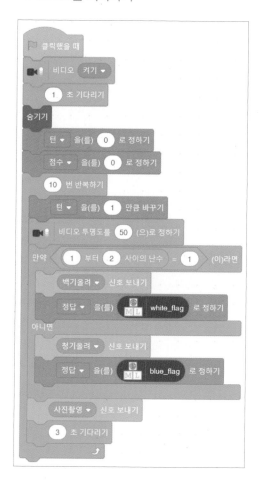

❶ 이벤트를 시작하면 비디오를 켜고 스프라이트를 숨긴 후 변수를 초기화한다. 깃발 명령이 잘 보일 수 있도록 비디오 투명도를 '50'으로 설정한다.

❷ 1과 2 중 난수를 생성하여 1이면 '백기올려', 2이면 '청기올려' 신호를 보낸다.

❸ 비디오 투명도를 '청기와 백기 올려' 명령을 반반 무작위로 생성시킨다.

❹ 신호를 보내면서 해당 깃발의 레이블 값을 '정답' 변수에 저장한다. 이 '정답' 변수를 이용해 점수를 계산할 것이다.

❺ 신호를 보낸 후 '사진촬영' 신호를 보내서 사용자의 동작을 촬영하기 위한 명령을 실행시킨다.

❻ 명령과 명령 사이는 2초, 총 10번의 명령이 생성되도록 하였다.

● 'Screen' 스프라이트에서 사진 촬영하기

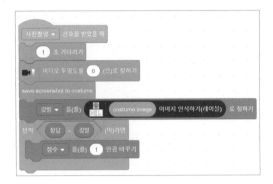

❶ '사진 촬영' 신호를 받으면 비디오를 켜고 1초 후에 사진(costume image)을 저장한다. 투명도를 '0'으로 지정하는 이유는 선명한 이미지를 저장해야 인공지능 모델이 잘 판단을 할 수 있기 때문이다. 비디오를 켜고 사진을 저장하는 블록 사이에 '기다리기' 블록이 없으면 사진이 잘 찍히지 않으니 주의한다.

❷ 사진을 찍고 나서는 인공지능 모델을 이용하여 사진이 어떤 레이블에 해당되는지 찾고 레이블 값을 '깃발' 변수에 저장한다.

❸ '정답' 변수와 '깃발' 변수의 값이 같으면 '점수' 변수에 1점을 추가한다.

❷ 'Text' 스프라이트와 'Green Flag' 스프라이트

● 신호에 따라 이미지와 글씨로 사용자에게 행동 지시하기

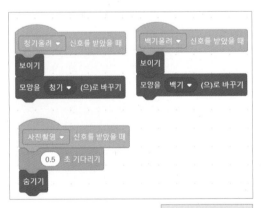

❶ '청기올려', '백기올려' 신호를 받으면 해당되는 깃발 모양으로 바꾼다.

❷ '사진 촬영' 신호를 받았을 때는 0.5초 후에 모양을 숨긴다. 그 이유는 사진을 찍을 때 텍스트와 깃발이 나오는 것을 방지하기 위해서이다.

❸ 'Text' 스프라이트와 'Green Flag' 스프라이트의 코드는 동일하다. 따라서 한쪽 코딩이 끝나면 그대로 복사해서 다른쪽에 붙여넣기하면 된다.

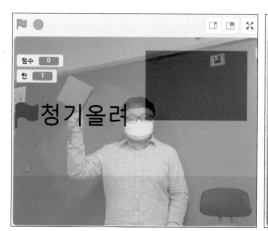

'청기백기' 게임 난이도 높이기

이번 프로젝트에서 만든 '청기백기' 게임은 두 가지 명령만 코딩하였다. 하지만 '청기백기' 게임에는 다른 명령도 존재한다. '청기백기 모두 올려', '청기백기 올리지 마' 등 다양한 명령이 있다. 이 명령도 게임에 추가하기 위해서 가장 먼저 해야 하는 작업은 무엇일까?

먼저 추가하고 싶은 명령을 레이블에 추가한 후 인공지능 모델을 훈련시켜야 한다. 원하는 명령을 추가하고 학습시켜서 난이도가 높은 게임을 만들어 보자.

01 훈련을 위해 입력한 샘플 데이터가 필요 이상으로 균일하여 모델의 정확도가 떨어지는
현상을 무엇이라고 하는가? 또 이 현상을 해결하는 방법은 무엇이 있는가?

(   ) 현상

02 인공지능 모델을 이용하면 조이스틱, 키보드, 마우스 같은 입력 장치에서 벗어나 사람의
몸을 입력 장치로 사용할 수 있다. 어떤 게임을 만들고 싶은지 기술해 보자.

Project 5

손동작 모션
잠금 해제 장치

여러 가지 손동작을 학습시켜서 암호를 만들고, 손동작으로 암호를 해제하는 잠금 장치를 만들어 보자.

학습 데이터 형식	이미지, 손동작 이미지
활동	• 모션 이미지를 세 가지 레이블로 만들고 학습시키기 • 암호를 설정하고 모션 이미지로 암호를 해제하도록 코딩하기
목표	• 주먹, 가위, 보 손동작을 학습시키고 해당 동작을 숫자를 저장할 수 있다. • 암호를 저장하는 리스트를 만들고 손동작으로 암호를 해제하는 프로그램을 만들 수 있다.
준비물	주먹, 가위, 보 사진 10장 이상, 웹카메라
유의 사항	가급적 이미지는 같은 배경을 두고 찍는 것을 권장한다.

Intro

🔧 아마존 AI 비서 '알렉사' 수화 번역 인공지능

소프트웨어 개발자 아비섹 싱(Abhishek Singh)이 아마존 AI 비서 '알렉사'의 수화 인식을 가능하게 하는 시스템을 개발했다. 이 시스템은 웹캠을 통해 사용자의 몸짓을 식별하고 이를 텍스트와 음성으로 해석한다.

사용자가 수화 언어를 사용하면 구글의 텍스트 음성 변환 소프트웨어가 수화 언어를 텍스트로 전환, 해당 단어를 음성으로 변환한다. 아마존 에코(Amazon Echo)가 이에 반응하고, 알렉사의 음성 반응은 자동으로 컴퓨터에 의해 텍스트로 변환되어 사용자는 이것을 읽을 수 있게 된다.

개발자 싱(Singh)은 구글의 AI 오픈 프로그램 텐서플로(TensorFlow)를 활용해 이러한 시스템을 만들었다. 텐서플로는 AI의 기계학습(머신러닝) 응용 프로그램을 코딩해 웹 브라우저에서 실행되는 것을 돕는다. 싱은 "음성에 의지하는 장치들이 집, 업무환경과 연결되는 중심이 되려면 듣지 못하거나 말하지 못하는 사람들도 사용할 수 있는 방법이 개발되어야 한다."라고 강조했다.

▲ 구글 인공지능 연구팀은 안드로이드 모바일용 도구인 오픈 소스 플랫폼인 미디어파이프(MediaPipe)를 사용하여 웹캠과 머신러닝을 이용해 손의 움직임과 모양을 인식한다.
(출처: https://google.github.io/mediapipe/solutions/handsogle)

⚙️ 모션 인식 기술의 미래

수화 언어를 받아들이기 위해서 모션 인식 기술이 필요하다. 모션 인식 기술이란, 어떤 특정한 물체의 움직임이나 위치를 인식하는 각종 센서를 이용한 기술을 말한다. 현재 상용화되고 있는 스마트폰, 닌텐도 Wii, 키넥트 등의 기기들은 컨트롤러 기반, 카메라 기반의 모션 인식 기술이 사용되고 있다.

▲ 모션 인식 게임(출처: 셔터스톡)

▲ 손 인식 기술(출처: 셔터스톡)

▲ 손 인식 기술(출처: 립모션(www.leapmotion.com))

▲ 핸드 트래킹 기술(출처: 립모션(www.leapmotion.com) 동영상)

모션 인식 기술이 발전하면 또 다른 형태의 인식 기술도 함께 발전할 수 있다. 개인의 지문, 얼굴, 홍채, 정맥 등의 선천적인 신체 정보와 걸음걸이, 글씨체 등 후천적으로 습득한 것들의 특징과 패턴을 추출한 후 다양한 형태의 모션 인식 기술이 더해진다면 과학, 기술, 의학계에서 활용도 역시 높아질 것이다.

이번 챕터에서 모션 이미지를 세 가지 레이블로 만들고 학습해 보자, 암호를 설정하고, 모션 이미지를 머신러닝하여 세 가지 레이블로 지정한 후 암호를 해제하는 프로그래밍을 코딩해 보자.

인공지능 모델 만들기

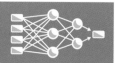

데이터 마이닝

손으로 할 수 있는 다양한 모션이 있지만 이번 프로젝트에서는 주먹, 가위, 보의 세 가지로 레이블링하여 이미지 데이터를 수집한다.

▲ 여러 각도와 방향에서 촬영하여 다양한 이미지 데이터를 확보한다.

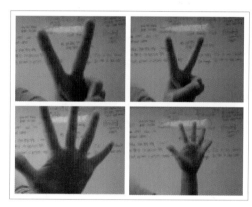

▲ 거리를 다르게 해서 크기가 다양한 이미지 데이터를 확보한다.

데이터 세트 만들기

이제 손 모양 이미지를 입력해서 학습 데이터 세트를 만들어 보자. 이를 위해 새로운 프로젝트와 레이블을 만들어 주어야 한다.

① 새로운 머신러닝 프로젝트를 시작하기 위해 [**프로젝트 추가**]를 클릭한다.

❷ '프로젝트 이름'은 [Password]로 정한다. 손동작 이미지이므로 '인식방법'은 [이미지]를 선택한다.

❸ 모든 설정이 완료되면 [만들기]를 클릭한다.

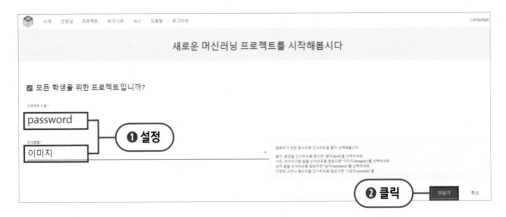

❹ '인식방법'을 [이미지]로 선택하면 변수(Value)를 추가하지 않아도 프로젝트를 만들 수 있다. 다음의 그림과 같이 'password'란 프로젝트가 만들어지면 [훈련]을 클릭하여 이미지를 학습시켜 보자.

❺ [새로운 레이블 추가]를 클릭하여 레이블을 만든다.

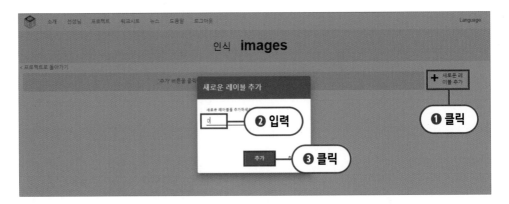

⑥ 주먹 이미지를 저장할 '0', 가위 이미지를 저장할 '1', 보 이미지를 저장할 '2', 이렇게 세 개의 레이블을 만든다.

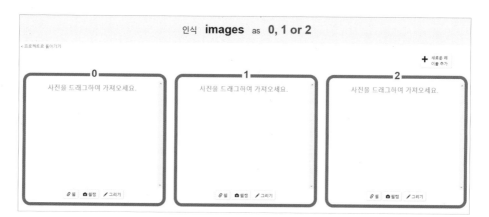

⑦ '0' 레이블은 주먹 사진을 추가하여 넣는다. [웹캠]을 클릭하고 여러 장의 사진을 촬영한다.

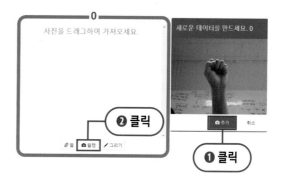

⑧ 같은 방법으로 '1' 레이블은 가위 사진을 추가하여 넣고, '2' 레이블은 보 사진을 추가하여 넣는다. 각 레이블별로 10장 이상의 사진을 확보하도록 한다.

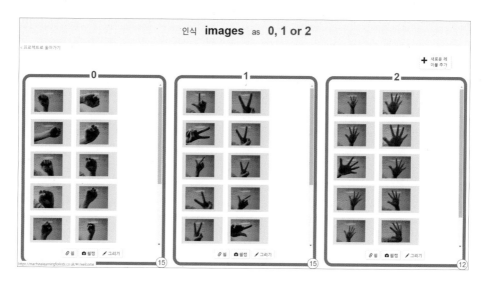

⑨ 이미지를 모두 입력했으면 [프로젝트 돌아가기]를 클릭하여 앞으로 되돌아간다.

 데이터 훈련

❶ [프로젝트로 돌아가기]를 클릭하고 [학습 & 평가]를 클릭한다.

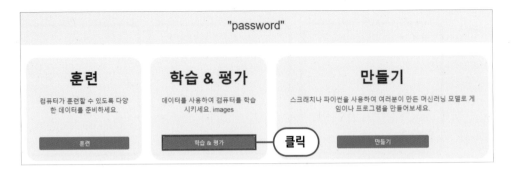

❷ [새로운 머신러닝 모델을 훈련시켜보세요.]를 클릭하여 모델을 훈련시킨다.

❸ 훈련이 완료되면 모델이 잘 학습되었는지 확인한다.

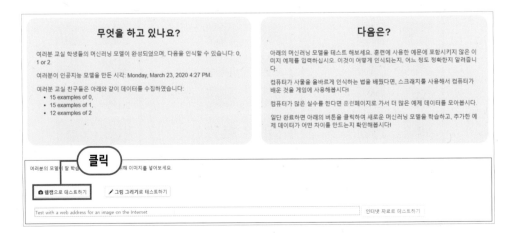

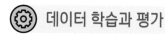 데이터 학습과 평가

① 우리가 학습시킨 모델이 잘 학습되었는지 확인하기 위해 직접 이미지를 넣어보자. [**웹캠으로 테스트하기**]를 클릭한다.

② 다양하게 테스트해본 후 정확도가 낮다면 훈련으로 되돌아가서 이미지 데이터를 추가한다.

▲ '2'로 레이블링되었고, 84퍼센트의 정확도를 보인다.

▲ '1'로 레이블링 되었고, 80퍼센트의 정확도를 보인다.

▲ '0'으로 레이블링되었고, 90퍼센트의 정확도를 보인다.

▲ '2'로 레이블링되었고, 85퍼센트의 정확도를 보인다.

인공지능 프로그래밍

⚙ 프로그램 Preview

우리가 만들 프로그램이 어떻게 구성되어 있는지 살펴보고 제작 계획을 세워보자.

1 무대와 스프라이트

무대	원하는 이미지를 사용한다.
Dot	암호를 비교한다.
Glow	설정할 암호를 입력받고, 카메라를 켜서 손동작을 인식하여 암호를 확인한다.

2 핵심 알고리즘 살펴보기

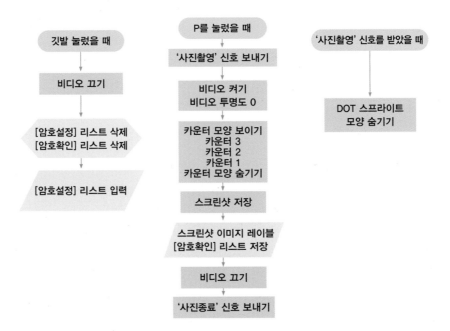

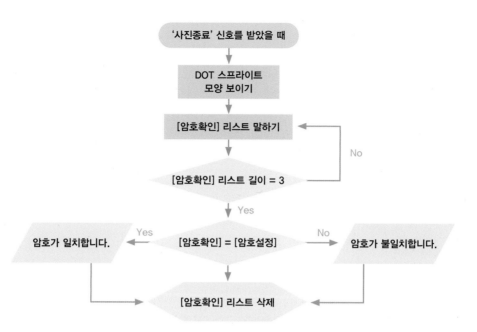

③ 명령어 블록 살펴보기

각 스프라이트와 배경에 어떤 명령 블록들이 들어가 있는지 확인해 보자.

● 'Glow' 스프라이트

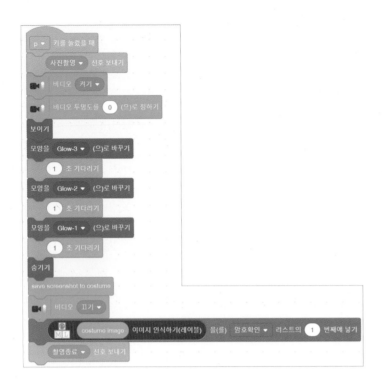

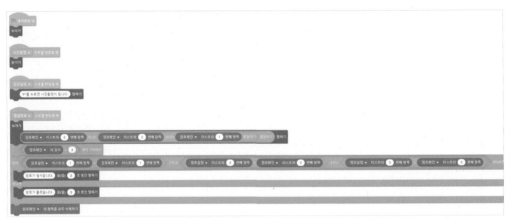

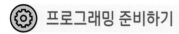 **프로그래밍 준비하기**

1 모델 불러오기

학습이 완료된 모델을 사용한다.

❶ 먼저 'password' 프로젝트를 선택한 후 [만들기]를 클릭한다.

2 스크래치 3에서 머신러닝 사용하기

❶ [스크래치 3]을 클릭한 후 [스크래치 3 열기]를 클릭한다.

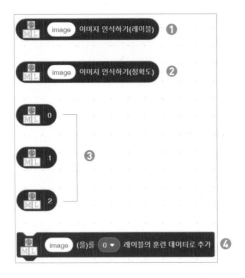

❶ 'image' 칸에 이미지를 입력하면 'pass
  word' 모델에서 어떤 숫자를 의미하는
  지 알려준다.
❷ 'password' 모델에서 image를 인식한
  정확도를 알려준다.
❸ 학습시킨 세 가지 손동작을 의미하는 레
  이블.
❹ 새로운 데이터를 원하는 레이블에 추가
  로 입력할 수 있다.

② 먼저 프로그램의 이름을 'password'으로 바꾼 후 [파일]→[컴퓨터에 저장하기]메뉴를 선택하여 저장
  한다.

③ [파일]→[Load form your computer] 메뉴를 선택하여 방금 전 저장한 'password.sb3' 파일을 불러
  온다.

③ 스프라이트 불러오기

① 'password' 모델을 모두 확인했으면 스프라이트를 불러온다. 기존 스프라이트는 삭제하고 'dot' 스프
  라이트를 선택한다.

② 오른쪽 아래의 [스프라이트 고르기]를 클릭한 후 [동물]에서 [Dot]를 선택한다.

③ 스프라이트의 크기는 기본값 '100'으로 설정하고 위치는 'x:0', 'y:60'으로 이동시킨다.

④ 우측 하단의 [스프라이트 고르기]를 클릭한 후 [모두]에서 [glow]를 검색하고 [Glow-3]을 선택한다.

⑤ 스프라이트의 크기는 '200'으로 설정하고 위치는 'x: 0', 'y: 0'으로 이동시킨다.

⑥ 'glow' 스프라이트를 선택하고 [모양] 탭에서 [모양 고르기]를 클릭한다. [glow]를 검색하고 [Glow-2]
를 선택한다. 같은 방법으로 [Glow-1]을 선택한다.

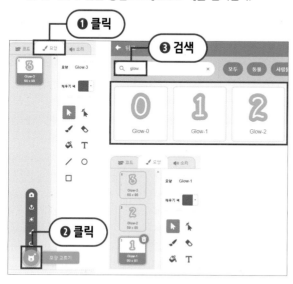

④ 배경 불러오기

① [배경고르기]를 클릭하여 [우주]에 있는 [Galaxy]의 배경을 불러온다.

⑤ 필요한 리스트와 신호 만들기

① [변수]에서 [리스트 만들기]를
클릭하여 새로운 변수를 만든
다. 리스트 이름은 [암호설정],
[암호확인]으로 한다. 데이터 값
을 확인하기 위해서 두 리스트
를 체크하여 보이게 하고 코딩
을 마무리하면서 두 리스트의
체크를 해제하여 무대에서 보
이지 않게 한다.

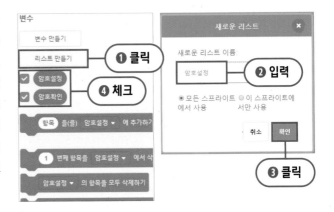

① [이벤트]에서 [새로운 메시지]를
클릭하여 새로운 신호를 만든다.
신호의 이름은 [암호설정], [사진
촬영], [촬영종료]로 정한다.

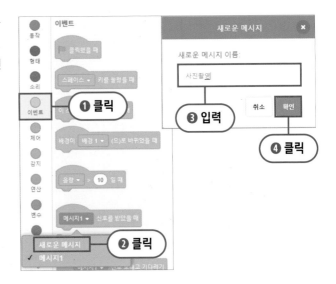

프로그래밍하기

1 'Glow' 코딩하기

● 깃발을 클릭했을 때 기본 설정하기

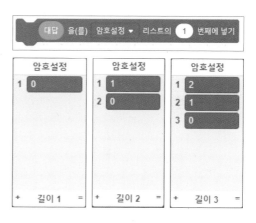

❶ 이벤트를 시작하면 비디오를 끄게 설정한다.
❷ [암호설정], [암호확인] 리스트의 항목을 모두 삭제한다.
❸ 3개의 암호를 입력받아 [암호설정] 리스트에 넣어주기 위해서 '묻고 기다리기'와 '대답을 리스트의 1번째에 넣기'를 3번 반복한다.
❹ 암호가 설정됐음을 알리기 위해 '암호설정' 신호를 보낸다.

P 5

● [암호설정] 리스트에 데이터 입력하기

0, 1, 2의 데이터가 순서대로 [암호설정] 리스트에 저장된다면 리스트에서 어떻게 저장되는지 확인해 보자. 리스트의 첫 번째에 넣으면 처음에 입력된 데이터는 점점 아래로 쌓이고 최근에 입력된 데이터는 첫 번째에 저장된다.

● 'P'를 눌렀을 때 비디오 켜기 설정하기

❶ 'P'를 누르면 '사진촬영' 신호를 보낸다.
❷ 비디오 '켜기' 상태로 설정한다.
❸ 비디오 투명도를 0으로 정해서 사진이 잘 보이게 한다.
❹ 'image' 카테고리에서 'save screenshot to costume (스크린샷을 모양에 저장하기)' 블록을 가져와 사진을 저장한다.
❺ 비디오 '끄기' 상태로 바꾼다.
❻ '촬영종료' 신호를 보낸다.

● 스크린샷을 찍기 전 카운터 만들기

 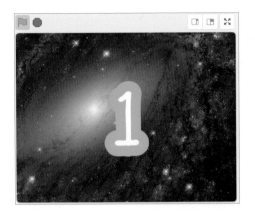

'P'를 눌러 스크립트를 실행하면 어떤 결과가 일어날지 예상하고 실행해 보자. 눈 깜박하는 사이에 비디오 설정이 켜지고 스크린샷이 저장되면서 비디오 설정이 종료될 것이다. 스크린샷을 찍기 전에 3, 2, 1 카운트해 줄 수 있도록 한다.

● 사진 이미지 인식하여 레이블에 분류하고 [암호확인] 리스트에 저장하기

저장된 사진 이미지를 인식하여 지정한 레이블에 넣고 [암호확인] 리스트에 넣는다.

● 코드 완성하기

앞에서 만든 코드를 다음과 같이 완성한다.

```
p ▼ 키를 눌렀을 때
  사진촬영 ▼ 신호 보내기
  비디오 켜기 ▼
  비디오 투명도를 0 (으)로 정하기
  보이기
  모양을 Glow-3 ▼ (으)로 바꾸기
    1 초 기다리기
  모양을 Glow-2 ▼ (으)로 바꾸기
    1 초 기다리기
  모양을 Glow-1 ▼ (으)로 바꾸기
    1 초 기다리기
  숨기기
  save screenshot to costume
  비디오 끄기 ▼
  costume image 이미지 인식하기(레이블) 을(를) 암호확인 ▼ 리스트의 1 번째에 넣기
  촬영종료 ▼ 신호 보내기
```

P 5

③ 'Dot' 스프라이트 코딩하기

● [암호확인] 리스트 결과값 출력하기

● 결합하기, 말하기, [암호확인] 리스트 결합하기

말하기, 결합하기, 리스트의 항목 블록들을 이용하여 [암호확인] 리스트에 입력된 데이터
를 계속 출력하도록 코딩해 보자.

Tip   블록을 가로로 길게 만들려면 블록을 드래그해서 왼쪽 끝부분을 맞춰준다.

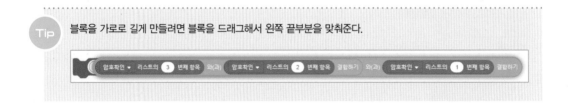

● [암호확인] 리스트의 길이가 특정 값이 될 때까지 [암호확인] 결과값 출력하기

[암호확인] 리스트의 데이터 개수가 3이 될 때까지 리스트의 값을 출력하도록 해준다.

● [암호확인], [암호설정] 리스트의 항목 비교하기

[암호확인], [암호설정] 리스트의 항목을 서로 비교하여 일치하면 '암호가 일치합니다.', 일치하지 않으면 '암호가 틀렸습니다.'라고 출력하도록 코딩해 보자.

● 판단하고 결과값 출력하기

❶ [암호확인], [암호설정] 리스트의 첫 번째, 두 번째, 세 번째 항목의 데이터 비교를 판단하도록 만든다.

❷ 참이면 '암호가 일치합니다', 아니면 '암호가 틀렸습니다.'라고 출력하도록 한다.

암호확인

(비어 있음)

❸ 리스트의 데이터 확인 후 [암호확인] 리스트를 삭제한다.

● 촬영 종료 신호를 받았을 때의 완성 코딩

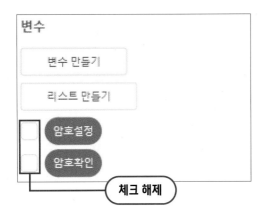

프로그램 사용해 보기

① 프로그램을 실행하기 전에 **[암호설정]**, **[암호확인]**의 체크를 해제하여 보이지 않게 한다.

② 'P'를 누르면 사진 촬영이 시작된다.

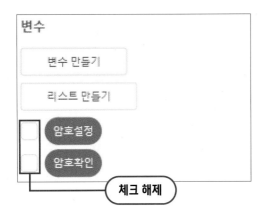

❸ 암호를 설정한다. 3번을 반복해서 진행되고 0, 1, 2 중에서 각 하나씩 입력한다. 예 0, 1, 2 입력

❹ 설정한 암호를 해제하기 위하여 모션을 촬영한다.

  • 첫 번째 암호가 0이므로 주먹을 촬영하여 이미지를 인식시킨다.
  • 두 번째 암호가 1이므로 가위를 촬영하여 이미지를 인식시킨다.
  • 세 번째 암호가 2이므로 보를 촬영하여 이미지를 인식시킨다.

❺ 설정한 암호와 세 번째 암호까지 입력받으면 암호와 일치하는지 판단한다.

01 암호 판단 후 신호 보내기 블록 추가하기

암호 일치 여부를 판단하여 결과를 출력하도록 코딩했는데, '암호일치', '암호불일치' 신호 보내기를 추가해 보자. 암호가 일치하여 잠금 해제되면 다음 배경을 만들어서 코딩해 보자.

```
만약            (이)라면
    암호가 일치합니다. 을(를)  3   초 동안 말하기
    암호일치 ▼  신호 보내기
아니면
    암호가 틀렸습니다. 을(를)  3   초 동안 말하기
    암호불일치 ▼  신호 보내기
```

02 입력값 이진 변환하기

이번 프로젝트에서는 세 가지 레이블(주먹, 가위, 보)을 이용하여 단순한 잠금 해제 장치 프로젝트를 진행해 보았다. 두 가지 레이블(주먹, 보)을 이용하여 이진 변환 암호장치를 진행해 보자.
예를 들어 입력값 0~15 중에서 14를 암호로 설정하고 이진 변환을 하면 1110이 되어 [암호설정] 리스트에는 [1,1,1,0]이 저장된다.
이제 암호를 해제하기 위해서 [주먹]은 0, [보]는 1의 값을 입력하면 어떤 동작을 취해야 할까? [보, 보, 보, 주먹]을 인식해야 한다. 그렇다면 15를 암호로 설정했다면 암호를 해제하기 위해서 어떤 동작을 입력해야 할까? 15는 이진 변환하면 1111이 되므로 [보, 보, 보, 보]를 인식해야 한다.
입력받은 정수를 이진 변환하여 [주먹, 보]의 두 가지 모션으로 암호를 해제하는 코딩을 해 보자.

01 [암호확인] 리스트에는 리스트 순서대로 [1, 2]가 저장되었고, [암호설정] 리스트에는 [0, 1, 2]가 저장되어 있다. [암호확인] 리스트의 1번 항목에 [0] 데이터가 저장되고 촬영 종료 신호가 보내진다면 어떤 결과가 나타나겠는가?

① [암호확인] 리스트는 [1, 2, 0]이 저장되므로 [암호설정] 리스트와 일치하지 않는다.

② [암호확인] 리스트는 [1, 2]가 저장되므로 [암호확인] 리스트 길이는 2개가 된다.

③ [암호확인] 리스트와 [암호설정] 리스트와 일치하게 되어 "암호가 일치합니다."라고 3초간 말한다.

④ [암호확인] 리스트와 [암호설정] 리스트와 일치하지 않아서 [암호확인] 리스트의 항목을 모두 삭제한다.

02 생체 인증을 통하여 보안을 접목시킨 분야가 다양하게 있다. 생체 인증을 활용하는 보안 분야를 알아보고 머신러닝을 통해 만들고 싶은 프로그램을 생각해 보자.

Project **6**

우승팀을
예측하라

야구 기록을 통해 야구선수의 연봉 및 팀의 우승 가능성을 확인하는 프로그램을 만들어 보자.

학습 데이터 형식	숫자, 야구 선수 연봉 및 개인 기록
활동	• 야구선수들의 기록 및 연봉액 학습시키기 • 최근 야구팀의 순위 학습시키기 • 연봉과 우승 가능성을 확인하는 프로그램 만들기
목표	야구 기록을 통해 야구 선수의 연봉 및 팀의 우승 가능성을 확인하는 프로그램을 만들며, 인공지능이 판단하는 근거에 대해서 이해할 수 있다.
준비물	최근 프로야구 기록(www.koreabaseball.com)
유의 사항	야구팀 및 타자의 기록 중 일부만 사용하여 학습시킨 결과이기 때문에 실제 선수의 연봉과 팀의 시즌 순위와는 다른 결과가 나올 수 있다.

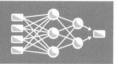

Intro

빅데이터와 스포츠

스포츠는 인공지능과 빅데이터, VR(가상현실) 등의 정보통신기술의 발달로 환경이 변화되고 있다. 과거에는 구단 운영, 선수 관리 등을 사람의 직관적인 판단에 근거해서 결정하여 운영했다면 최근에는 경기 결과, 선수들의 기록, 영상 자료 등을 분석하여 보다 효율적으로 구단을 운영하고 선수를 선발하는 데 빅데이터의 비중이 점점 증가하고 있다. 스포츠 분야에서는 섬세하고 역동적인 데이터 수집과 분석이 필요해졌고, ICT 기술의 발달과 맞물려 최근에는 기본적인 타율, 방어율, 승률 등의 데이터뿐만 아니라 선수들의 운동 강도, 자세, 관절각도, 회전율, 속도, 심박 수 등 선수 상태를 측정하고 분석하여 훈련에 적용하기도 한다. 미국 메이저리그의 시카고 컵스는 선수들의 동작을 촬영하고 기록해 3D 영상을 만들고 영상분석을 통해 선수들의 기량을 끌어올리는 데 활용하고 있다.

스포츠에서의 데이터를 활용한 AI 기술은 프로구단이나 프로선수들에게 적용될 뿐만 아니라 생활 스포츠에서도 폭넓게 활용되고 있다. 빅데이터와 머신러닝 기반의 지능형 생활체육 추천 플랫폼이 개발되어 건강검진에 의해 측정된 데이터로 운동 종목, 방식 등을 추천해 준다.

머니볼

야구는 흔히 기록의 스포츠라고 한다. 어느 종목의 스포츠보다 자세한 기록이 남고, 이를 바탕으로 선수를 평가하며, 통계를 이용해 좀 더 유리한 상황으로 경기를 이끌기 위해 데이터를 활용한다. 예를 들어 특정 투수에게 특정 타자가 유리한지, 불리한지에 대한 기록을 바탕으로 선수 교체 여부를 판단할 수 있다. 그리고 타자가 밀어치기를 좋아하는 타자라면 그에 맞게 수비의 위치를 바꿀 수 있는데, 이 모두 기록이 있어 가능하다. 야구는 경기 결과와 선수 개개인의 기록이 쌓여 빅데이터가 만들어진다. 이런 기록이 선수를 평가하고 선수의 가치를 올릴 수 있는 수단이 된다.

이런 야구의 기록을 보다 효율적으로 활용하려는 구단주가 있었다. 미국 프로야구 선수 출신의 오클랜드 애슬레틱스 단장인 빌리 빈(Billy Beane)이 바로 그 주인공이다. 빌리 빈이 주장한 야구 운영 이론은 적은 비용으로 높은 효율을 추구하는 방식으로서 대표적으로 출루율과 관련되어 있다. 애슬레틱스 구단은 재정이 좋지 않아 타율, 홈런을 잘 치는 고액 연봉의 선수를 영입할 수 없었다. 빌리 빈은 데이터를 분석하여 타율, 홈런을 잘 치는 선수보다 출루율이 높은 선수가 득점할 확률이 높다고 판단하였고, 당시 통념과 상반되는 연봉이 낮고 출루율이 높은 선수들을 영입하여 팀을 운영하였다. 비록 빌리 빈이 머니볼의 이론으로 운영하여 우승 하지 못했지만, 빌리 빈의 애슬레틱스는 2002년에 미국 역사상 최초로 20연승이라는 좋은 성 적을 거두어 화제가 되었고, 빌리 빈의 이런 구단 운영 방식인 '머니볼'이 주목을 받았다. 또한 2011년 빌리 빈의 이야기를 다룬 〈머니볼〉이란 영화가 만들어지기도 하였다.

▲ 빌리 빈의 이야기를 다룬 영화 〈머니볼〉의 한 장면

활용

이번 프로젝트에서는 한국프로야구팀과 선수의 기록을 데이터로 컴퓨터에게 머신러닝을 하여 다양 한 활동을 해 보자.

▲ 한국프로야구 10구단(출처: KBO 홈페이지)

❶ KBO 선수들(타자)들의 2019년 시즌과 연봉의 관계를 학습시켜서 가상의 선수가 받을 수 있는 연봉 알아보기

❷ 최근 5시즌 동안의 KBO 정규 시즌의 순위에 따른 팀 기록을 입력하여 정규 시즌 성적이 상위권에 올라가기 위해 필요한 요소 찾아보기

인공지능 모델 만들기

 데이터 마이닝

KBO 홈페이지에서 2019 시즌의 타자 기록을 확인해 보자.

2019 KBO 정규 시즌 타자 기록

AVG	G	PA	AB	R	H	2B	3B	HR	TB	RBI	SAC	SF
0.354	118	459	390	61	138	26	0	20	224	68	0	6
0.344	144	645	572	87	197	34	0	15	276	88	0	6
0.344	125	526	468	89	161	23	8	1	203	45	2	6
0.336	140	630	574	91	193	31	10	6	262	68	3	4
0.336	116	505	438	72	147	29	1	13	217	65	0	4
0.323	137	513	492	76	159	25	7	3	207	56	0	2
0.322	142	578	521	68	168	30	3	24	276	104	0	5
0.319	127	537	458	83	146	27	5	10	213	64	1	11
0.317	139	562	501	61	159	19	1	14	222	86	0	5
0.315	128	514	470	59	148	18	1	12	204	72	0	8
0.308	138	613	546	88	168	24	3	2	204	48	4	1
0.307	139	625	540	112	166	38	2	19	265	104	1	7
0.305	127	500	433	47	132	21	0	6	171	62	0	8
0.305	139	613	525	100	160	39	1	28	285	113	0	5
0.304	140	595	526	75	160	37	0	11	230	82	0	9
0.301	141	606	545	85	164	30	1	22	262	83	1	7
0.300	113	486	426	67	128	23	3	2	163	41	3	5
0.300	136	555	456	65	137	31	1	17	221	86	0	7
0.297	114	467	411	57	122	20	1	5	159	46	5	6
0.295	134	568	512	78	151	22	1	10	205	63	1	2
0.293	139	547	484	62	142	17	3	2	171	36	7	4

▲ 출처: KBO 홈페이지

Tip **야구의 기록 용어**

야구에는 다양한 기록 용어가 있는데, 프로그램을 만들 때 자주 쓰이는 야구 용어의 의미를 알아두자.

AB(At Bat) 타수	타자가 실제로 타석에 들어간 횟수에서 사구, 사구, 희생타, 타격 방해에 의한 출루의 횟수를 뺀 수
AVG(Batting AveraGe) 타율	안타 수를 타수로 나누어 계산한 백분율(타율=안타 수/타수)
RBI(Runs Batted In) 타점	안타나 희생타 등으로 얻은 점수
SLG(SLugging PercentaGe) 장타율	• 타자가 타격을 한 뒤 몇 루를 출루 가능한지의 기대 수치 • 장타율이 0.500이라면 한 번의 타석에서 0.5루의 출루가 기대되는 선수라는 의미
OBP(On Base Percent) 출루율	타자가 베이스에서 얼마나 많이 살아 나갔는지의 백분율
OPS(SLG+OPB)	장타율과 출루율을 합친 값(장타율+출루율)
RISP(Runner In Scoring Position) 득점권타율	주자가 2루나 3루에 있을 때의 타율

 데이터 세트 만들기

찾은 데이터를 이용해서 학습 데이터 세트를 만들어 보자. 이를 위해 새로운 프로젝트와 레이블을 만들어 주어야 한다.

① 새로운 머신러닝 프로젝트를 시작하기 위해 **[프로젝트 추가]**를 클릭한다.

② '프로젝트 이름'은 한국야구리그 데이터를 기준으로 했기 때문에 **[KBO Salary]**로 정한다.

③ 야구 데이터가 숫자로 되어 있기 때문에 '인식방법'은 **[숫자]**를 선택한다.

④ **[ADD A VALUE]**, **[ADD ANOTHER VALUE]**를 클릭해서 변수(Value)를 추가한다.

⑤ 변수(Value) 이름은 야구 용어에 맞게 입력하여 만든다. 변수(Value)에 입력할 데이터는 야구 기록이므로 변수의 유형은 모두 [**숫자**]로 선택한다.

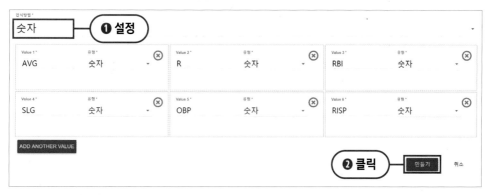

▲ 야구 용어: AVG(타율), R(득점), RBI(타점), SLG(장타율), OBP(출루율), RISP(득점권 타율)

⑥ 새롭게 만든 'KBO Salary' 프로젝트를 선택한 후 [**훈련**]을 클릭한다.

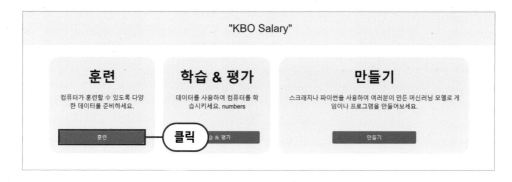

❼ 데이터를 입력할 레이블을 만들어 보자. 선수들의 연봉을 기준으로 데이터를 나누어 입력해야 하므로 레이블의 이름은 [10](연봉이 10억 원 이상인 선수), [5](연봉이 10억 원 미만 5억 원 이상인 선수), [3](연봉이 5억 원 미만 3억 원 이상인 선수), [0](연봉이 3억 원 미만인 선수)으로 구분해 준다.

❽ 4개의 레이블을 추가한 후 각 레이블에 데이터를 추가한다. 데이터는 다음 표를 보고 입력한다.

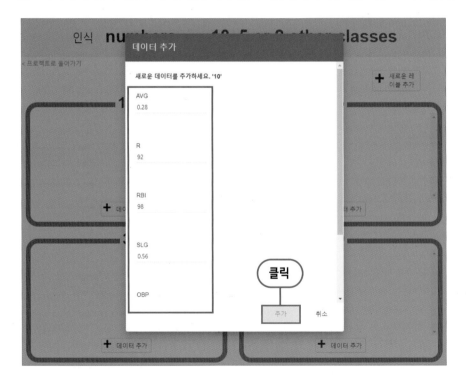

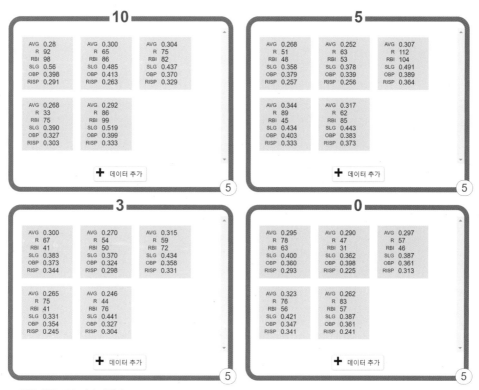

▲ 2019 시즌 KBO 타자 데이터

레이블	AVG	AB	R	RBI	SLG	OBP	RISP	연봉
	0.28	432	92	98	0.56	0.398	0.291	
	0.3	456	65	86	0.485	0.413	0.263	
10	0.304	526	75	82	0.437	0.37	0.329	10억 이상
	0.268	415	33	75	0.39	0.327	0.303	
	0.292	503	86	99	0.519	0.399	0.333	
	0.268	377	51	48	0.358	0.379	0.257	
	0.252	473	63	53	0.378	0.339	0.256	
5	0.307	540	112	104	0.491	0.389	0.364	5억 이상
	0.344	486	89	45	0.434	0.403	0.333	
	0.317	501	61	85	0.443	0.383	0.373	
	0.3	426	67	41	0.383	0.373	0.344	
	0.27	422	54	50	0.37	0.324	0.298	
3	0.265	441	75	41	0.331	0.354	0.245	3억 이상
	0.315	470	59	72	0.434	0.358	0.331	
	0.246	395	44	76	0.441	0.327	0.304	
	0.295	512	78	63	0.4	0.36	0.293	
	0.29	373	47	31	0.362	0.398	0.225	
0	0.297	411	57	46	0.387	0.361	0.313	3억 미만
	0.323	492	76	56	0.421	0.347	0.341	
	0.262	564	83	57	0.374	0.317	0.241	

▲ 한국프로야구 2019 시즌 타자 기록 중 일부(출처: KBO 홈페이지)

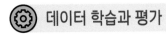 **데이터 학습과 평가**

❶ 'KBO Salary' 프로젝트로 돌아가서 **[학습 & 평가]**를 선택한다.

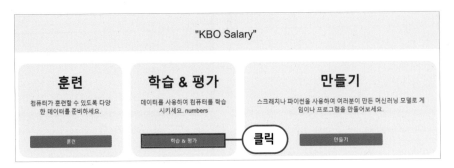

❷ **[새로운 머신러닝 모델을 훈련시켜보세요.]**를 클릭하여 모델을 훈련시킨다.

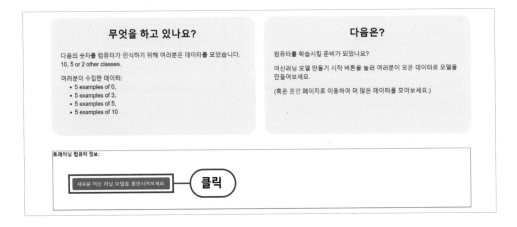

❸ 훈련이 완료되면 모델이 잘 학습되었는지 확인할 수 있다.

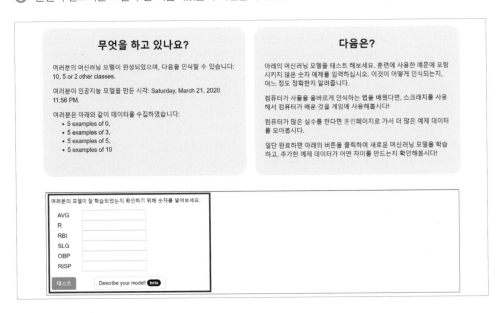

④ 테스트하기 전에 다음 세 명의 타자의 기록을 보고 어느 선수의 연봉이 가장 높게 나올지 생각해 보자.

선수	AVG	R	RBI	SLG	OBP	RISP
A	0.336	72	65	0.495	0.416	0.284
B	0.336	91	68	0.459	0.386	0.307
C	0.285	48	88	0.435	0.355	0.290

⑤ 여러분이 구단주라면 어떤 선수를 영입할 것이며, 누구에게 연봉을 가장 높게 줄지 생각해 보자.

⑥ 어떤 선수의 연봉이 가장 높게 나왔으며, 우리가 학습시킨 모델이 이런 결과를 나오게 되었는지 생각해 보자.

⚙ 인공지능 모델 테스트하기

우리가 학습시킨 모델이 어떤 기록을 가지고 어떤 단계로 타자의 연봉을 정하는지 확인해 보자. [테스트]의 오른쪽에 있는 [Describe your model, (beta)]을 선택한다.

숫자로 학습시킨 모델은 결정 과정을 의사결정 트리로 설명해 준다. 그래서 다른 머신러닝 방법보다는 기계가 어떤 과정으로 학습하고 판단하는지 이해하기 쉽다.

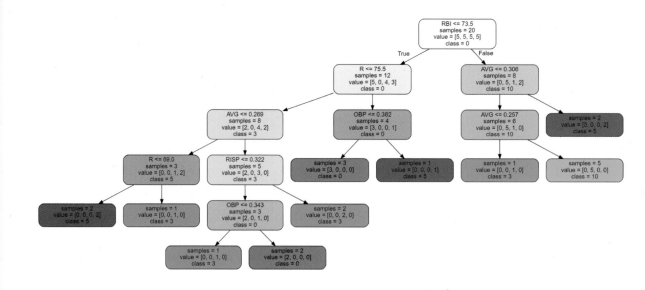

앞에서 테스트로 입력했던 데이터를 다시 입력하여 모델이 어떤 경로로 결과값에 도달하는지 확인해 보자.

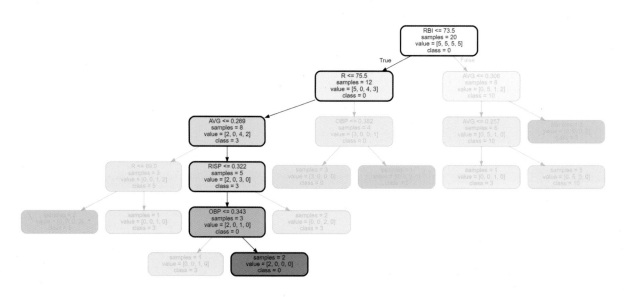

A 선수의 연봉이 결정되는 과정을 살펴보자.

선수	AVG	R	RBI	SLG	OBP	RISP
A	0.336	72	65	0.495	0.416	0.284

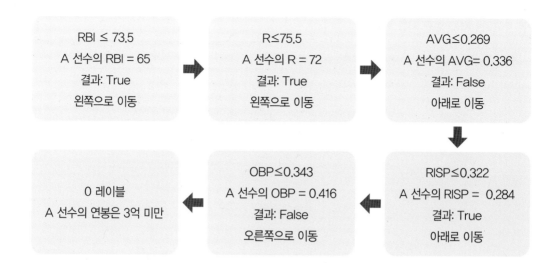

RBI ≤ 73.5		R≤75.5		AVG≤0.269
A 선수의 RBI = 65		A 선수의 R = 72		A 선수의 AVG= 0.336
결과: True		결과: True		결과: False
왼쪽으로 이동		왼쪽으로 이동		아래로 이동

0 레이블		OBP≤0.343		RISP≤0.322
A 선수의 연봉은 3억 미만		A 선수의 OBP = 0.416		A 선수의 RISP = 0.284
		결과: False		결과: True
		오른쪽으로 이동		아래로 이동

트리의 경로로 알 수 있는 사실은 우리가 입력한 데이터로 학습한 모델은 가장 먼저 선택한 값이 RBI(타점)라는 것이다. 트리의 가장 위에서 RBI(타점)를 기준으로 분류를 시작하는 것을 알 수 있다. 이를 통해 우리가 학습시킨 모델은 선수의 기록 중 RBI(타점)의 기록을 기준으로 했을 때 가장 쉽게 구분할 수 있다고 계산한 것이다.

주의점

모델에 학습시킨 데이터는 선수의 데이터 중 일부만 발췌하여 학습시킨 것이기 때문에 머신러닝시킨 모델의 결과 값은 실제 선수들의 연봉과 많은 차이가 발생할 수 있다.
두 번째로 2015 시즌부터 2019년 시즌까지 5년간 팀 기록을 학습시켜서 시즌 중인 팀의 최종 성적 또는 포스트 시즌의 진출 여부를 확인해 보자.

(⚙) 데이터 마이닝

이번 모델을 학습시키려면 2015 시즌부터 2019 시즌의 정규 시즌 팀 기록이 필요하다. KBO 홈페이지 기록실에서 관련 자료를 살펴보자.

[팀기록]을 선택한 후 원하는 시즌의 연도를 선택한다.

✢ 2019년 KBO 정규 시즌 팀기록

AVG	G	PA	AB	R	H	2B	3B	HR	TB	RBI	SAC	SF
0.282	144	5658	4991	780	1405	251	38	112	2068	741	36	48
0.278	144	5631	4968	674	1383	249	26	128	2068	639	64	60
0.278	144	5670	4913	736	1364	235	31	84	1913	691	39	83
0.277	144	5582	4965	650	1375	187	20	103	1911	615	45	45
0.267	144	5536	4928	641	1316	233	15	94	1861	604	49	48
0.264	144	5505	4874	605	1286	248	19	76	1800	567	31	45
0.262	144	5542	4919	655	1290	218	14	117	1887	622	35	38
0.256	144	5482	4882	607	1250	223	16	88	1769	562	44	45
0.256	144	5533	4866	622	1245	230	26	122	1893	598	58	53
0.250	144	5488	4919	578	1231	214	22	90	1759	545	35	40
0.267	720	55627	49225	6548	13145	2288	227	1014	18929	6184	436	505

▲ 출처: KBO 홈페이지

⚙ 데이터 세트 만들기

❶ 새로운 머신러닝 프로젝트를 시작한다. '프로젝트 이름'은 **[KBO Ranking]**으로 입력하고, 역시 야구 팀의 기록을 처리하기 때문에 '인식방법'은 **[숫자]**를 선택한다.

❷ **[값 추가]**를 클릭해서 변수(Value)를 추가한다.

❸ 변수(Value) 이름은 야구 용어로 정하고 변수에 입력할 데이터는 야구 기록이므로 변수의 유형은 모두 **[숫자]**로 선택한다. 변수 AVG는 타자는 타율, 투수에게는 피안타율을 의미하고 둘을 구분하기 위해 1과 2를 추가로 넣어 구분하였다.

▲ 야구 용어: AVG1(타율), OPS(장타율＋출루율), RISP(득점권 타율), ERA(평균 자책점), WPCT(승률), AVG2(피안타율)

❹ 'KBO Ranking' 프로젝트를 선택한 후 [훈련]을 클릭한다.

❺ 새로운 레이블(1, 2, 3, 4, 5)을 추가한다. 레이블의 이름은 팀의 순위를 의미한다.

❻ 5개의 레이블을 만든 후 레이블에 데이터를 추가한다. 1 레이블에는 1위 팀의 데이터를 2 레이블에는 2위 팀의 데이터를, 3 레이블에는 3위 팀의 데이터를, 4 레이블에는 4위 팀의 데이터를, 5 레이블에는 5위 팀의 데이터를 입력한다.

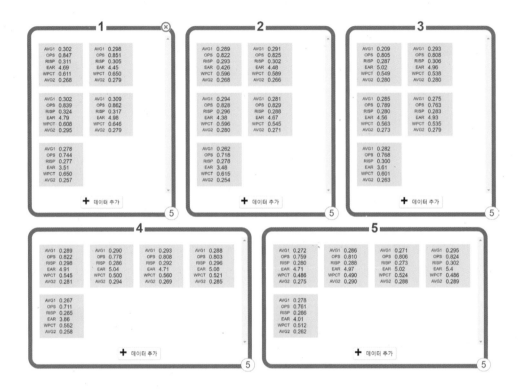

2015~2019 KBO 시즌 팀기록(1~5위)

시즌	순위(등급)	AVG1	OPS	RISP	ERA	WPCT	AVG2
	1	0.302	0.847	0.311	4.69	0.611	0.268
	2	0.289	0.822	0.293	4.26	0.596	0.264
2015	3	0.29	0.805	0.287	5.02	0.549	0.28
	4	0.289	0.822	0.298	4.91	0.545	0.281
	5	0.272	0.759	0.28	4.71	0.486	0.275
	1	0.298	0.851	0.305	4.45	0.65	0.279
	2	0.291	0.825	0.302	4.48	0.589	0.266
2016	3	0.293	0.808	0.306	4.96	0.538	0.28
	4	0.29	0.778	0.286	5.04	0.5	0.294
	5	0.286	0.81	0.288	4.97	0.49	0.29
	1	0.302	0.839	0.324	4.79	0.608	0.295
	2	0.294	0.828	0.296	4.38	0.596	0.28
2017	3	0.285	0.789	0.28	4.56	0.563	0.273
	4	0.293	0.808	0.292	4.71	0.56	0.269
	5	0.271	0.806	0.273	5.02	0.524	0.288

	1	0.309	0.862	0.317	4.98	0.646	0.279
	2	0.281	0.829	0.288	4.67	0.545	0.271
2018	3	0.275	0.763	0.283	4.93	0.535	0.279
	4	0.288	0.803	0.296	5.08	0.521	0.285
	5	0.295	0.824	0.302	5.4	0.486	0.289
	1	0.278	0.744	0.277	3.51	0.65	0.257
	2	0.262	0.718	0.278	3.48	0.615	0.254
2019	3	0.282	0.768	0.3	3.61	0.601	0.263
	4	0.267	0.711	0.265	3.86	0.552	0.258
	5	0.278	0.761	0.266	4.01	0.512	0.262

▲ KBO 2015~2019시즌 팀 기록(출처: KBO 홈페이지)

⚙️ 데이터 학습과 평가

❶ 'KBO Ranking' 프로젝트로 돌아가서 [학습 & 평가]를 클릭한 후 새로 만든 머신러닝 모델을 훈련시킨다.

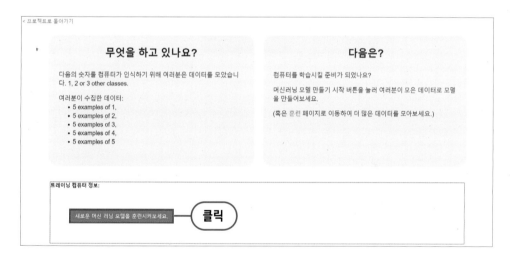

⚙️ 인공지능 모델 테스트하기

❶ 다음 표의 기록은 2010 시즌의 1위부터 5위까지의 팀 기록이다. 팀 기록을 학습시킨 모델에 입력하여 팀의 순위를 확인하여 보자.

팀	AVG1	OPS	RISP	ERA	WPCT	AVG2	순위
A	0.301	0.850	0.327	4.52	0.624	0.275	
B	0.298	0.891	0.286	5.25	0.619	0.293	
C	0.282	0.800	0.300	4.29	0.551	0.271	
D	0.279	0.761	0.290	4.58	0.492	0.275	
E	0.291	0.795	0.301	5.51	0.484	0.287	

❷ 실제 팀의 성적과는 모델의 결과가 다르다는 것을 알 수 있다. 실제 순위와 결과값에 차이가 발생하는 이유를 생각해 보고 정확한 결과를 얻으려면 어떻게 해야 할지도 생각해 보자.

❸ 'KBO Ranking' 모델의 트리 구조를 확인하고 어느 변수가 팀의 순위를 정하는 데 결정적인 원인이 되었는지 확인해 보자.

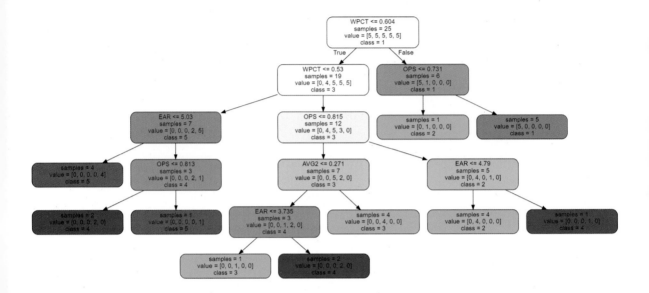

❹ 팀 순위를 학습시킨 모델의 트리 구조를 살펴보면 가장 우선되는 값은 WPCT(승률)이다. 승률이 높은 팀이 1위를 하는 것은 당연한 결과이다. 트리 구조를 보면 승률이 0.604 이상일 경우에는 팀의 순위가 1, 2위 높아지는 것을 알 수 있다. WPCT(승률) 다음으로 가중치가 높은 변수는 OPS(장타율+출루율)로 확인할 수 있다. 실제 이 트리 구조대로 팀의 승률이 0.604를 넘기고 OPS가 0.731보다 높으면 1위를 할 수 있을까? 야구의 순위는 상대적인 결과여서 1위를 할 수 있다고 확신할 수 없다. 다만 머신러닝을 통해 학습시킨 모델의 트리 구조를 보고 정규 시즌에서 높은 순위를 차지하기 위해서 어떤 기록이 좋아야 하는지를 확인할 수는 있다.

인공지능 프로그래밍

프로그램 Preview

우리가 만들 프로그램이 어떻게 구성되어 있는지 살펴보고 제작 계획을 세워보자.

1 완성된 무대 살펴보기

무대	야구장 이미지를 가지고 와서 사용한다. (baseball2)
스프라이트	스프라이트 Batter를 불러온다.

2 핵심 알고리즘 살펴보기

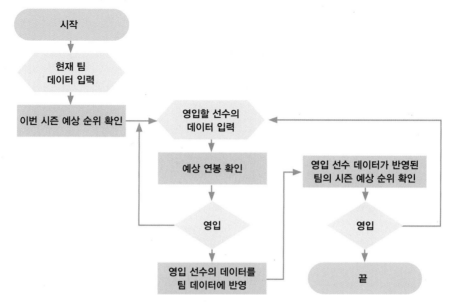

❸ 완성된 프로그램 블록 살펴보기

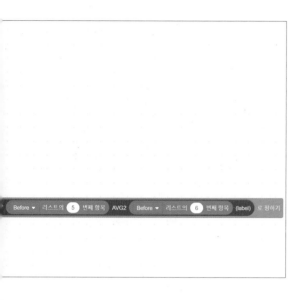

Before ▼ 리스트의 **5** 번째 항목 AVG2 Before ▼ 리스트의 **6** 번째 항목 (label) 로 정하기

리스트의 **5** 번째 항목 RISP 영입선수(타자) ▼ 리스트의 **6** 번째 항목 (label) 로 정하기

CT After ▼ 리스트의 **5** 번째 항목 AVG2 After ▼ 리스트의 **6** 번째 항목 (label) 로 정하기

메시지1 ▼ 신호를 받았을 때
  영입선수(타자) ▼ 의 항목을 모두 삭제하기
  영입할 선수의 AVG를 입력하세요. 라고 묻고 기다리기
  대답 을(를) 영입선수(타자) ▼ 에 추가하기
  영입할 선수의 R를 입력하세요. 라고 묻고 기다리기
  대답 을(를) 영입선수(타자) ▼ 에 추가하기
  영입할 선수의 RBI를 입력하세요. 라고 묻고 기다리기
  대답 을(를) 영입선수(타자) ▼ 에 추가하기
  영입할 선수의 SLG를 입력하세요. 라고 묻고 기다리기
  대답 을(를) 영입선수(타자) ▼ 에 추가하기
  영입할 선수의 OBP를 입력하세요. 라고 묻고 기다리기
  대답 을(를) 영입선수(타자) ▼ 에 추가하기
  영입할 선수의 RISP를 입력하세요. 라고 묻고 기다리기
  대답 을(를) 영입선수(타자) ▼ 에 추가하기
  메시지2 ▼ 신호 보내기

메시지3 ▼ 신호를 받았을 때
  이 선수를 영입하시겠습니까?(예 : 1 / 아니오 : 2) 라고 묻고 기다리기
  만약 대답 = **1** (이)라면
    메시지4 ▼ 신호 보내기
  아니면
    새로 영입할 선수의 기록을 입력해주세요. 을(를) **2** 초 동안 말하기
    메시지1 ▼ 신호 보내기

메시지5 ▼ 신호를 받았을 때
  영입을 종료하시겠습니까?(예 : 1 / 아니오 : 2) 라고 묻고 기다리기
  만약 대답 = **2** (이)라면
    메시지1 ▼ 신호 보내기
  멈추기 모두 ▼

P 6

프로그래밍 준비하기

1 모델 불러오기

우리가 만들 프로그램은 이번 프로젝트에서 만들 두 개의 모델을 모두 사용해야 한다. 스크래치에서 두 모델을 불러와 보자.

❶ 먼저 'KBO Salary' 프로젝트를 선택한 후 **[만들기]**를 클릭한다.

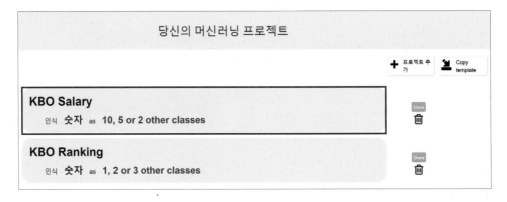

2 스크래치에서 머신러닝 블록 사용하기

❶ [스크래치 3]를 클릭한 후 [스크래치 3 열기]를 클릭한다.

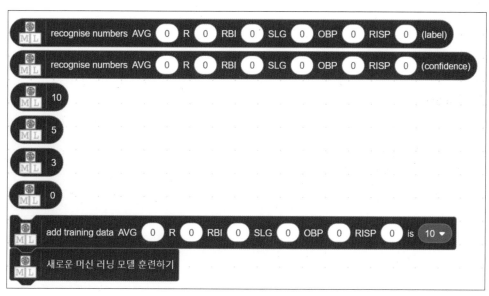

P 6

※ 'KBO Ranking' 모델의 블록도 내용이 같기 때문에 설명을 생략한다.

❶ number 칸에 야구선수의 데이터를 입력하면 'KBO Salary' 모델이 무엇을 인식했는지 알려준다.

❷ 'KBO Salary' 모델에서 number를 인식한 정확도를 알려준다.

❸ 레이블(10, 5, 3, 0)

❹ 새로운 데이터를 원하는 레이블에 추가로 입력할 수 있다.

❺ 추가된 데이터를 입력 후 머신러닝을 훈련시킬 수 있다.

❷ 먼저 프로그램의 이름을 [KBO Salary]로 바꾼 후 [파일]→[컴퓨터에 저장하기] 메뉴를 선택하여 저장한다.

❸ 다시 MLforKids로 돌아간 후 [프로젝트] 메뉴를 선택하여 프로젝트 페이지로 이동한다. 이번에는 'KBO Ranking' 프로젝트를 선택하고 [만들기]를 클릭한 후 [스크래치 3]를 클릭한다.

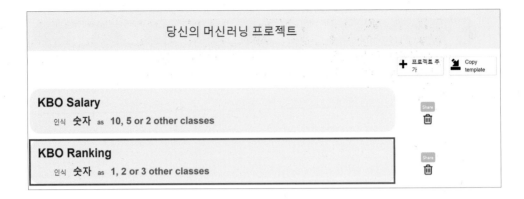

당신의 머신러닝 프로젝트

KBO Salary
인식 **숫자** as **10, 5 or 2 other classes**

KBO Ranking
인식 **숫자** as **1, 2 or 3 other classes**

❹ [파일]→[Lord form your computer] 메뉴를 선택하여 방금 전에 저장한 'KBO Salary.sb3' 파일을 불러온다.

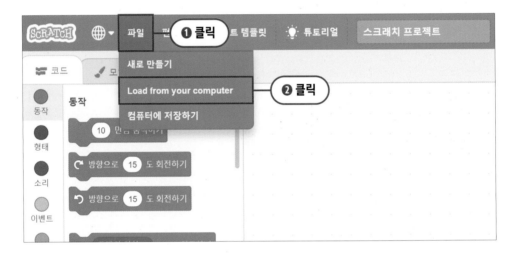

❺ "KBO Salary'와 'KBO Ranking' 두 모델을 모두 불러온 것을 확인할 수 있다. 이런 방식으로 기존에 학습시킨 모델을 추가하여 프로그램을 만들 수 있다.

3 스프라이트 불러오기

❶ 'KBO Salary'와 'KBO Ranking' 모델을 모두 확인했으면 기존 스프라이트는 삭제하고 'batter' 스프라이트를 불러온다.

❷ 오른쪽 아래의 [스프라이트 고르기]를 클릭한 후 [스포츠]에서 [Batter]를 선택한다.

❸ 스프라이트의 크기를 [50]으로 줄이고 오른쪽 아래로 이동시킨다.

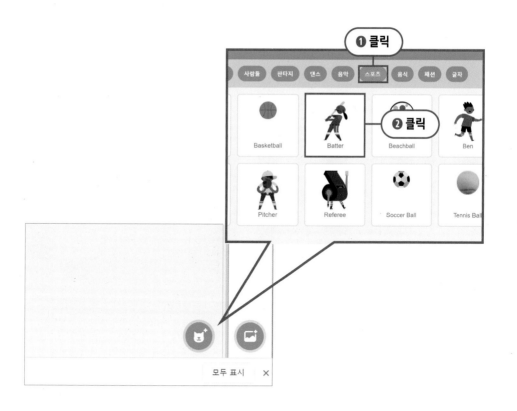

4 배경 불러오기

1 우측 하단의 [**배경 고르기**]를 클릭하여 [**스포츠**]에 있는 [Baseball 2]의 배경을 불러온다.

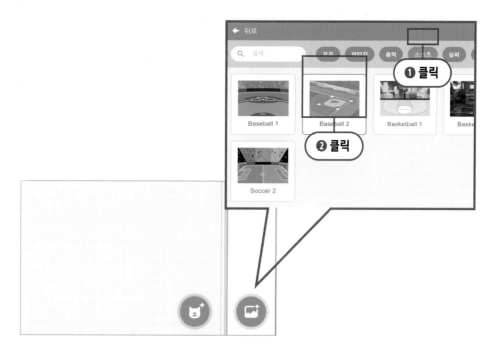

① [변수]에서 [변수 만들기]를 클릭하여 새로운 '연봉', 'Ranking' 변수를 만든다. 두 변수의 체크를 해제
   하여 무대에서 변수가 보이지 않게 한다.

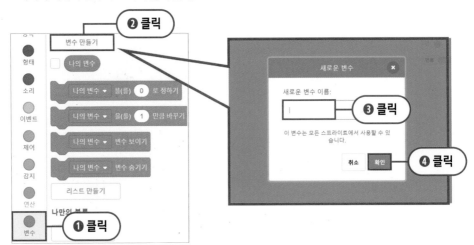

② 다음은 리스트를 만들어 보자. 리스트는 새로운 선수를 영입하기 전의 팀 기록과 선수를 영입하고 나서의
   팀 기록을 비교하기 위해 [Before]와 [After]의 이름으로 만든다. 새로 영입할 선수의 기록도 입력하
   기 위하여 [영입선수(타자)] 리스트도 추가로 만들어 주자.

❸ 지금까지 실습을 잘 따라왔는지 확인해 보자.

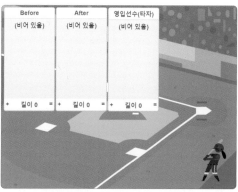

- **머신러닝 모델**: KBO Salary와 KBO Ranking
- **변수**: 연봉, Ranking
- **리스트**: 영입선수(타자), After, Before
- **무대**: 스프라이트(Batter) – 크기(50) 배경(Baseball2)

P 6

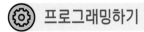

1 새로운 선수 영입 전의 팀 기록 입력하고 순위 알아보기

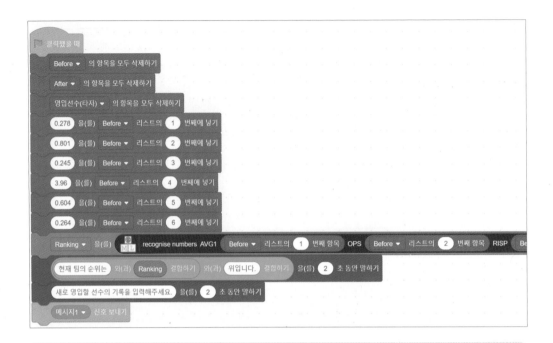

❶ 'Batter' 스프라이트에 코딩한다.

❷ 이벤트를 시작하면 리스트의 내용을 모두 삭제하고 다시 시작한다.

❸ 영입 전의 팀 기록을 [Before] 리스트에 입력한다.

리스트 1번째	리스트 2번째	리스트 3번째	리스트 4번째	리스트 5번째	리스트 6번째
AVG1	OPS	RISP	ERA	WPCT	AVG2
0.278	0.801	0.245	3.96	0.604	0.264

❹ 영입 전의 팀 기록을 'KBO Ranking' 모델에 넣어 예상 순위를 'Ranking' 변수에 저장한다.

❺ 'Batter' 스프라이트가 현재 팀의 순위를 2초간 말한다. "현재 팀의 순위는 ○위입니다."

❻ "새로 영입할 선수의 기록을 입력해주세요."를 2초간 말한다.

❼ '메시지1' 신호를 보낸다.

2 새로 영입할 선수의 기록 입력하기

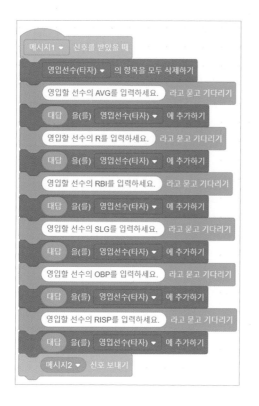

1. '무대(Baseball2)'를 선택해서 코딩한다.
2. '메시지1' 신호를 받는다.
3. 영입 선수(타자) 리스트의 값을 모두 삭제한다.
4. 묻고 기다리기 블록을 사용하여 영입할 선수의 기록을 묻고 답한다.
5. 대화창에 영입할 선수의 기록을 입력하면 다음 표와 같이 [영입 선수(타자)] 리스트에 선수의 기록이 입력된다.

영입 선수 (타자) 리스트	1번째	2번째	3번째	4번째	5번째	6번째
리스트에 입력될 선수 기록	AVG	R	RBI	SLG	OBP	RISP

6. '메시지2' 신호를 보낸다.

3 영입할 선수의 기록으로 연봉 확인하기

메시지2 ▼ 신호를 받았을 때

연봉 ▼ 을(를) [ML] recognise numbers AVG 영입선수(타자) ▼ 리스트의 1 번째 항목 R 영입선수(타자) ▼ 리스트의 2 번째 항...

만약 연봉 = [ML] 10 (이)라면
　영입한 선수의 연봉은 10억 이상입니다. 을(를) 2 초 동안 말하기

만약 연봉 = [ML] 5 (이)라면
　영입한 선수의 연봉은 10억에서 5억사이 입니다. 을(를) 2 초 동안 말하기

만약 연봉 = [ML] 3 (이)라면
　영입한 선수의 연봉은 5억에서 3억사이 입니다. 을(를) 2 초 동안 말하기

만약 연봉 = [ML] 0 (이)라면
　영입한 선수의 연봉은 3억에서 미만입니다. 을(를) 2 초 동안 말하기

❶ 'Batter' 스프라이트에 코딩한다.

❷ '메시지2' 신호를 받는다.

❸ 전 블록에서 입력된 선수의 기록으로 'KBO Salary' 모델에서 선수의 연봉 구간을 알려준다.

❹ 입력된 선수의 연봉 레이블에 따라 "영입한 선수의 연봉은 ○ 에서 ○ 사이입니다."를 2초 동안 말한다.

❺ '메시지 3' 신호를 보낸다.

④ 영입 판단

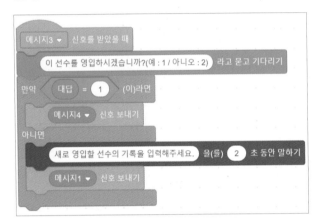

❶ 'Batter' 스프라이트에 코딩한다.

❷ "이 선수를 영입하시겠습니까?(예 : 1 / 아니오 : 2)"를 물어 영입 여부를 판단한다.

❸ 1을 입력하면 '메시지4'로 신호를 보내 새로 영입한 선수의 기록을 팀 기록에 반영한다.

❹ 2를 입력하면 '메시지1'로 신호를 보내 다시 새로 영입할 선수의 데이터를 입력한다.

⑤ 새로 영입한 선수의 데이터를 팀 데이터에 반영하기

❶ 'Batter' 스프라이트에 코딩한다.

❷ [After] 리스트의 값을 모두 삭제한다.

❸ 새로 영입된 선수의 기록을 반영하여 [After] 리스트에 넣는다.

After 리스트	야구 기록	계산식	비고
1번째 항목	AVG1(타율)	(B1×0.8)+(영1×0.2)	
2번째 항목	OPS(SLG+OPB)	(B2×0.8)+{(영4+영5)×0.2}	
3번째 항목	RISP(득점권 타율)	(B3×0.8)+(영6×0.2)	
4번째 항목	ERA(평균 자책점)	B4	타자의 기록과는 관련 없어 그대로 입력
5번째 항목	WPCT(승률)	B5	
6번째 항목	AVG2(피안타율)	B6	

※ B1 = [Before] 리스트의 1번째 항목 / 영4 = [영입선수(타자)] 리스트의 4번째 항목

※ 새로 영입된 선수의 데이터가 팀 기록에 반영될 때 변화값을 크게 하기 위하여 팀의 선수 수를 네 명으로 설정하여 만든다.

❹ 영입한 선수의 기록이 반영된 팀의 기록을 'KBO Ranking' 모델을 통해 순위를 확인한다.

❺ "현재 팀의 순위는 ○위입니다."를 2초 동안 말한다.

❻ '메시지5' 신호를 보낸다.

⑥ 프로그램 종료

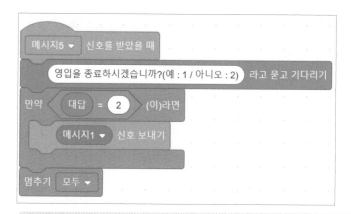

❶ 'Batter' 스프라이트에 코딩한다.

❷ "영입을 종료하시겠습니까?(예 : 1 / 아니오 : 2)"를 묻고 기다린다.

❸ 2를 입력하면 '메시지1'로 신호를 보내 선수 영입부터 다시 한다.

❹ 1을 입력하면 프로그램을 종료한다.

P 6

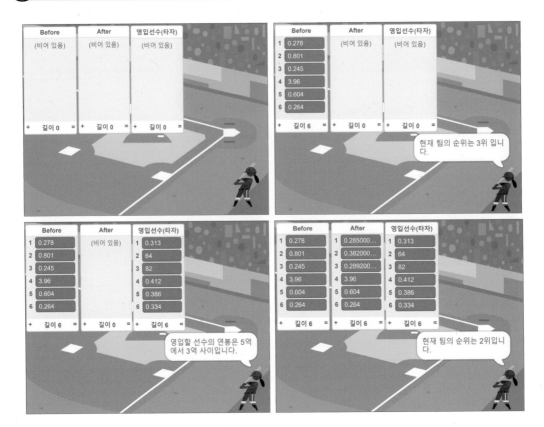

아이디어 확장하기

우리나라에는 10개의 프로야구팀이 있으며, 10개의 팀이 정규 시즌 동안 144개의 경기를 치룬 뒤 승점에 따라 1위부터 10위까지 성적이 매겨진다. 정규 시즌이 끝나면 '가을야구'라고 부르는 포스트 시즌이 열린다. 포스트 시즌은 정규 시즌의 5위까지의 팀이 진출할 수 있으며, 이 5개의 팀이 토너먼트 방식으로 우승을 결정짓는다.

정규 시즌 성적이 5위까지인 팀들은 다음 방식으로 진행되며 '한국시리즈'에서 우승한 팀이 최종 1위를 차지한다.

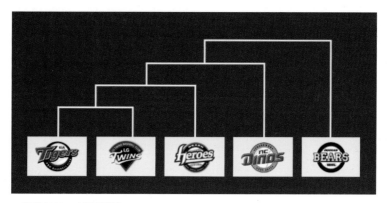

▲ 2016년 포스트 시즌 진출팀

	와일드카드(WC)	준플레이오프	플레이오프	한국시리즈
진출팀	정규 시즌 4위 VS 정규 시즌 5위	정규 시즌 3위 VS 와일드카드 승리팀	정규 시즌 2위 VS 준플레이오프 승리팀	정규 시즌 1위 VS 플레이오프 승리팀

10개 팀 중에 5위 안의 팀이 와일드카드 및 포스트 시즌에 참가할 수 있다. 최근 2년 간 프로야구팀 기록으로 포스트 시즌에 진출할 수 있는 조건을 찾아보자.

- 'KBO PS' 프로젝트 만들기
- 변수 만들기(AVG1, OPS, RISP, ERA, WPCT, AVG2)
- 레이블은 Success(1~5위 팀 데이터 입력), Failure(6~10위 팀 데이터 입력)
- 의사결정 트리를 확인하여 포스트 시즌에 진출하기 위한 조건 확인하기

	AVG1	OPS	RISP	ERA	WPCT	AVG2
포스트 시즌 진출 조건						

2018~2019년 프로야구 정규 시즌 성적

년도	순위	AVG1	OPS	RISP	ERA	WPCT	AVG2
2019년	1	0.278	0.744	0.277	3.51	0.65	0.257
	2	0.262	0.718	0.278	3.48	0.615	0.254
	3	0.282	0.768	0.3	3.61	0.601	0.263
	4	0.267	0.711	0.265	3.86	0.552	0.258
	5	0.278	0.761	0.266	4.01	0.512	0.262
	6	0.277	0.729	0.27	4.29	0.5	0.266
	7	0.264	0.705	0.256	4.64	0.42	0.269
	8	0.256	0.718	0.254	4.65	0.437	0.276
	9	0.256	0.686	0.255	4.8	0.403	0.283
	10	0.25	0.674	0.25	4.83	0.34	0.282
2018년	1	0.309	0.862	0.317	4.98	0.646	0.279
	2	0.281	0.829	0.288	4.67	0.545	0.271
	3	0.275	0.763	0.283	4.93	0.535	0.279
	4	0.288	0.803	0.296	5.08	0.521	0.285
	5	0.295	0.824	0.302	5.4	0.486	0.289
	6	0.283	0.787	0.282	5.19	0.486	0.285
	7	0.289	0.827	0.29	5.37	0.479	0.307
	8	0.293	0.798	0.307	5.29	0.476	0.279
	9	0.275	0.796	0.273	5.34	0.418	0.297
	10	0.261	0.733	0.268	5.48	0.406	0.289

01 다음은 KBO Salary 모델의 의사결정 트리 구조인데, 트리 구조를 맞게 해석한 것을 고르시오.

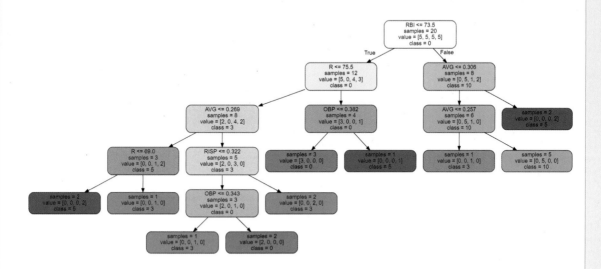

① AVG(타율)이 0.3 이상일 경우 5억 이상의 연봉을 받을 수 있다.

② RBI(타점)이 73.5점 이하일 경우 10억 이상의 연봉을 받지 못한다.

③ 선수의 연봉을 결정하는 경로 중 가장 먼저 판단하는 변수는 AVG(타율)이다.

④ R(득점) 75.5점 이하, AVG(타율) 0.269 이하를 만족할 경우 5억 이상의 연봉을 받을
수 없다.

02 스포츠에서 빅데이터를 활용하는 분야가 크게 증가하고 있다. 빅데이터를 활용하는 스포
츠에 대해 알아보고 스포츠의 빅데이터를 활용할 프로그램을 생각해 보자.

뛰는 톰 위에 나는 제리

제리를 쫓아가는 스마트한 톰을 코딩할 수 있다.

톰과 제리의 X, Y 좌표에 대한 제리의 방향 데이터를 학습하고 더 똑똑한 제리를 코딩할 수 있다.

학습 데이터 형식	숫자, 톰과 제리의 X, Y 좌표
활동	• 제리를 쫓아가는 톰을 프로그래밍한다. • 톰을 피하는 제리를 데이터 학습을 통해 똑똑한 제리로 학습시킨다.
목표	톰과 제리의 X, Y 좌표에 따른 제리의 이동 방향 데이터를 학습시켜서 인공지능 모델 만들기
준비물	제리 X, Y 좌표, 톰 X, Y 좌표 숫자 데이터
유의 사항	제리의 방향 데이터 학습 시 다양한 시뮬레이션을 통하여 데이터 학습을 진행한다.

Intro

⚙ 틱택토

틱택토(tic-tac-toe)는 두 명이 번갈아가면서 O와 X를 3×3판에 써서 같은 글자를 가로, 세로, 혹은 대각선에 연속하게 3개를 놓으면 이기는 놀이이다. 아래 예시는 먼저 놓은 X가 이기는 경우이다.

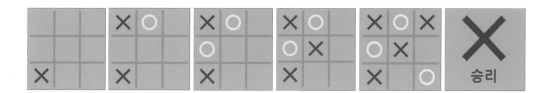

⚙ 틱택토 필승 전략

완벽한 공격 능력과 완벽한 방어 능력을 가진 사람이 대결한다면 틱택토 게임의 승자는 없다. 필승 전략은 없지만 상대방의 실수를 이용해 이길 수 있는 전략은 있다.

1 X가 선공일 때 공격 전략

● 공격 전략 1: 모서리에서 시작하라

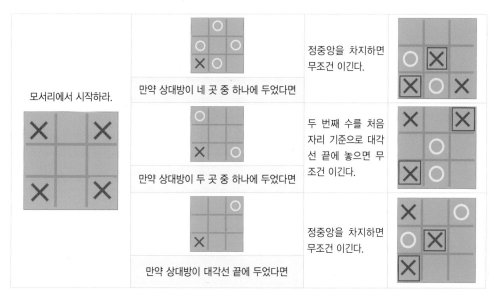

● 공격 전략 2: 가운데에서 시작하라

가운데에서 시작하라.

상대방이 모서리만 막지 않는다면 무조건 승리!

2 방어 전략

만약 상대방이 모서리에서 시작하면	가운데를 방어해야 한다.	두개 연속으로 놓인 곳들만 잘 방어한다면 지지 않는다.
상대방이 가운데에서 시작한다면	모서리를 방어해야 한다.	

이러한 공격, 방어 전략을 사용하여 선공, 후공의 위치에 따른 데이터를 학습하여 틱택톡 인공지능 모델을 만들 수 있다.

⚙️ 톰과 제리 구현하기

이번 챕터에서는 톰과 제리를 소재로 하여 프로그래밍하고 데이터 학습을 통해 인공지능 모델을 만든다.

먼저 제리를 쫓아가는 톰의 자동화된 움직임을 프로그래밍한다. 사용자가 톰을 피해서 제리의 방향을 결정할 때마다 톰과 제리의 좌표에 따른 제리의 방향 데이터를 학습한다. 최종 목표는 톰을 피하는 제리의 인공지능 모델을 만드는 것이다.

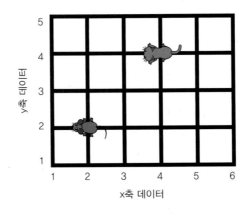

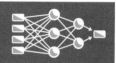

인공지능 모델 만들기

데이터 세트 만들기

톰과 제리의 위치와 방향을 이용해서 학습 데이터 세트를 만들어 보자. 이를 위해 새로운 프로젝트와 레이블을 만들어 주어야 한다.

❶ 새로운 머신러닝 프로젝트를 시작하기 위해 [**프로젝트 추가**]를 클릭한다.

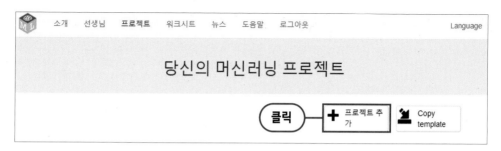

❷ '프로젝트 이름'은 톰과 제리를 사용하여 [TomNJerry]로 정한다.

❸ 톰과 제리의 X, Y축 좌표 데이터는 숫자로 되어 있기 때문에 '인식방법'은 [**숫자**]를 선택한다.

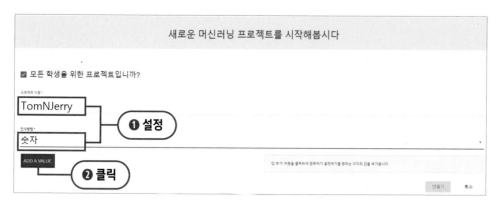

❹ [ADD A VALUE], [ADD ANOTHER VALUE]를 클릭해서 변수(Value)를 추가한다.

❺ 변수 이름은 톰과 제리의 X, Y축이므로 [Tom_X], [Tom_Y], [Jerry_X], [Jerry_Y]로 4개를 생성한다. 변수의 유형은 모두 [**숫자**]로 선택한다.

⑥ 새롭게 만든 'TomNJerry' 프로젝트를 선택한 후 [훈련]을 클릭한다.

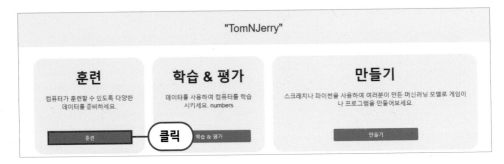

⑦ 데이터를 입력할 레이블을 만든다. 제리의 이동 방향인 [up], [down], [right], [left]의 4개의 레이블을 만든다.

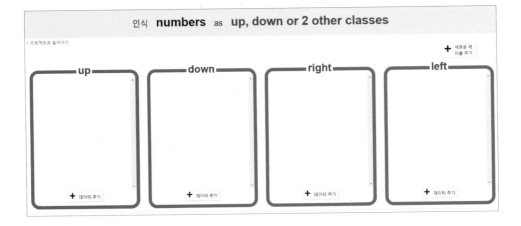

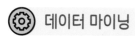
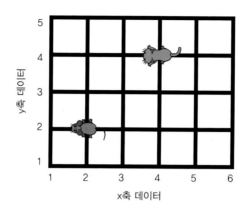

P 7

고양이 톰과 생쥐 제리는 서로 앙숙 관계이고, 제리는 톰을 피하려고 한다. 톰과 제리는 X축 1에서 6까지, Y축 1에서 5까지 정해진 좌표에서 이동할 수 있다. 톰은 X=4, Y=4에 있고, 제리는 X=2, Y=2에 있다.

카운터 1회당 톰과 제리는 상하좌우 중 1칸씩 이동할 수 있다고 할 때 톰의 입장에서 제리를 잡기 위해 어떤 전략을 사용할 수 있을까? 톰의 이동 방향은 인공지능 프로그래밍 과정에서 자세히 다룰 것이다.

제리는 톰을 피하기 위하여 다음 칸은 어디로 움직여야 할까? 당장 움직이지 않아도 되지만, 다음 이동을 수월하게 하기 위하여 부지런히 이동하여야 한다. 제시된 다양한 상황에 맞는 제리의 다음 이동 방향을 생각해 보자.

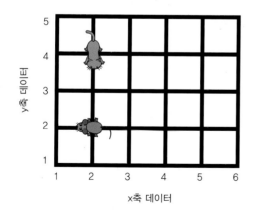

톰 X	2
톰 Y	4
제리 X	2
제리 Y	2
제리의 다음 방향	아래쪽, 오른쪽, 왼쪽

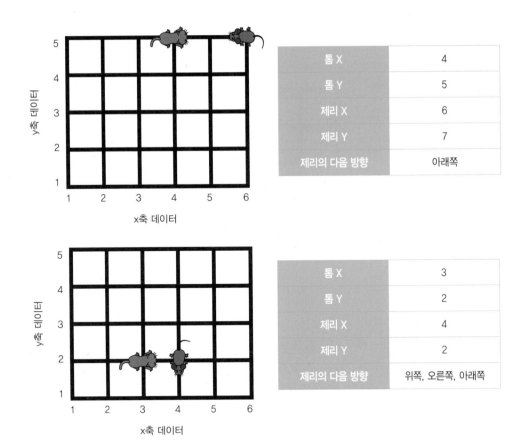

톰 X	4
톰 Y	5
제리 X	6
제리 Y	7
제리의 다음 방향	아래쪽

톰 X	3
톰 Y	2
제리 X	4
제리 Y	2
제리의 다음 방향	위쪽, 오른쪽, 아래쪽

이렇게 다양한 상황별로 톰과 제리를 이동하면서 톰의 X, Y 좌표, 제리의 X, Y 좌표에 대한 제리의 다음 이동 방향(상하좌우) 데이터를 컴퓨터에게 머신러닝을 하여 톰을 피해 다니는 자동화된 제리를 만들어 보자.

❶ 톰의 입장에서 제리를 잡기 위해 어떤 전략을 사용해야 할지 생각하고 프로그래밍해 보자.
❷ 톰과 제리의 X, Y 좌표에 대한 제리의 이동 방향을 데이터 학습하여 자동으로 피해 다니는 제리를 만들어 보자.

인공지능 프로그래밍

프로그램 Preview

우리가 만들 프로그램이 어떻게 구성되어 있는지 살펴보고 제작 계획을 세워보자.

1 무대와 스프라이트

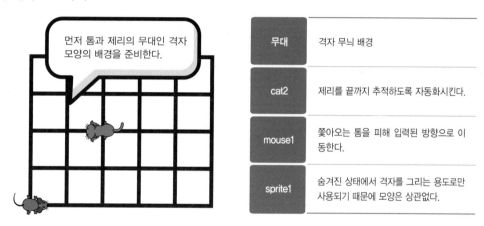

무대	격자 무늬 배경
cat2	제리를 끝까지 추적하도록 자동화시킨다.
mouse1	쫓아오는 톰을 피해 입력된 방향으로 이동한다.
sprite1	숨겨진 상태에서 격자를 그리는 용도로만 사용되기 때문에 모양은 상관없다.

2 핵심 알고리즘 살펴보기

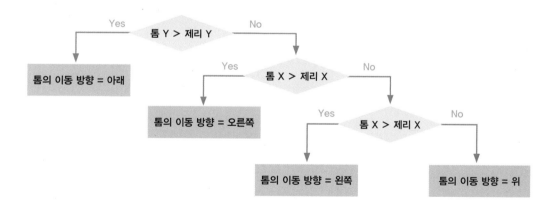

톰이 제리보다 Y 좌표가 크면 톰은 아래쪽으로 이동한다.
그렇지 않고 톰의 X 좌표가 제리 X 좌표보다 작다면 톰은 오른쪽으로 이동한다.
그렇지 않고 톰의 X 좌표가 제리 X 좌표보다 크다면 톰은 왼쪽으로 이동한다.
그렇지 않다면 톰은 위쪽으로 이동한다.

Project 7 뛰는 톰 위에 나는 제리   **331**

❸ 명령어 블록 살펴보기

● 무대 스크립트

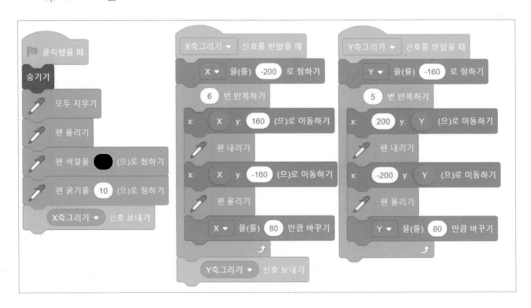

● sprite1 스크립트

● 제리 스크립트

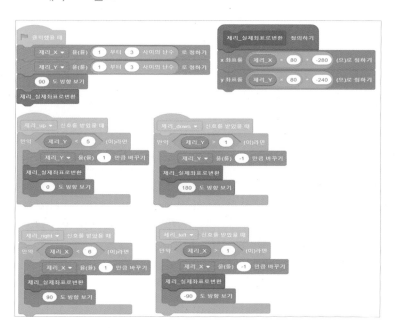

● 톰 스크립트

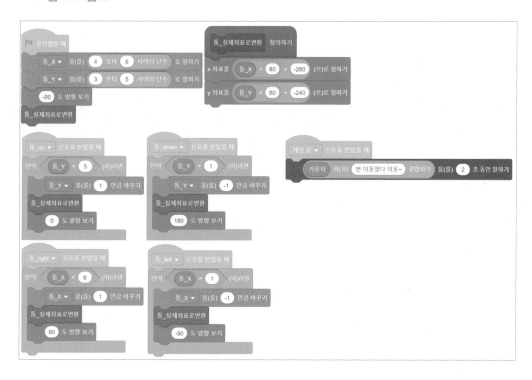

프로그래밍 준비하기

1 모델 불러오기

❶ 먼저 'TomNJerry' 프로젝트를 선택한 후 [만들기]를 클릭한다.

2 스크래치 3에서 머신러닝 사용하기

❶ [스크래치 3]를 클릭하고 [스크래치 3 열기]를 클릭한다.

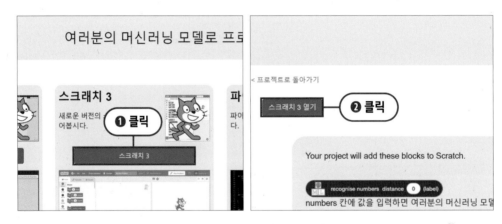

❷ 스크래치 3 페이지가 열리면 'TomNJerry' 모델이 적용된 블록을 확인한다.

● 'TomNJerry' 모델 블록

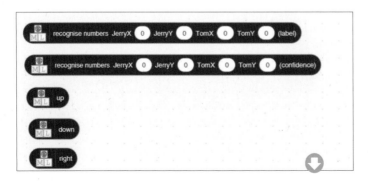

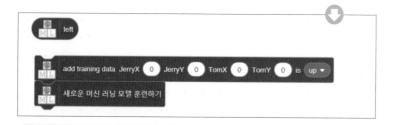

❶ number 칸에 톰과 제리의 X, Y축 데이터를 입력하면 'TomNJerry' 모델이 무엇을 인식했는지 알려준다.

❷ 'TomNJerry' 모델에서 number를 인식한 정확도를 알려준다.

❸ 레이블(up, down, right, left)

❹ 새로운 데이터를 원하는 레이블에 추가로 입력할 수 있다.

❺ 추가된 데이터를 입력 후 머신러닝을 훈련시킬 수 있다.

P 7

프로그래밍하기

1 무대에 격자 무늬 그리기

❶ [확장] 블록( )을 클릭하고 [펜]을 선택한다.

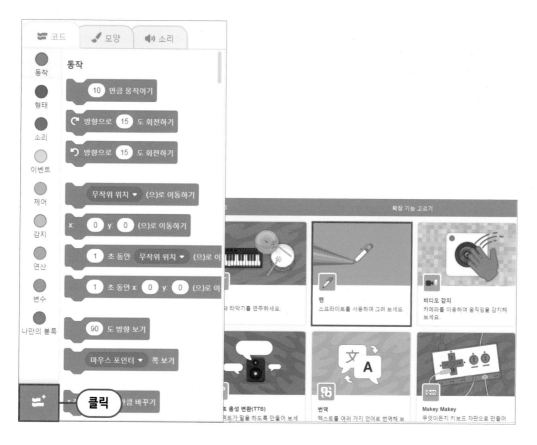

❷ 배경이 되는 바둑판을 그린다.

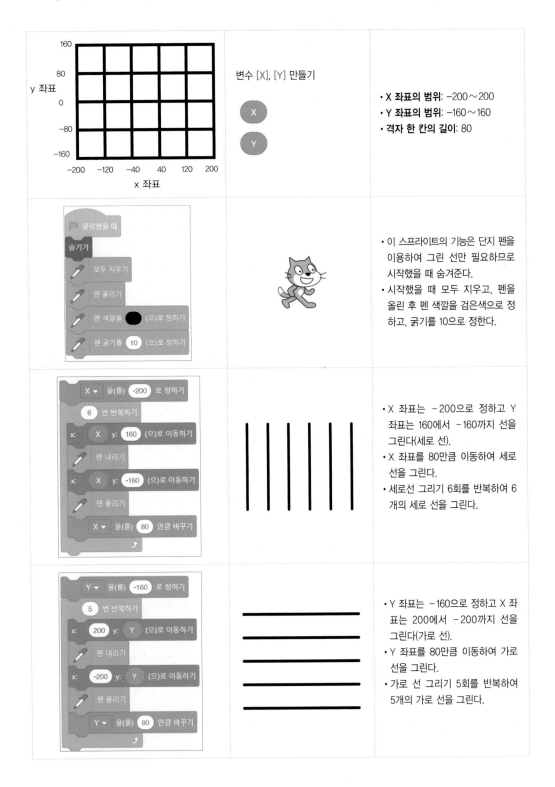

● 톰의 이동 방향 생각하기

만약 Y 좌표를 기준으로 톰이 제리보다 위에 있다면 톰의 이동 방향은 아래가 될 것이다.

만약 Y 좌표를 기준으로 톰이 제리보다 아래에 있다면 톰의 이동 방향은 위가 될 것이다.

만약 X 좌표를 기준으로 톰이 제리보다 오른쪽에 있다면 톰의 이동 방향은 왼쪽이 될 것이다.

만약 X 좌표를 기준으로 톰이 제리보다 왼쪽에 있다면 톰의 이동 방향은 오른쪽이 될 것이다.

● 제리를 잡으러 가는 톰 프로그래밍하기

P 7

스프라이트 고르기 - cat 검색 - Cat 2 선택	
	스프라이트에서 'cat'을 검색하고 [Cat 2]를 선택한다.

크기: 50, 이동 방향: 회전하기 선택	
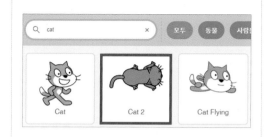	스프라이트의 세부 설정에서 크기는 [50]으로 입력한다. 기본 크기에서 50%로 설정된다. 이동 방향은 숫자 [90]을 클릭하면 세 가지의 회전 방법을 선택할 수 있다. 그중에서 왼쪽에 있는 All round 방식을 선택한다.

변수 [톰_X], [톰_Y], 나만의 블록 [톰_실제좌표로변환] 만들기	
	변수 [톰_X], [톰_Y]를 생성하고, 나만의 블록에서 [톰_실제좌표로변환] 블록을 만든다.

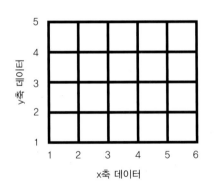

- 처음에 톰의 위치는 [톰_X] = 6, [톰_Y] = 5로 정한다.
- [톰_실제좌표로변환] 블록을 이용하여 톰은 실제 X좌표 200, Y좌표 160으로 이동한다.

신호를 받았을 때 이동하게 설정하기

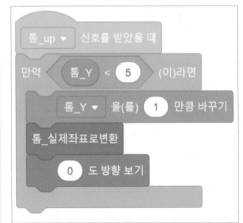

● 톰의 이동 방향 자동화하기(무대 개인저장소에서 프로그래밍)

- 무대에서 [톰_결정] 나만의 블록을 생성한다.
- 톰이 제리보다 Y 좌표가 크면 [톰_down] 신호를 보낸다.
- 그렇지 않고 톰의 X 좌표가 제리 X 좌표보다 작다면 [톰_right] 신호를 보낸다.
- 그렇지 않고 톰의 X좌표가 제리 X 좌표보다 크다면 [톰_left] 신호를 보낸다.
- 그렇지 않다면 [톰_up] 신호를 보낸다.

● 톰을 피하는 제리 프로그래밍하기

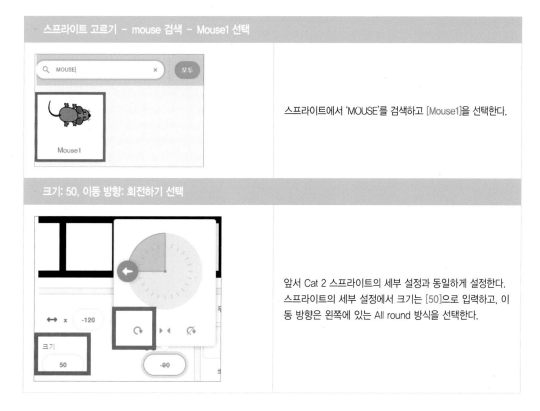

스프라이트에서 'MOUSE'를 검색하고 [Mouse1]을 선택한다.

앞서 Cat 2 스프라이트의 세부 설정과 동일하게 설정한다. 스프라이트의 세부 설정에서 크기는 [50]으로 입력하고, 이동 방향은 왼쪽에 있는 All round 방식을 선택한다.

변수 [제리_X], [제리_Y]를 생성하고, 나만의 블록에서 [제리_실제좌표로변환] 블록을 만든다.

초기 설정

- 처음에 제리의 위치는 [제리_X] = 1, [제리_Y] = 1로 정한다.
- [제리_실제좌표로변환] 블록을 이용하여 제리는 실제 X좌표 −200, Y좌표 −160으로 이동한다.

신호를 받았을 때 제리가 이동하게 설정하기

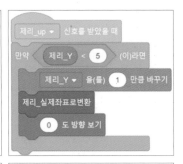

● 제리 이동 방향 설정하기(무대스프라이트에서 작성)

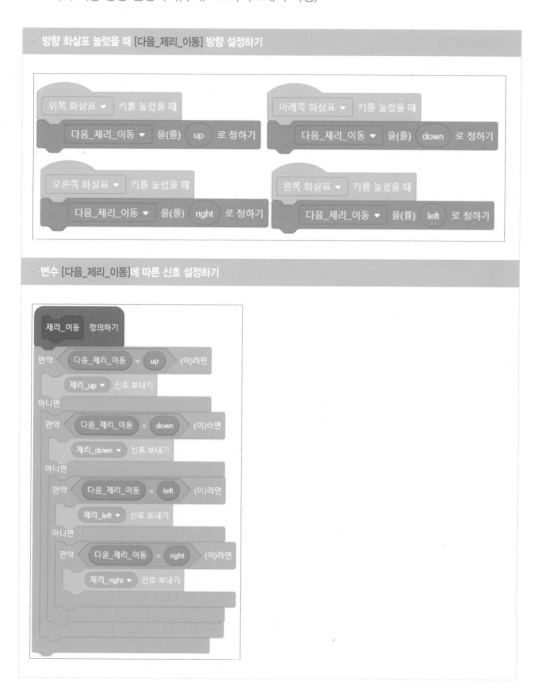

- 위쪽 화살표를 누르면 [다음_제리_이동]이 up으로 정해지고 '제리_up' 신호를 보낸다.
- 아래쪽 화살표를 누르면 [다음_제리_이동]이 down으로 정해지고 '제리_down' 신호를 보낸다.
- 오른쪽 화살표를 누르면 [다음_제리_이동]이 right로 정해지고 '제리_right' 신호를 보낸다.
- 왼쪽 화살표를 누르면 [다음_제리_이동]이 left로 정해지고 '제리_left' 신호를 보낸다.

신호를 받았을 때 제리가 이동하게 설정하기

● 톰과 제리의 X, Y 좌표에 따른 제리의 이동 방향 데이터 마이닝하기

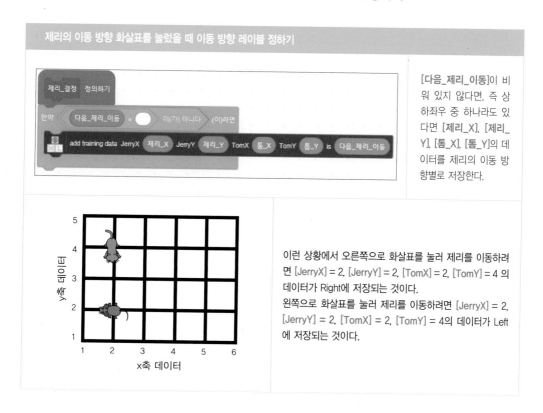

제리의 이동 방향 화살표를 눌렀을 때 이동 방향 레이블 정하기

[다음_제리_이동]이 비워 있지 않다면, 즉 상하좌우 중 하나라도 있다면 [제리_X], [제리_Y], [톰_X], [톰_Y]의 데이터를 제리의 이동 방향별로 저장한다.

이런 상황에서 오른쪽으로 화살표를 눌러 제리를 이동하려면 [JerryX] = 2, [JerryY] = 2, [TomX] = 2, [TomY] = 4 의 데이터가 Right에 저장되는 것이다.
왼쪽으로 화살표를 눌러 제리를 이동하려면 [JerryX] = 2, [JerryY] = 2, [TomX] = 2, [TomY] = 4의 데이터가 Left에 저장되는 것이다.

● 톰이 제리를 잡았을 때 게임 끝내기

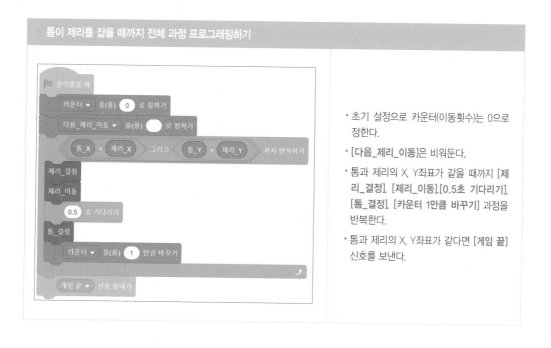

톰이 제리를 잡을 때까지 전체 과정 프로그래밍하기

• 초기 설정으로 카운터(이동횟수)는 0으로 정한다.
• [다음_제리_이동]은 비워둔다.
• 톰과 제리의 X, Y좌표가 같을 때까지 [제리_결정], [제리_이동], [0.5초 기다리기], [톰_결정], [카운터 1만큼 바꾸기] 과정을 반복한다.
• 톰과 제리의 X, Y좌표가 같다면 [게임 끝] 신호를 보낸다.

게임 끝 ▼ 신호를 받았을 때

카운터 와(과) 번 이동했다 야옹~ 결합하기 을(를) 2 초 동안 말하기

⚙ 데이터 훈련

① [프로젝트로 돌아가기]를 클릭하고 [학습 & 평가]를 클릭한다.

② [새로운 머신러닝 모델을 훈련시켜보세요.]를 클릭하여 모델을 훈련시킨다.

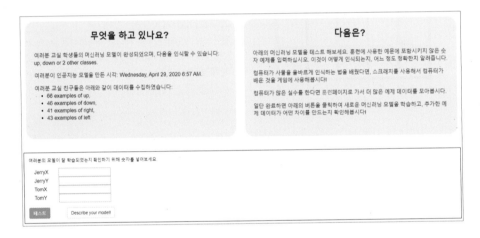

③ 훈련이 완료되면 모델이 잘 학습되었는지 확인한다.

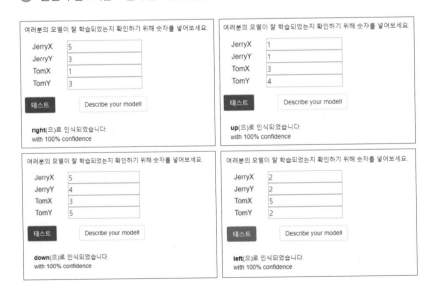

⚙️ 데이터 학습과 평가

우리가 학습시킨 모델이 어떤 기록을 가지고 어떤 단계로 제리의 방향을 정하는지 확인해 보자. [테스트]의 오른쪽에 있는 [Describe your model]를 클릭한다.

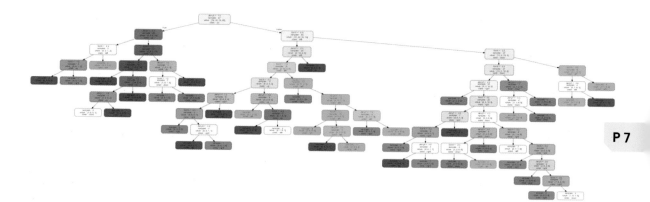

이 머신러닝 방법은 학습시킨 데이터를 기반으로 의사결정 트리로 나타낼 수 있어서 다른 머신러닝 방법보다는 우리가 어떤 과정으로 학습하고 판단하는지 이해하기 쉽다.

데이터를 [JerryX] = 1, [JerryY] = 1, [TomX] = 2, [TomY] = 1을 입력하고 모델이 어떤 경로로 결과값에 도달하는지 확인해 보자.

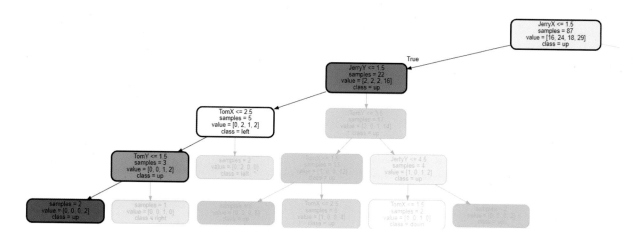

결정되는 과정을 살펴보자. [JerryX] = 1, [JerryY] = 1, [TomX] = 2, [TomY] = 1일 때 up으로 결정되는 과정을 볼 수 있다.

스크래치 블록 살펴보기

1 스스로 판단하고 움직이는 제리 구현하기

2 톰과 제리의 시작 위치를 무작위로 설정하기

블록을 이용하여 톰과 제리의 시작 위치를 무작위로 위치를
설정한다.

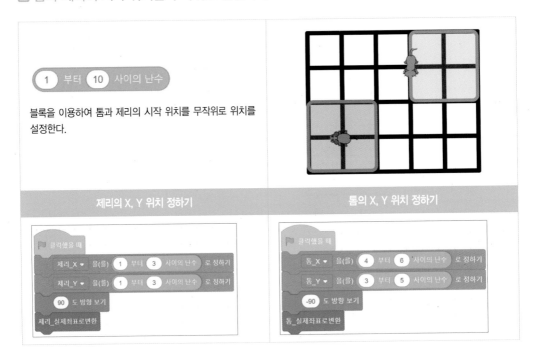

학습한 데이터에 의해 [다음_제리_이동] 방향이 자동으로 정해지도록 코딩한다. 프로그램을
실행하여 제리가 톰을 자동적으로 잘 피해 다니는지 테스트한다.

P 7

4 블록 수정하기

만약 학습 데이터가 부족하면 '제리_결정' 블록을 수정하여 데이터를 훈련한다.

아이디어 확장하기

더 똑똑한 톰 만들기

1 '톰_결정' 블록 알아보기

톰은 한 가지 패턴으로 제리를 쫓아가고 있다. 톰의 패턴을 추가하여 다양한 패턴으로 반응 하는 톰을 코딩해 보자.

4가지 패턴을 만들고 조건에 따른 움직임을 알아보자.

[톰_결정_변수]를 생성한다. [카운터]를 4로 나눈 나머지를 [톰_결정_변수]로 정한다. 카운터가 6이면 나머지는 2, 카운터가 7일 때 나머지는 3, 카운터가 8이면 나머지는 0이 된다. 카운터가 1씩 증가되므로 [톰_결정_변수]는 0, 1, 2, 3의 패턴으로 반복된다.

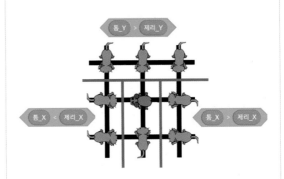

- 톰이 제리보다 Y 좌표가 크면 톰은 아래로 이동한다.
- 그렇지 않고 톰 X 좌표가 제리 X 좌표보다 작다면 톰은 오른쪽으로 이동한다.
- 그렇지 않고 톰 X 좌표가 제리 X 좌표보다 크다면 톰은 왼쪽으로 이동한다.
- 그렇지 않다면 톰은 위쪽으로 이동한다.

② '톰_결정' 블록 추가하기

[톰 X 좌표] > [제리 X 좌표]를 우선적으로 판단하기

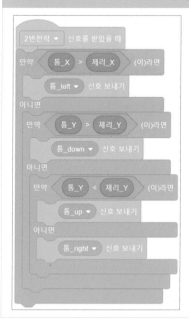

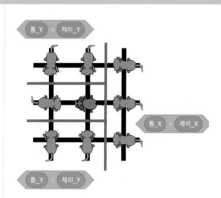

- 톰이 제리보다 X 좌표가 크면 톰은 왼쪽으로 이동한다.
- 그렇지 않고 톰 Y 좌표가 제리 Y 좌표보다 크다면 톰은 아래쪽으로 이동한다.
- 그렇지 않고 톰 X 좌표가 제리 Y 좌표보다 작다면 톰은 왼쪽으로 이동한다.
- 그렇지 않다면 톰은 오른쪽으로 이동한다.

[톰 X 좌표] < [제리 X 좌표]를 우선적으로 판단하기

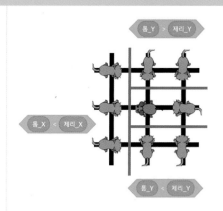

- 톰이 제리보다 X 좌표가 작으면 톰은 오른쪽으로 이동한다.
- 그렇지 않고 톰 Y 좌표가 제리 Y 좌표보다 크다면 톰은 아래쪽으로 이동한다.
- 그렇지 않고 톰 X 좌표가 제리 Y 좌표보다 작다면 톰은 왼쪽으로 이동한다.
- 그렇지 않다면 톰은 왼쪽으로 이동한다.

[톰 Y 좌표] > [제리 Y 좌표]를 우선적으로 판단하기

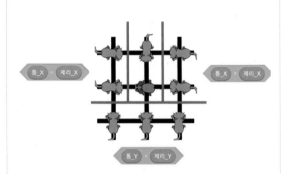

- 톰이 제리보다 Y 좌표가 작으면 톰은 위로 이동한다.
- 그렇지 않고 톰 X 좌표가 제리 X 좌표보다 크다면 톰은 왼쪽으로 이동한다.
- 그렇지 않고 톰 X 좌표가 제리 X 좌표보다 작다면 톰은 오른쪽으로 이동한다.
- 그렇지 않다면 톰은 아래쪽으로 이동한다.

❸ '톰_결정_변수' 블록을 무작위 수로 설정하고 네 가지 알고리즘 적용하기

[톰 X 좌표] < [제리 X 좌표]를 우선적으로 판단하기

- '톰_결정_변수' 블록을 1부터 4까지의 무작위 수로 설정한다.
- 신호 보내기 [1번전략], [2번전략], [3번전략], [4번 전략]을 생성한다.

[톰_결정_변수]에 따른 이동 전략 신호 보내기

톰_결정 정의하기

```
톰_결정_변수 ▼ 을(를) 카운터 나누기 4 의 나머지 로 정하기
만약  톰_결정_변수 = 0  (이)라면
    1번전략 ▼ 신호 보내기
만약  톰_결정_변수 = 1  (이)라면
    2번전략 ▼ 신호 보내기
만약  톰_결정_변수 = 2  (이)라면
    3번전략 ▼ 신호 보내기
만약  톰_결정_변수 = 3  (이)라면
    4번전략 ▼ 신호 보내기
```

```
1번전략 ▼ 신호를 받았을 때
만약  톰_Y > 제리_Y  (이)라면
    톰_down ▼ 신호 보내기
아니면
    만약  톰_X < 제리_X  (이)라면
        톰_right ▼ 신호 보내기
    아니면
        만약  톰_X > 톰_Y  (이)라면
            톰_left ▼ 신호 보내기
        아니면
            톰_up ▼ 신호 보내기
```

```
2번전략 ▼ 신호를 받았을 때
만약  톰_X > 제리_X  (이)라면
    톰_left ▼ 신호 보내기
아니면
    만약  톰_Y > 제리_Y  (이)라면
        톰_down ▼ 신호 보내기
    아니면
        만약  톰_Y < 제리_Y  (이)라면
            톰_up ▼ 신호 보내기
        아니면
            톰_right ▼ 신호 보내기
```

```
3번전략 ▼ 신호를 받았을 때
만약  톰_X < 제리_X  (이)라면
    톰_right ▼ 신호 보내기
아니면
    만약  톰_Y > 제리_Y  (이)라면
        톰_down ▼ 신호 보내기
    아니면
        만약  톰_Y < 제리_Y  (이)라면
            톰_up ▼ 신호 보내기
        아니면
            제리_left ▼ 신호 보내기
```

```
4번전략 ▼ 신호를 받았을 때
만약  톰_Y < 제리_Y  (이)라면
    톰_right ▼ 신호 보내기
아니면
    만약  톰_X > 제리_X  (이)라면
        톰_left ▼ 신호 보내기
    아니면
        만약  톰_X < 제리_X  (이)라면
            톰_right ▼ 신호 보내기
        아니면
            톰_down ▼ 신호 보내기
```

01 ‘TomNJerry’ 프로그래밍이 실행중이다. 톰이 ‘1번전략’ 신호를 받았을 때 톰과 제리의 현재 위치에서 톰은 어떤 신호를 보낼지 고르시오.

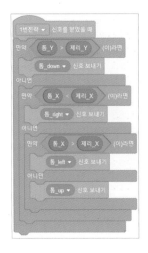
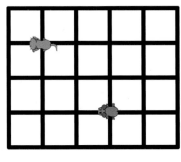

① 톰은 현재의 방향이 왼쪽을 향하고 있으므로 ‘톰_left’ 신호를 보낸다.

② 톰 Y 좌표가 제리 Y 좌표보다 크기 때문에 ‘톰_down’ 신호를 보낸다.

③ 톰 X 좌표가 제리 X 좌표보다 크기 때문에 ‘톰_right’ 신호를 보낸다.

④ 톰 Y 좌표가 제리 Y 좌표보다 크고 톰 X 좌표가 제리 X 좌표보다 크기 때문에 ‘톰_down’, ‘톰_right’ 중 한 가지를 무작위로 보낸다.

02 아래 블록의 작동 원리를 설명해 보자.

Project 8

인공지능 반려견

사용자의 목소리를 인식하는 인공지능 모델을 훈련시키고 나만의 애완동물을 만들어 보자.

학습 데이터 형식	소리, 사용자의 목소리
활동	• 특정 명령을 사용자의 목소리로 학습시켜서 인공지능 모델 만들기 • 명령에 따라 특정 행동하는 강아지를 스크래치로 구현하기
목표	자신의 목소리 데이터를 수집하여 기계학습 모델을 훈련시켜서 명령(목소리)에 따라 행동하는 강아지를 만들 수 있다.
준비물	마이크 사용이 가능한 컴퓨터
유의 사항	사용하는 장소가 달라질 때마다 'background noise' 레이블에 소음을 다시 입력해야 정확한 결과를 얻을 수 있다.

Intro

음성 인식 기술과 역사

음성 인식 기술은 컴퓨터가 마이크와 같은 소리센서를 통해 얻은 음성 신호를 단어나 문장으로 변환시키는 기술을 말한다. 아날로그 정보인 소리를 디지털 정보로 변환시키면 다양한 분야에서 활용할 수 있는 데이터가 된다. 음성 인식 기술은 IoT(Internet of Things)와 스마트폰이 널리 보급된 오늘날의 핵심 기술 중 하나로, 인공지능의 발달에 힘입어 더욱 발전했다.

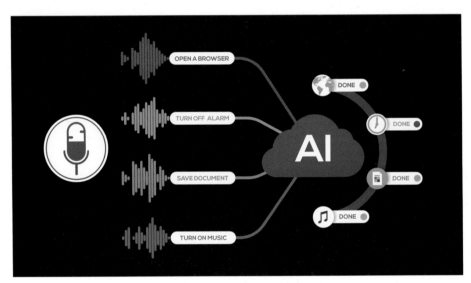

▲ 가정 음성 제어 기능이 있는 스마트 스피커 음성 인식 장치(출처: 셔터스톡)

그러나 음성 인식 기술이 어느 날 갑자기 찾아온 것은 아니다. 음성 인식 기술의 역사는 우리가 생각하는 것보다 훨씬 오래됐다. 1954년에는 IBM과 조지타운대학교에서 공동으로 참여한 기계 번역 기술 개발 프로젝트가 진행되었고, 1963년에는 IBM이 음성으로 16개의 영단어를 인식할 뿐만 아니라 간단한 숫자 계산까지 해 주는 '슈박스(Shoebox)'라는 음성 인식 기기를 공개했다. 하지만 조용한 장소에서 분명하게 이야기해야 한다는 전제 조건이 있어야 했는데, 그 이유 중 하나는 '조음 결합' 때문이다. '조음 결합'이란 단어 안에서 뒤의 모음이 앞 모음의 영향으로 그와 가깝거나 같은 소리로 되는 현상이다. 그 외에도 다양한 변수 속에서 음성을 정확히 인식하려면 방대한 데이터를 처리해야 하는데, 이 시기 컴퓨터의 처리 속도와 저장 공간으로는 불가능했다.

▲ 1954년 IBM과 조지타운대학교가 진행한 기계번역 기술 개발 프로젝트(출처: http://www.hutchinsweb.me.uk/AMTA-2004-ppt.pdf)

▲ 1963 IBM 슈박스(출처: https://www.ibm.com/ibm/history/exhibits/specialprod1/specialprod1_7.html)

시간이 흘러 1980년대 이후 컴퓨터 처리 속도가 향상되고 기억 장치가 대용량화되면서 음성 인식 연구는 탄력을 받아 인식할 수 있는 단어 수가 1만 개까지 늘어났다. 그리고 1990년대 말부터 자동응답서비스, 즉 ARS 같은 분야에 활용되며 본격적으로 상용화되었다. 1996년 벨사우스(BellSouth)가 ARS 서비스를 시작하면서 사용자가 수화기에 말한 내용을 인식해 정보를 제공했고, 1997년에는 '드래곤 내추럴리스피킹'라는 연속 음성을 인식할 수 있는 제품이 나오기도 했다.

음성 인식 기술을 바탕으로 한 다양한 음성 인식 서비스는 2000년대 후반에 스마트폰의 보급에 따라 본격적으로 소개되기 시작했는데, 시리(Siri), 구글나우(Google Now) 등이 대표적이다. 여기에 더 나아가 인공지능 기술이 발달하면서 음성 인식 기술은 더욱 발전하게 된다.

인공지능과 음성 인식 기술

음성 인식 기술은 스마트폰이 대중화된 2010년대에 들어서 비약적으로 발전하기 시작했다. 높아진 컴퓨팅파워와 인공지능 기술의 발전, 빅데이터가 만나 이루어낸 결과이다. 많은 사람들이 스마트폰을 사용하게 되었고, 그로 인해 엄청난 양의 빅데이터가 수집될 수 있었다. 인공지능의 기술 중 최근 각광받는 머신러닝은 빅데이터가 필수적으로 요구되었는데, 이 모든 것은 빠른 속도의 컴퓨터가 있어야 가능한 것이었다.

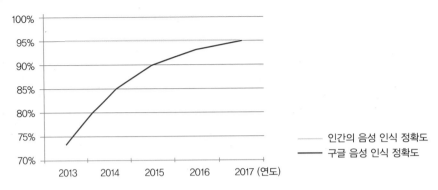

구글 인공지능 음성 인식 정확도의 변화

구글은 인공지능 플랫폼 구축을 위해 다양한 노력을 하였으며, 음성 인식 기술을 앞서서 발전시켰다. 2017년 캘리포니아에서 열린 코드 컨퍼런스의 인터넷 동향 보고서에 따르면, 구글의 머신러닝 기술은 음성 인식 테스트에서 보통 인간의 소통 수준인 95%의 정확도를 기록했다. 더 나아가 구글의 듀플렉스는 상대방이 인간인지, 인공지능인지 구분하는 튜링 테스트를 2018년에 시도하였다. 테스트 결과 해석은 다르지만, 음성 인식 기술과 인공지능이 놀라울 정도로 발전했다는 것에 모두 동의하였다.

이처럼 음성 인식 기술은 빠르게 발전하고 높은 수준이 되었지만 긍정적인 부분만 있는 것은 아니다. 무엇보다 사생활 침해에 대한 우려가 크다. 우리의 음성에 반응한다는 것은 우리의 정보가 계속 노출되어 있다는 뜻이다. 실제로 아마존, 애플, 구글 등 기업에서 인공지능 성능 향상을 위해 사용자의 데이터를 동의 없이 사용한 사실이 밝혀져서 논란이 되기도 했으므로 주의가 필요하다.

⚙️ 인공지능 로봇개(AIBO)

여러 기업에서 로봇개를 제작하였고 상용화의 성공한 모델도 있다. 로봇개는 군용, 산업용, 애완용 등의 다양한 목적으로 만들었으며, 아직 부족한 면이 많지만 나날이 발전해가고 있다. 그중 일본 소니는 1999년부터 아이보(로봇개)를 제작 판매하였다.

소니는 2017년 11월 업그레이드된 아이보를 출시하겠다고 밝혔으며, 2018년 1월 새로운 아이보가 출시됐다. 새롭게 출시된 아이보는 음성 인식 기능부터 사진 촬영, 자가 충전, 클라우드 기반 인공지능(AI) 탑재 등 기술의 진화에 발맞춰 다양한 기능을 선보였다.

아이보의 두드러지는 기능은 스스로 판단할 수 있는 능력을 갖췄다는 것으로, 클라우드 데이터에 연결되어 이미지, 소리 등을 스스로 감지하고 학습할 수 있다. 그리고 집 구조를 파악하며 음성 인식으로 새로운 단어를 학습해 주인의 명령을 수행하는 학습 능력이 강점이다. 주인이 아이보를 대하는 방식에 따라 아이보의 성격과 행동, 지식이 형성되며 최대 100명의 얼굴을 인식할 수 있다.

새로운 아이보의 놀라운 기능은 인공지능 기술의 발전으로 실현 가능해졌다. 로봇개를 만들기 위해서 음성 인식, 이미지 인식, 텍스트 인식 등의 다양한 분야가 필요하지만 이번 프로젝트에서는 음성 인식 기술에 대한 인공지능 모델을 만들어 보고 스크래치로 구현해 보자.

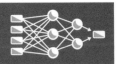

인공지능 모델 만들기

데이터 마이닝

우리는 인공지능 모델이 우리가 말하는 특정 단어를 듣고 반응하도록 만들어야 한다. 인공지능 모델 레이블에 자신의 로봇개가 듣고 반응하도록 하고 싶은 단어를 추가한다. 예시로 만들 인공지능 모델에서는 강아지에게 많이 사용하는 '앉아', '일어서' 두 개의 단어를 선택하였다.

Tip **로봇개가 반응하도록 하는 소리는 꼭 영어나 한국어로 선택해야 할까?**

'앉아'와 '일어서' 말고도 다른 단어를 선택할 수 있으며, 한글이 아닌 영어나 다른 나라 언어도 가능하다. 우리가 배우지 않은 생소한 나라의 언어들이 낯선 것처럼 학습하기 전 인공지능 모델은 모든 나라의 언어가 똑같이 낯설 것이다.

Tip 소리(Sound) 인식 인공지능 모델을 만들 때 기본적으로 주위 소음(Background Noise) 레이블이 추가되어 있다. 우리가 살아가는 환경에는 다양한 소리가 공존한다. 수업을 듣는 강의실을 생각해 보면 강의자와 수강자의 말 소리, 책상 의자 소리 뿐만 아니라 스마트폰, 기침 소리, 시계, 복도 소음, 컴퓨터, 에어컨 등 수많은 소리가 섞여 있다. 인공지능 모델이 특정한 소리를 정확하게 인식하기 위해서는 주변 소음을 충분히 수집하는 것이 필요하다.

데이터 세트 만들기

목소리를 인식시켜서 학습 데이터 세트를 만들어 보자. 이를 위해 새로운 프로젝트와 레이블을 추가해야 한다.

① 새로운 머신러닝 프로젝트를 시작하기 위해 **[프로젝트 추가]**를 클릭한다.

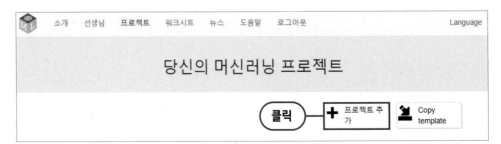

② '프로젝트 이름'은 [AI Dog]으로 정한다.

③ '인식방법'은 수집할 데이터가 소리이기 때문에 **[소리]**를 선택한 후 **[만들기]**를 클릭한다.

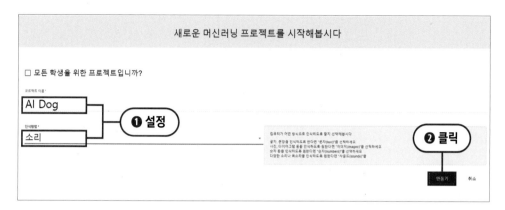

④ 인공지능 모델이 훈련할 수 있도록 데이터를 입력하기 위해 **[훈련]**을 클릭한다.

⑤ 소리 프로젝트는 다른 프로젝트와 다르게 주위 소음(Background Noise) 레이블이 초기에 세팅되어
있다. 왜냐하면 주위 소음을 미리 학습해서 학습시키려는 소리와 구분하기 위해서이다.

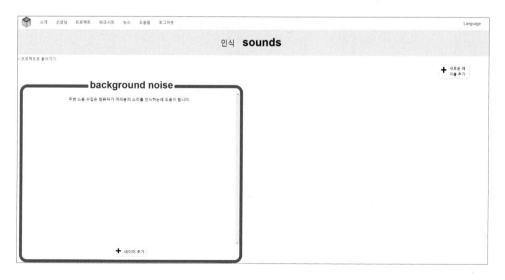

❻ 로봇개가 인식할 단어를 레이블로 추가한다. 아래 예시에서는 앞에서 언급한 것과 같이 '앉아', '일어서'와 같이 두 개의 레이블을 추가하였다.

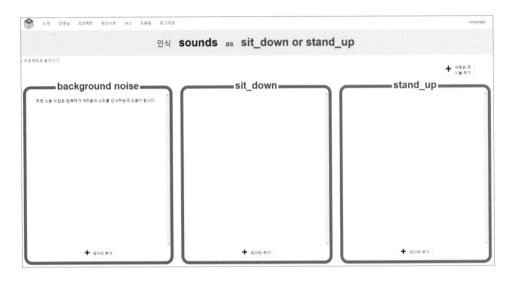

> **Tip**
>
> ### 주위 소음을 모두 수집하는 것은 불가능하므로 인식률을 높일 수 있는 방법은 무엇일까?
>
> 'another noise(레이블 이름은 관계 없음)' 레이블을 하나 더 추가하면 적은 소음 데이터로 인식률을 높일 수 있다. 주위 소음 레이블은 가지고 있는 데이터의 소리를 무시할 뿐 수집하지 못한 소음이 들려서 생기는 문제를 해결하지 못한다. 모든 소음을 수집하기보다는 새로운 레이블을 추가하여 다양한 소리를 데이터로 수집한다. '앉아', '일어서' 레이블보다 유사성이 조금이라도 높은 'another noise' 레이블로 판단될 것이다.

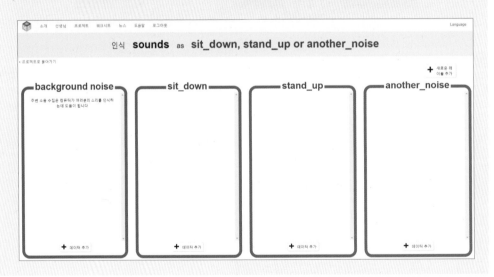

❼ 각 레이블 안에 필요한 데이터를 추가한다. 마이크가 내장되어 있는 노트북과 마이크가 설치된 컴퓨터가 필요하다. 각 레이블 안의 [데이터 추가]를 클릭하면 [데이터 추가] 창이 표시되는데, [마이크] 버튼을 클릭하면 1초 정도 길이의 소리가 녹음되면서 [추가] 버튼이 활성화된다.

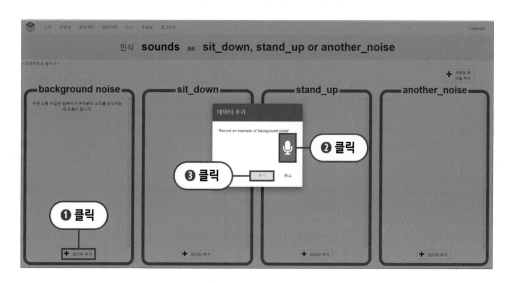

❽ 순서와 관계없이 레이블의 데이터 수집이 가능한데, 주위 소음(Background Noise)을 먼저 수집해 보자. 다음 화면처럼 추가하며 레이블당 최소 10개의 데이터가 필요하다.

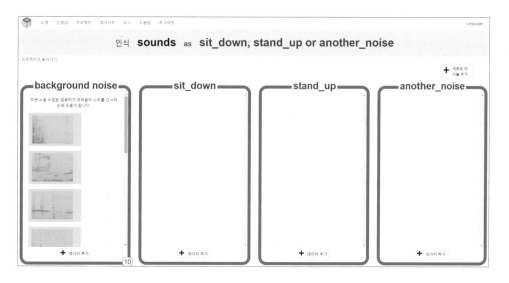

> **Tip** 필요 이상으로 균일한 샘플 데이터는 좋은 훈련 데이터가 아니므로 훈련 데이터는 변화를 주면서 입력하는 것이 좋다. 말하는 빠르기, 높이, 크기 등을 다양하게 하면서 레이블의 데이터를 추가한다.

❾ 다른 레이블에도 각각 알맞은 소리 데이터를 입력한다. [sit_down]에는 '앉아'를 여러 번 녹음했고, [stand_up]에는 '일어서'를 녹음했다.

❿ 같은 레이블의 데이터라도 빠르기 크기 등을 변화시키면서 데이터를 입력한다.

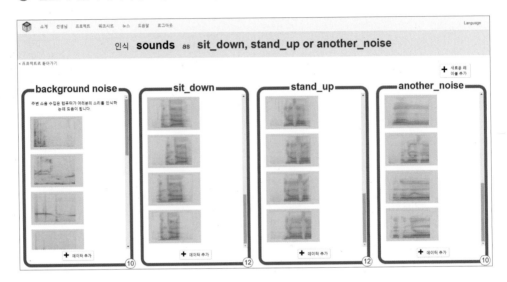

⑪ 훈련 데이터를 입력한 후 뒤로 돌아가서 [학습 & 평가]를 클릭하면 인공지능 모델의 레이블과 입력된 데이터를 확인할 수 있다. 아래의 [새로운 머신러닝 모델을 훈련시켜보세요.]를 클릭하여 학습을 시킨다. 학습에 소요되는 시간은 인터넷 상태와 머신러닝 서버 상태에 따라 차이가 있다.

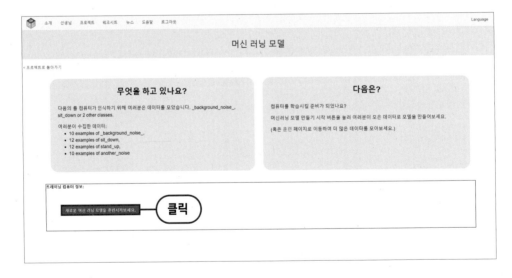

⑫ 학습이 끝나면 테스트할 수 있는 **[듣기 시작]** 버튼과 테스트를 종료하는 **[듣기]** 버튼이 활성화된다. 이 제 모델이 잘 학습되었는지 테스트를 해 보고 원하는 결과가 나오지 않는다면 다시 앞의 훈련 과정으로 돌아가서 소리 데이터를 추가하고 입력 데이터 중에서 잘못 입력한 것이 있다면 삭제한다.

인공지능 프로그래밍

프로그램 Preview

우리가 만들 프로그램이 어떻게 구성되어 있는지 살펴보고 제작 계획을 세워보자.

1 무대와 스프라이트

무대	원하는 이미지를 선택한다.
dog	제목을 물어보고 데이터를 입력받아 성공 가능 여부를 판단한다.

2 핵심 알고리즘 살펴보기

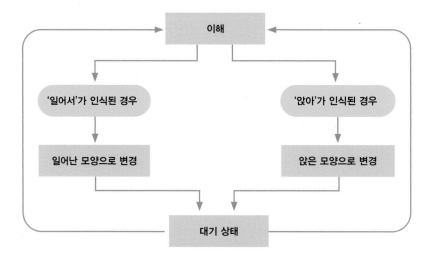

노란색 테두리로 색이 변하는 블록은 소리가 인식되면 실행될 수 있도록 대기 상태라는 뜻이다.

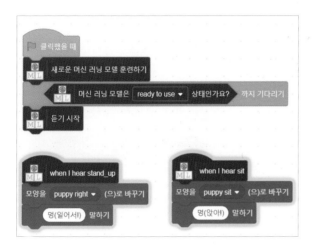

⚙️ 프로그래밍 준비하기

① 모델 불러오기

❶ 인공지능 모델 프로젝트에서 **[만들기]**를 클릭한다.

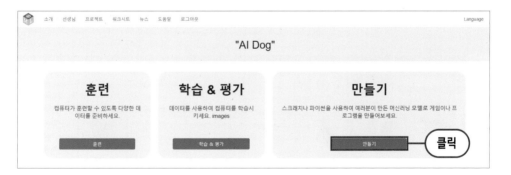

Tip

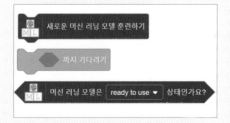

다른 프로젝트와 다르게 '소리' 프로젝트는 인공지능 모델을 스크래치에서 학습시켜야 한다. '새로운 머신러닝 모델 훈련하기' 블록을 이용해 모델을 훈련시킬 수 있다. '~까지 기다리기' 블록은 안에 있는 판단 블록 값이 참이 될 때까지 기다린다. '머신 러닝 모델은 ready to use 상태인가요?' 블록은 모델이 준비가 되면 '참' 값을, 준비가 되지 않았으면 '거짓' 값을 갖는 블록이다.

① [스크래치 3]를 클릭하고 [스크래치 3 열기]를 클릭한다.

③ 스프라이트 불러오기

① 모델을 모두 확인했으면 스프라이트를 불러온다. 다양한 모양을 가지고 있는 스프라이트를 가져오는 것이 좋으며, 마우스를 스프라이트 위에 올려놓으면 다른 모양을 확인할 수 있다.

② 오른쪽 아래의 [스프라이트 고르기]를 클릭한 후 [동물] 탭에서 스프라이트 위에 마우스를 올려보면서 다양한 모양을 확인한다. [동물]에 있는 [Puppy]를 추천한다.

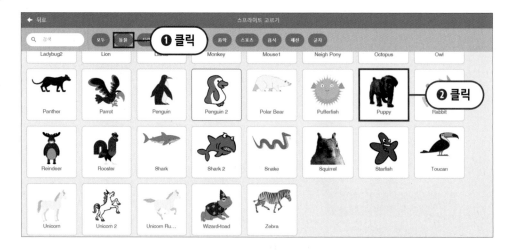

Puppy

Puppy

Puppy

Puppy

❸ 필요한 모양을 가지고 있는 스프라이트를 추가한다.

❹ 스프라이트의 크기는 [100]으로 설정하고 위치는 자유롭게 배치한다.

4 배경 준비하기

❶ 우측 하단의 [배경 고르기]를 클릭하여 자신의 스프라이트와 어울리는 배경을 추가한다. [실외]에 있는
배경들이 동물과 잘 어울린다.

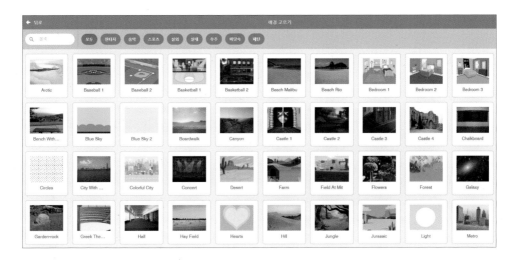

⚙ 스크래치로 프로그래밍하기

1 인공지능 모델 훈련하기

이벤트를 시작했을 때 '새로운 머신 러닝 모델 훈련하기' 블록으로 학습시키고 '~까지 기다리기' 블록을 사용하여 인공지능 모델이 준비되기 전에는 시작되지 않도록 한다. 모델이 준비되면 '듣기 시작' 블록으로 음성 인식을 시작한다.

② 단어에 대한 로봇개 반응 코딩하기

● '앉아' 소리에 반응하기

'when I hear sit' 블록은 인식되는 소리가 'sit' 레이블로 판단될 경우에 실행된다. '앉아(sit)' 소리가 인식되면 앉는 모양으로 바꾸고 '멍(앉아!)'이라고 말하도록 한다.

● '일어서' 소리에 반응하기

'when I hear stand_up' 블록은 인식되는 소리가 'stand_up' 레이블로 판단될 경우 실행된다. '일어서(stand up)' 소리를 인식하면 일어서는 모양으로 바꾸고 '멍(일어서!)' 하고 말하도록 한다.

'로봇개'를 더 똑똑하게

예시에서는 '앉아'와 '일어서' 명령만 코딩하였다. 예시에서 사용한 스프라이트에는 뒤를 돌아보는 모양과 옆을 보는 모양이 있다. '뒤돌아'와 '옆으로' 등의 명령을 추가하여 더 많은 명령을 알아듣는 로봇개를 만들어 보자.

01 우리가 생활하는 환경에는 다양한 소리가 있다. 인공지능 모델이 특정한 소리의 인식률을 올리려면 어떤 방법을 사용하면 좋은지 생각해 보자.

02 인공지능은 사람들을 편리하게 해줄 뿐만 아니라 감성적인 부분에까지 영향을 준다. 인공지능이 탑재된 반려견이 있다면 어떤 사람들에게 도움이 될 것이라고 생각하는가?

참고문헌

- "Synthesizing Obama: Learning Lip Sync from Audio", SUPASORN SUWAJANAKORN, STEVEN M. SEITZ, and IRA KEMELMACHER-SHLIZERMAN, University of Washington
- "EyeIn-PaintingwithExemplarGenerativeAdversarialNetworks", Brian Dolhansky, Cristian Canton Ferrer Facebook Inc. 1 Hacker Way, Menlo Park (CA), USA
- "Image-to-image translation with conditional adversarial networks", Isola, Phillip, et al., arXiv preprint(2017)
- "Generative Adversarial Nets", UNSUPERVISED REPRESENTATION LEARNING WITH DEEP CONVOLUTIONAL GENERATIVE ADVERSARIAL NETWORKS
- Under review as a conference paper at ICLR 2016, AlecRadford & LukeMetz, SoumithChintala
- "UnpairedImage-to-ImageTranslation usingCycle-ConsistentAdversarialNetworks", Jun-Yan Zhu, Taesung Park, Phillip Isola Alexei A. Efros Berkeley AI Research (BAIR) laboratory, UC Berkeley
- 최근 인공지능 개발 트렌드와 미래의 진화 방향, LG경제연구원
- 인공지능활용 금속재료 합금설계 기술동향, ITECH PD 이슈리포트 2019-8월호
- 자율주행 상용화를 위한 차량 안전기술 동향, ITECH PD 이슈리포트 2020-5월호
- 인공지능 기술과 법의 연금술, 김성돈 교수, 성균관대 로스쿨
- AI와 법률시장의 미래, 대한변호사협회
- 2020 교육부 업무계획, 교육부
- 인공지능(AI) 전문기술인, 서울특성화고에서 양성하다, [카드뉴스] 서울교육소식, 서울시교육청
- 인공지능 거버넌스와 민주주의의 미래, 손현주, 사회사상과 문학 22권2호(1019) pp 205-249
- 뉴질랜드 인공지능(AI) 정치인이 등장했다, https://www.onechurch.nz/news_nz/13505
- 인공지능 기술 발전이 가져올 미래 사회 변화, 김윤정, KISTEP InI 2월
- 인공지능 위기인가, 기회인가?, 김진형(인공지능 연구원)
- 인공지능의 소개, 이건명(충북대학교 소프트웨어학과)
- 인공지능, 나무위키
- 양자컴퓨팅 시스템 개발 및 활용 동향, 최병수, 양자 창의 연구실
- Systems Thinking 홈페이지, Gene Bellinger Sv, systems-thinking.org/dikw/dikw.htm
- IBM 홈페이지, ibm.com/cloud/learn/cloud-computing
- the Science monitor 매거진, scimonitors.com/양자-컴퓨터-인공지능-융합-양자-기계학습/
- 초상호작용주의:기호주의·연결주의의동역학주의를 넘어서는 계산주의적 인공마음의 탐구, 장병탁, 서울대학교 컴퓨터공학부 교수
- 고려대학교 디지털 정보처, data.korea.ac.kr/?p=2047
- 데이터 3법 개정의 주요 내용과 전망, 강달천, 한국인터넷진흥원 연구위원
- 네이버 지식백과, 위키백과
- AI 스터디, aistudy.com
- 인공지능 원론, 유석인, 교학사
- 인공지능을 이끄는 첨단 기술, 김병희, 장병탁 서울대학교 컴퓨터공학부 바이오지능 연구실
- 인공지능 기술 및 산업 분야별 적용 사례, 국경완 국방통합데이터센터 실장
- 인공지능 개요 및 기술동향 - 딥러닝 기술의 발달을 중심으로, 보안연구부 보안기술연구팀
- the Science monitor 매거진, scimonitors.com
- 인공지능 기술 발전에 따른 이슈 및 대응 방안, 김윤정
- 아마존의 세계 최고 수준의 물류 시스템 [유튜브 영상]
- 인공지능 기술 최신 동향, 우지환, 삼성전자 삼성리서치 책임연구원
- 시사저널, https://www.sisajournal.com/news/articleView.html?idxno=170598
- 더비체인, http://www.digitaltoday.co.kr/news/articleView.html?idxno=68476
- 인공지능 시대의 법적·윤리적 쟁점, 최은창
- 위키백과 '기술적 특이점', https://url.kr/W1HwDk
- 뉴스1코리아, https://www.news1.kr/articles/?3672271
- DSBA, http://dsba.korea.ac.kr/
- 인공지능신문, http://www.aitimes.kr/news/articleView.html?idxno=12000
- 마이크로소프트, https://www.microsoft.com/en-us/ai/ai-for-earth-Terrafuse
- 인공지능 일상대화 챗봇 심심이 블로그, https://blog.naver.com/simsimi_kr/221952217882

AI 사고를 위한 인공지능 랩

2020. 9. 4. 1판 1쇄 발행
2021. 12. 10. 1판 2쇄 발행

지은이 | 한선관, 홍수빈, 김영준, 김병철, 정기민, 안성민
펴낸이 | 이종춘
펴낸곳 | **BM** ㈜도서출판 **성안당**

주소 | 04032 서울시 마포구 양화로 127 첨단빌딩 3층(출판기획 R&D 센터)
10881 경기도 파주시 문발로 112 출판문화정보산업단지(제작 및 물류)

전화 | 02) 3142-0036
031) 950-6300

팩스 | 031) 955-0510
등록 | 1973. 2. 1. 제406-2005-000046호
출판사 홈페이지 | **www.cyber.co.kr**
ISBN | 978-89-315-5672-8 (93000)
정가 | 23,800원

이 책을 만든 사람들
책임 | 최옥현
기획 · 진행 | 조혜란
교정 · 교열 | 안혜희북스
일러스트 | 김학수
본문 · 표지 디자인 | 앤미디어, 박원석
홍보 | 김계향, 이보람, 유미나, 서세원
국제부 | 이선민, 조혜란, 권수경
마케팅 | 구본철, 차정욱, 나진호, 이동후, 강호묵
마케팅 지원 | 장상범, 박지연
제작 | 김유석

■ 도서 A/S 안내

성안당에서 발행하는 모든 도서는 저자와 출판사, 그리고 독자가 함께 만들어 나갑니다.
좋은 책을 펴내기 위해 많은 노력을 기울이고 있습니다. 혹시라도 내용상의 오류나 오탈자 등이
발견되면 **"좋은 책은 나라의 보배"**로서 우리 모두가 함께 만들어 간다는 마음으로 연락주시기
바랍니다. 수정 보완하여 더 나은 책이 되도록 최선을 다하겠습니다.
성안당은 늘 독자 여러분들의 소중한 의견을 기다리고 있습니다. 좋은 의견을 보내주시는 분께는
성안당 쇼핑몰의 포인트(3,000포인트)를 적립해 드립니다.

잘못 만들어진 책이나 부록 등이 파손된 경우에는 교환해 드립니다.